U0035133

中共
威權政治的
強國體制

人類歷史無法預見的發展之路

劉文斌————著

自序

　　中共政治發展的研究向為學術研究的重心議題之一。

　　筆者發現在西方學術研究的影響下，國內學者對於中共在經濟發展及對外開放後將逐步走向西方式的民主政體，接受度相對於其他的預測要高，研究中共民主化議題的學者與著作不僅相對多，甚且已達汗牛充棟的地步，但至今中共威權體制卻屹立不搖，何以致此？筆者意圖跳脫當前認為中共政體因經濟發展及對外開放，而逐步民主化的思維，以有系統的方式研究中共威權體制存在的因果關係，並提出中共威權體制在不可見的未來都有存在的可能，甚至推論中共威權體制可能發展出目前人類社會所無法預見的政治體制。

　　筆者專長為兩岸關係，在經歷諸多研究後，認為兩岸關係的澈底改善除兩岸關係的族群與文化認同不斷趨近外，更重要的是兩岸政治制度必須趨近，才得以相互妥協與接受對方，對兩岸關係的健康發展才更有利。但撰寫本書卻發現兩岸政治體制的未來發展，臺灣有愈趨近西方式民主傾向，而大陸卻強力的停留在威權體制階段，甚至可能發展成極權體制，不論如何推敲，大陸政治體制發展成與臺灣政治體制相符的可能性都不高，致使兩岸關係的發展無令人樂觀的理由。

　　從得以在臺灣安身立命的觀點，對此書的研究結果充滿了矛盾：一方面希望研究結果是正確的，可為學術研究貢獻出一點心力，一方面卻又希望研究結果是錯誤的，希望中共最終將逐步走向西方式的民主，致使兩岸政治制度不斷相互接近與融洽，而使

兩岸可更加接納對方，致使有利於兩岸。是對是錯，尚待學術界先進的批評與鞭策。

　　兩年撰寫一本專書，是筆者立下的目標，本書為第四本。完成本書撰寫，最感謝的仍是筆者博士論文指導老師趙建民教授，其豐富的學養與指導，使筆者具有基本的學術研究素養，以作為不斷研究的基礎，連本書撰寫方向都曾獲趙老師毫不保留的提醒筆者必須找出指標才有說服讀者的力量，致使本書得以在研究架構上更為得心應手，由此更可見趙老師對學生照顧之一般。

　　隨著年歲增長，家庭成員也各自拓展自己的空間，小犬大學畢業後，進入最想進入的研究所繼續追求其夢想，小女仍然不斷的在各種學習上完善自己，妻仍然操持家務不斷，讓一家無後顧之憂，連已高齡 15 歲的愛犬「咪咪」，都依賴妻日夜看顧，全家一起成長仍然是我最大的願望。稿件更蒙同事多人協助精心校對，才敢放心付梓，在此特別感謝。當然所有文責由筆者自負。

　　本書脫稿時，第五本專書的構想已然萌芽，希望身體健康，思緒清晰，再接再勵，不負志向。

2014 年 9 月於新店

目次

表目次

圖目次

CHAPTER 1

緒論

第一節　研究動機與目的

　　中國大陸自 1979 年改革開放以來，取得相當的經濟成果，與全球的關係亦更加緊密；若說，民主是當前人類發展的主流，且經濟發展亦有促成民主化的功用，那麼大陸經濟發展至今尚稱成功，且日漸與全球結為一體，則中共一黨專政體制面臨民主化的壓力難以逃避，但是在實際層面，中國大陸因受「茉莉花革命」及無遠弗屆的網路世界衝擊，卻又對大陸境內異議人士進行更嚴厲的防範與壓制，[1] 這種民主化壓力與更加嚴密掌控的衝突，幾乎印證了學界對於中共面對因經濟發展與改革開放所引發的多元與民主化壓力，反而以更嚴厲手段壓制的論述。[2]

　　實際上，不論依據中國共產黨近幾代領導人觀點，或依據中共現行黨章的主張，都指向中共自認當前其政治發展所處的社會主義初級階段，是人類發展跨越資本主義進入共產主義的初步成果，都可推論出中共的政治發展必然逐步進入共產主義境地，致中共的政治發展，斷無回頭成就與資本主義相匹配的西方式民主的道理。而依據西方研究者的研究，也都認為中共於短期內進入西方式民主制度似乎不可能，如，John L. Thornton 於 2008 年所做的研究顯示，中共官員雖然比過去更勇於談論民主化問題，[3] 但

---

[1]　〈美「中」第三次戰略暨經濟對話〉，《大陸情勢雙週報》（臺北），第 1599 期，2011 年 6 月 15 日，第 19 頁。

[2]　See James Mann, *The China Fantasy* (New York: Penguin Books, 2007). Bruce Gilley, *China Democratic Future* ((New York: Columbia University Press, 2004).Francis Fukuyama, *State Building* (London: Profile Books Ltd, 2004) 等書觀點。

[3]　John L. Thornton, "Long Time Coming: The Prospects for Democracy in China,"

大陸各界對於何時可能出現民主的預判，則大多集中認為 15 年或 30 至 35 年，至於 5 年內或 60 年以後出現的，則幾乎沒人提及，[4]也就是說，中共於短期或長時間以後能進入西方認可民主政體的機率不高。短期內不會民主化相對易於理解，但何以長時間後仍不被看好會民主化？是時間太久遠不易預測，還是經過幾十年不會民主化，則民主化的機率就不高？這些問題都有待討論。

面對中共政治未來發展的爭論，美國學者黎安友（Andrew J. Nathan），將共產威權統治即將轉變的各家理論加以歸類如下：

（一）決定性理論，其中又可分為下列三種：

1. 現代化功能需求理論：建立在現代化和趨同的傳統上，認為威權體制因意識形態低落等原因，致使這些國家無法維持初始狀態，必須在某種程度上趨同（於其他國家作為）或現代化。
2. 階級理論：認為中產階級必要求民主參與。
3. 傳播與認知理論：因媒體、網路發達致使政府放鬆管制。

此三種理論，卻在中共調整因應市場經濟、加強管制媒體及壓制中產階級等方面積極作為下，致使無法迫使中共放棄威權走向民主。

（二）許可條件／先決條件理論（permissive/precondition theory）

以經濟發展水平、文化等因素，做為是否將進入民主的研判依據。但實際狀況卻是大陸縱使有公民文化卻與威權相容，大陸

Foreign Affairs (U.S.),Vol. 87 No. 1 (2008/Jan. Feb.), p. 18.

[4] Thornton, "Long Time Coming: The Prospects for Democracy in China," p. 20.

縱使經濟高度發展卻不發展成為民主，民眾甚至自認為其政治體制就是民主並強力支持。

（三）行動者中心理論

此派理論是由民主化結果反推何以民主化會發生，並認為所有條件成熟後，只待行動者發動就可民主化，更認定中共菁英已然分裂成強硬派／溫和派或保守派／改革派，隨時可能發動民主化運動。但實然面卻是團結的菁英。此派理論所提出民主化的條件雖可解釋民主化的原因，但也可以解釋何以沒有發生民主的結果。[5]

依據黎安友的彙整，總的來說，所有的理論都不足以說明、預測中共未來政治發展的趨向，及何以至今仍然維持威權的結果。

在中共對於政權保衛極其謹慎的狀態下，縱使經濟持續增長，也持續融入國際社會，並遭受國際社會民主化的巨大壓力，中共的民主化是否可能發生？或何時發生？或根本不會發生而演變成另一種政體？換言之，中共政治發展的預測，至今仍難獲得各家研究者的共識。但，中共的威權體制至今仍盛行如故，且依據習近平接續為大陸黨政領導人後，對政權的掌控，似有更加緊縮傾向，致使，中共威權體制幾乎難以撼動，若然則中共何以能夠維持威權體制？就成為學術研究重要的焦點。

本書就依中共威權體制未因經濟發展與全球化而鬆動的現實，意欲探究其原因，做為研究的動機與目的。

---

[5] Andrew J. Nathan 著，何大明譯，《中國政治變遷之路》（臺北；巨流，2007年），頁 128-138。

第二節　文獻回顧

近年來對於中國大陸威權體制的研究專書，數量不多，若以 2014 年年中為基準，往前 10 年，比較重要的專論有：

一、英文專書

（一）Chen, XI. *Social Protest and Contentious Authoritarianism in China*. New York: Cambridge University Press, 2012.

（二）Fewsmith, Joseph. *The logic and limits of political reform in China*. New York: Cambridge University Press, 2013.

（三）Ginsburg, Tom and Tamir Moustafa. *Rule by law: the politics of courts in authoritarian regimes*. New York: Cambridge University Press, 2008.

（四）Huang, Hsin and Michael Hsiao, eds., *Democracy or alternative political systems in Asia: after the strongmen*. New York: Routledge, 2014.

（五）Landry, Pierre F.. *Decentralized Authoritarianism in China: The Communist Party's Control of Local Elites in the Post-Mao Era*. New York: Cambridge University Press, 2008.

（六）Mertha, Andrew. *China's water warriors: citizen action and policy change*. New York: Cornell University Press, 2008.

（七）Stockmann, Daniela. *Media commercialization and authoritarian rule in China*. New York: Cambridge University Press, 2013.

（八）Weatherley, Robert. *Politics in China since 1949: legitimizing authoritarian rule.* New York: Routledge, 2006.

（九）Wright, Teresa. *Accepting Authoritarianism: State-Society Relations in China's Reform Era.* California: Stanford University Press, 2010.

二、英文單篇論文

（一）Yue, Xie. "Party Adaptation and the Prospects for Democratization in Authoritarian China", *Issues and Studies*, Vol. 44 No. 2 (2008/6), pp. 79-102.

（二）Li, Lianjiang. "The Magnitude and Resilience of Trust in the Center: Evidence from Interviews with Petitioners in Beijing and a Local Survey in Rural China", *Modern China,* Vol. 39 No.1 (2013/1), pp. 3-36.

（三）Li, Lianjiang. "Political Trust in Rural China", *Modern China*, Vol. 30 No. 2 (2004/8), pp. 228-258.

三、中文專書

（一）Nathan, Andrew J.（黎安友）著，何大明譯。《從極權統治到韌性威權：中國政治變遷之路》。臺北：巨流出版，2007。

四、中文單篇論文

（一）林德昌，〈中國大陸國家與社會關係的演變模式：一項理論上的探索〉，《遠景基金會季刊》（臺北），7 卷 4 期（2006年 10 月），頁 1-41。

（二）耿曙，陳奕伶，〈中國大陸的社區治理與轉型前景：發展促轉或政權維穩？〉，《遠景基金會季刊》（臺北），第 8 卷 1 期（2007 年 1 月），頁 87-122。

（三）劉文斌，〈中共政治發展與兩岸關係〉，《展望與探索》（新北），第 7 卷第 3 期（2009 年 3 月），頁 28-46。

　　依據筆者蒐尋獲得的中文相關資料，除 3 篇論文外，僅獲得一本有關大陸威權主義研究的中文翻譯研究專書，凸顯國內對於中共威體制研究之稀少。

五、碩博士論文

（一）中國大陸威權政體轉型的研究——以台灣經驗之對照／國立政治大學／中山人文社會科學研究所／96／碩士／研究生：陳佳梅／指導教授：彭立忠。

（二）多種類型的威權主義：中國政權性質的探討／國立政治大學／東亞研究所／101／碩士／研究生：高頡／指導教授：寇健文。

（三）政權轉型理論與中共研究之探討——「後極權主義」與「後極權的威權主義」觀點之分析／政治作戰學校政治研究所／93／博士／研究生：趙建中／指導教授：周陽山／楊世雄。

（四）魚與熊掌：為何中國經改延誤民主？／臺灣大學／政治
　　　學研究所／96／碩士／研究生：賴俞安／指導教授：楊永
　　　明。[6]

　　其中碩士論文《中國大陸威權政體轉型的研究——以台灣經
驗之對照》，雖認為促成臺灣民主的內外部條件對中共卻未促成
民主化，但卻樂觀認為中共未來將民主化。故嚴格說來，近 10
年討論中共威權長存的碩博士論文僅有 3 篇。

　　面對研究中共威權體制的不足，相對的討論大陸民主發展的
專論卻多如牛毛。在主觀意識上，威權制度的崩解與否，幾乎與
民主化成為一體的兩面。換言之，多半研究認為中共威權體制可
能隨著時空環境的推移而崩解，最終進入民主階段。若以 2014
年年中為基準，往前 10 年討論中共可能民主化的著作或論文其
中較重要者如下：

一、英文專書

（一）Bergsen, C. Fred, Gill Bates, Nicholas R. Lardy and Derek
　　　Mitchell. *China: The Balance Sheet.* New York: Public Affairs,
　　　2006.

（二）Chang, Julian and Steven M. Goldstein, eds.. *Economic Reform
　　　And Cross-strait Relations: Taiwan And China in the WTO.*
　　　N.J.: World Scientific, 2007.

---

[6]　2014 年 5 月 22 日下載，《台灣博碩士論文知識加值系統》，http://ndltd.ncl.
　　edu.tw/cgi-bin/gs32/gsweb.cgi/ccd=bk5Ml9/webmge?webmgemode=general
　　&mode=basic。

（三）Edwards, Louise and Elaine Jeffreys. *Celebrity in China*. HK: 香港大學出版社, 2010.

（四）Friedman, Lauri S., ed..*China*. Chicago: Greenhaven Press, 2009.

（五）Gilley, Bruce. *China's Democratic Future*. New York: Columbia University Press, 2004。

（六）Gries, Peter Hays. *China's New Nationalism: Pride, Politics, and Diplomacy*. L.A.: University of California press, 2004.

（七）Gries, Peter Hays and Stanley Posen, eds.. *State and Society in 21st-century China: Crisis, contention and legitimation*. New York: Routledge Curzon, 2004.

（八）He, Rowena Xiaoqing and Perry Link. *Tiananmen Exiles: Voices of the Struggle for Democracy in China*. New York: Palgrave Macmillan, 2014.

（九）Hughes, Christopher R.. *Chinese Nationalism in the Global Era*. New York: Routledge, 2006.

（十）I, Yuan, ed.. *Is There a Greater China Identity? – Security and Economic Dilemma*. Taipei: National Chingchi University Institution of International Relations, 2007.

（十一）Kastner, Scott L.. *Political Conflict and Economic Interdependence Across the Taiwan Strait and Beyond*. California: Stanford University Press, 2009.

（十二）li, Cheng .*China's Changing Political Landscape: Prospects for Democracy*. Washington D. C.: Brooking Institution Press, 2008.

（十三）Lorenzo, David J.. *Conceptions of Chinese Democracy*. Maryland: Johns Hopkins University Press, 2013.

（十四）Mann, James. *The China Fantasy*. New York: Penguin Books, 2007.

（十五）Nathan, Andrew J, Larry Diamond and Marc F. Plattner, eds.. *Will China Democratize?*. Maryland: Johns Hopkins University Press, 2013.

（十六）Qing, Jiang, Daniel A. Bell, Ruiping Fan and Edmund Ryden. *A Confucian Constitutional Order: How China's Ancient Past Can Shape Its Political Future*. New Jersey: Princeton University Press, 2012.

（十七）Ross, Robert S. and Zhu Feng, eds.. *China Ascent*. Ithach: Cornell University, 2008.

（十八）Zheng, Yongnian. *De Facto Federalism in China: Reform and Dynamic of Central-Local Relations*. Singapore: World Scientific Publishing, 2007.

二、英文單篇論文

（一）Chen, Jie. Chunlong Lu and Yiyin Yang. "Popular Support Grassroots Self-Government in Urban China". *Modern China*, vol. 33, No.4 (2007/10), pp. 505-528.

（二）Chung, Jae Ho, Hongyi Lai and Ming Xia."Mounting Challenge to Governance in China: Surveying Collective Protestors, Religious Sects and Criminal Organizations". *The China Jounal*, No. 56 (2006/6), pp. 1-31.

（三）Gilley, Bruce. "The "End of Politics" in Beijing". *The China Journal,* No 51 (2004/1), pp. 115-135.

（四）Thornton, John L.. "Long Time Coming: The Prospects for Democracy in China". *Foreign Affairs (U.S.)*, Vol. 87 No. 1 (2008/Jan. Feb.), pp. 2-16.

（五）Xiaoguang, Kan and Han Heng. "Graduated Controls: The State-Society Relationship in Contemporary China". *Modern China*, vol. 34, No.4 (2008/1), pp. 36-55.

（六）Xiaojun, Yan. "Regime Inclusion and the Resilience of Authoritarianism: The Local People's Political Consultative Conference in Post-Mao Chinese Politics" .*The China Journal,* No 66 (2011/7), pp. 53-75.

三、中文專書

（一）王明生。《當代中國政治參與研究》。南京：南京大學出版社，2012 年 2 月 1 日。

（二）李凡。《大變革的前奏：中國民主的實踐、戰略和前景》。香港：明報周刊，2008 年 9 月 1 日。

（三）林中斌。《偶爾言中──林中斌前瞻短評》。臺北：黎明文化，2008。

（四）邵宗海。《中國和平崛起與中國現代民族主義的互動》。臺北：韋伯，2009。

（五）紀碩鳴、周東華。《中國新政》。北京：中國友誼出版社，2010 年 1 月 1 日。

（六）張明澍。《中國人想要什麼樣民主：中國 "政治人"》。北京：社會科學文獻出版社，2013 年 3 月 1 日。

（七）陳冬生。《中國政治的民主抉擇》。江西：江西高校出版社，2006 年 3 月 1 日。

（八）陳弘毅。《中國傳統文化與現代民主憲政》。臺北：商務，2013 年 11 月 1 日。

（九）陳武志。《沒有中國模式這回事》。臺北：八旗文化，2010。

（十）黃彪。《中國式民主「論述」之初探》。臺北：致知學術出版，2014 年 3 月 1 日。

（十一）賈仕武。《全球化與共產黨》。香港：大風出版社，2006 年 11 刷。

（十二）漆多俊。《中國民主之路》。臺北：新學林，2013 年 4 月 1 日。

（十三）劉曉波。《未來的自由中國在民間》。臺北：勞改基金會，2010 年 12 月 10 日。

（十四）鄭永年。《政治漸進主義》。臺北：吉虹文化，2000。

（十五）謝岳。《社會抗爭與民主轉型：20 世紀 70 年代以來的威權主義政治》。上海：上海人民出版社，2008 年 12 月 1 日。

四、中文單篇論文

（一）李西潭，〈臺灣民主化經驗與中國未來之民主化──以杭廷頓的理論架構分析之〉，《遠景基金會季刊》（臺北），第 8 卷第 4 期（2007 年 10 月），頁 1-48。

（二）林琳文，〈從臣民走向公民──中國大陸政治文化的變遷與民主化前景〉，《遠景基金會季刊》（臺北），第 7 卷 1 期（2006 年 1 月），頁 99-141。

（三）徐斯儉，吳建忠，〈在治理改革中走向民主：浙江溫嶺鄉鎮人大參與式預算之個案研究〉，《中國大陸研究》（臺北），第 54 卷 1 期（2011 年 3 月），頁 1-28。

（四）郭振雄、何怡澄，〈中國各地方政府自願在網路揭露財務資訊之比較研究〉，《中國大陸研究》（臺北），第 52 卷第 2 期（2009 年 3 月），頁 29-58。

五、碩博士論文

自 2014 年年中往前 10 年內，對於中共民主化的研究碩博士論文計 17 篇包括：

（一）中共人民代表大會制度變革與民主化發展之研究／中興大學／國際政治研究所／94／碩士／研究生：黃淑美／指導教授：巨克毅。

（二）中國大陸公民社會發展與民主化未來之研究／中興大學／國際政治研究所／94／碩士／研究生：王若琪／指導教授：巨克毅。

（三）中國大陸網際網路發展對其民主化之研究／國立政治大學／亞太研究英語碩士學位學程（IMAS）／100／碩士／研究生：張宏輔／指導教授：陳陸輝。

（四）中國大陸觀光客來台旅遊對其民主意識影響之研究／國立臺灣師範大學／政治學研究所／100／碩士／研究生：陳盈儒／指導教授：范世平。

（五）中國式民主「論述」之初探／臺灣大學／政治學研究所／
100／碩士／研究生:黃彪／指導教授：張佑宗。

（六）中國走向一黨"民主"？參照瑞典民主經驗／國立政治
大學／中國大陸研究英語碩士學程（IMCS）／95／碩士
／研究生：施漢利／指導教授：袁易。

（七）中國基層民主發展：以村民委員會制度為例／國立中山大
學／中國與亞太區域研究所／98／碩士／研究生：張文瑋
／指導教授：顧長永。

（八）中國基層選舉演變之分析──尋找民主發展的動力／臺灣
大學／國家發展研究所／99／碩士／研究生：鄭文燦／指
導教授：陳明通。

（九）民主化與大陸基層自治制度發展之研究／國立中興大學
／國際政治研究所／93／碩士／研究生：郎士進／指導教
授：蔡東杰。

（十）民主發展在中國初探（1978-2008）／淡江大學／國際事
務與戰略研究所碩士班／96／碩士／研究生：吳廣亨／指
導教授：魏萼。

（十一）全球民主化下的中國草根民主發展研究／國立中興大
學／國際政治研究所／93／碩士／研究生：劉永隆／指
導教授：巨克毅。

（十二）江澤民時期中國大陸的民主化發展／國立中山大學／
大陸研究所／94／碩士／研究生：謝志偉／指導教授：
林文程。

（十三）兩岸民主化發展中之立法機關比較研究／國立中興大
學／國際政治研究所／93／碩士／研究生：曾國芬／指
導教授：巨克毅。

（十四）從民主過渡模式探討中國村民自治運作的未來發展／
　　　　淡江大學／中國大陸研究所碩士班／94／碩士／研究
　　　　生：遠藤崇之／指導教授：陳建甫。
（十五）從線上到線下——中國《零八憲章》網路民主實踐圖像
　　　　／東吳大學／人權碩士學位學程／99／碩士／研究
　　　　生：詹婉如／指導教授：黃默。
（十六）臺灣總統直選與中國大陸民主改革 1996-2012／淡江大
　　　　學／中國大陸研究所碩士在職專班／101／碩士／研究
　　　　生：趙友綺／指導教授：趙春山。[7]

　　由這些文獻的彙整顯示，近 10 年來研究者對於中共政權發展之研究，認為中共即將民主化最受青睞。

　　以中共民主化為研究重點的中文文獻中，若扣除碩、博士論文再細分，其中李西潭著，〈臺灣民主化經驗與中國未來之民主化——以杭廷頓的理論架構分析之〉、李凡著，《大變革的前奏：中國民主的實踐、戰略和前景》及 Ardrew J. Nathan（黎安友）著，何大明譯，《從極權統治到韌性權威：中國政治變遷之路》等最專門集中討論中共民主化問題，其他中文著作通常僅是在文中的一部分涉及大陸民主化問題，或以事件報導方式論述中國大陸民主化現象，並非依靠理論有系統探討大陸民主化議題。至於大陸出版的文獻，除異議分子的期望式論述外，其他仍不脫以支持中共意識形態為主軸的民主議題討論，如紀碩鳴、周東華著，《中國新政》、陳冬生著，《中國政治的民主抉擇》、王明生著，《當代中國政治參與研究》等，而其中較具創新者當屬張明澍著，《中國人想要什麼樣民主：中國"政治人"》以民意調查方式呈現當

---

[7]　《台灣博碩士論文知識加值系統》。

前大陸民眾對於西方式民主的態度，這些著作實質並不在討論民主，而是在為中共威權體制充分獲得民心、反映民意辯護。

而英文著作對於中共是否民主化的探討雖然多如牛毛，但卻也認為中共即將民主化與不會民主化的不同論點各有依據，多半未有定論。

至於對中共威權體制的探討，不論中、英文著作，則多半集中在討論當前中共威權體制現象，而不探討中共威權體制何以得以保存的原因。

大陸未來政治的發展向為學界所關注，但至今卻沒有定論。黎安友甚至將美國研究大陸問題學者分類，認為大陸將會民主化一派，如吉利（Bruce Gilley）、高德曼（Merle Goldman）、歐格登（Suzanne Ogden）等人，及認為大陸發展將成具有彈性且可長存的威權主義一派，如《中國：資產負債表》（*China: The Balance Sheet*）一書的作者群：伯格斯坦（C. Fred Bergsten）等人及迪克森、皮爾森、楊大利、呂小波與黎安友本人。[8]但依據黎安友所謂《中國：資產負債表》一書的作者群，卻沒有一位能對中共何以能夠維持威權提出完整的論述，充其量僅能從個個片段認為中共維持威權的可能而已。[9]姑且不論這些學者主張中共未來是否將走向民主或將持續停留在威權體制之中，僅就其研究的分歧與爭論難以相互說服現象，凸顯中共政體，有待持續的政治發展帶往目前學術研究無法定論的結果。

面對這種分歧，意圖以中共現有的政治體制及現有的證據為基礎，比當前學術研究更負責任的論證中共威權體制得以長存的

---

[8]　Andrew J. Nathan 著，何大明譯，《中國政治變遷之路》，頁 127。

[9]　See C. Fred Bergsten , Bates Gill, Nicholas R. Lardy, Derek Mitchell, *China: The Balance Sheet* (New York: PublicAffairs, 2006).

原因，更盡力釐清與預測中共政權未來的發展方向，是筆者的願望，更是本書的重點。

第三節　研究途徑、方法

一、研究途徑

　　本書將先依據威權統治的特性確定中共威權統治的定位，再以「黨國鎮壓能力」與「國家對經濟任意掌控能力」作為中共對內威權作為的指標；輔以中共權力更迭確保繼任人選忠於執行威權統治；再從大陸人民對於中共威權體制的接受程度，論證中共政體的穩固合法性；最後歸結出中共威權統治未來的演變可能等四大領域，作為研究中共威權統治的現況與未來發展的途徑。其詳細方法如下：

（一）中共對內的統治特性。所欲詳細研究的正是中共對內統治的方法，而統治的方法係透過「黨國鎮壓能力」與「國家對經濟任意掌控能力」兩指標加以檢視。「黨國鎮壓能力」所指的是中共是否有足夠的能力對反對其統治的力量展現多面向鎮壓能力，若有足夠能力則其威權統治已然取得相對穩定地位，反之，則中共的統治將難以為繼。而「國家對經濟任意掌控能力」則在檢視中共是否有足夠的經濟力量壯大自己，同時以經濟力量箝制反對勢力；若一方面可以經濟力量壯大自己，一方面又可以以

經濟力量箝制反對力量，則中共維持其統治地位，將進一步獲得確保。

（二）權力更迭向為威權體制是否足以長存的重要問題。檢視中共人事更迭的特徵，必然可以瞭解威權體制是否得以選擇被各方所接受，且忠於威權統治的繼任者。故對於中共人事更迭的作為必須加以詳細討論，以明瞭權力更迭對於中共威權統治的影響。

（三）被統治者的接納程度。若威權體制下的被統治者在各種力量作用下，認為威權統治是合理的，是應該被接受的，那麼威權統治的統治合法性必然大幅度提高。致使西方學術研究基於主觀或客觀推論認為威權體制將因各種因素而崩解的說法，對中共威權統治體制下的人民而言，就將成為「干卿底事？」，而西方的「研析」也將成為歸納西方政治發展經驗卻無法適用於大陸政治發展的臆測。因此，對於大陸內部民眾對於威權統治的接受程度，就成為穩固威權統治合法性的重要支撐。

（四）威權是否常存，及推測其未來可能發展方向，是所有研究中共政治發展的重點，那麼由各種資料檢視中共威權是否長存，並推測未來可能發展方向，就成為研究者所關注的重點。

將此 4 個環節結合成：「檢視中共對內是否可有足夠的統治力量，人民是否接受統治及中共藉由權力的更迭維持其統治持續的各種證據，驗證中共是否足以維持其威權統治與可能發展」，就成為本書的研究途徑。

二、研究方法

　　藉由前蘇聯加盟共和國在蘇聯解體後經歷的民主與威權兩
種性質政權的爭奪，歸納出相關指標，作為檢視中共威權作為的
標準。以人事更迭的運作是否已制度化檢視中共對於威權體制的
維護決心；用大陸內部至截稿為止相對完整的民意調查資料，檢
視大陸民眾對於威權統治的接受程度；以各種不同觀點檢視西方
經濟發展促成民主的概念，並提出中共威權不依西方經濟發展促
成民主的立論，推論中共未來政治發展走向。主要的方法包括：

（一）以公開資料、媒體、學術論著等對中共維護威權及面對民
　　　主化事件壓力的應變，作為研究的素材。
（二）以中共官方回應及法律規章的制定作為中共面對民主化
　　　壓力的因應，檢視中共維護威權的做法。
（三）以大陸的社會抗爭事件及中共的反應，作為民主化是否得
　　　以成功或維持威權的檢視。

第四節　研究架構

　　中共威權政體的未來發展不外乎如下三個可能：

一、維持現狀，持續對內行使威權統治。
二、威權體制隨時空環境改變而蛻變成新的政府體制，持續統治
　　中國大陸。

三、因改（變）革開放，進一步融入國際社會及經濟建設有成，
　　而逐步轉向西方式的民主。

　　對於中共威權體制未來何去何從的爭論，始終未曾稍歇。學
術研究最負責任的作法，當然必須明確的以證據證明中共的威權
體制是最終走向民主？或維持現狀至無法預見的未來？還是最
終走向創新政體統治的方向？本書就以最負責任的態度，以最大
的努力進行論證，其有所不足本可預見，但在學術界對此議題研
究相對欠缺的環境中，若能引發拋磚引玉效果，亦是對此研究領
域略盡綿薄。

　　本書分為第壹章「緒論」、第貳章「中共政體定性」、第參章
「中共對威權維護作為」、第肆章「共黨權力更迭與威權保障」、
第伍章「被治者反應」、第陸章「威權長存」及第柒章「結論」，
共計約十六萬餘字。

CHAPTER
2
中共政體定性

威權體制特性不容易定義，是研究威權體制所面臨的極大挑戰。在威權體制不易定義的狀況下，中共政權體制該如何定位，更是研究中共威權體制無法迴避的問題。

第一節　威權政治屬性

　　獨裁、極權、威權、獨裁專制、專權等等名詞與內涵該如何劃分，經常困擾著學界；僅常被提及且一般被接受的極權主義（totalitarianism）一項就已複雜萬分，雖一般同意極權出現在史大林時代的蘇聯、希特勒時代的德國及毛澤東時代的中國大陸，[1]但卻可因時空環境的不同而呈現不同內涵。[2]威權相對於極權，又更具多樣性，其內涵比極權更複雜。

　　經典的《雲五百科全書》上對這類非民主政權的分類認為：獨裁，因歷史上的表象不同，而先後有不同之名稱，如暴君政治（tyranny）、專制政治（despotism）、專權政治（autocracy）、威權政治（Authoritarianism）及極權政治（totalitarianism）等，而獨裁政權除「憲政獨裁」一項外，皆具有下列特徵：一、權力獨占，行使方式武斷專橫，不實施權力分立，沒有反對黨的存在，一切團體與組織皆置於控制之下，所有統治工具皆由獨裁者掌握，並將其所作所為正統化，使人不敢抗拒；二、政治權利不受

---

[1]　趙建民，《威權政治》（臺北：幼獅，1994 年），頁 89。
[2]　Hannah Arendt, *Totalitarianism*（New York: Harcourt, Brace and World, 1968）, p. ix.

法律拘束，政治行為禁止司法干涉，法律與法院皆是獨裁者統治
人民及社會的工具；三、人民之自由，予以剝奪或加以實質上之
限制；四、外交政策或內政政策之制訂或決定，並非全國人民公
益，而是謀獨裁者之私利；五、政治及社會控制，採高壓手段，
以嚴刑峻法作血腥恐怖統治；[3]換言之，《雲五百科全書》是對極
權與威權不加區分，僅以其「獨裁」做為判準。但「獨裁」的不
同程度，所代表的意義，自又讓各種制度呈現不同的面貌，因此，
在本書的研究中，決定提升籠統的「獨裁」標準，意圖釐清極權、
威權、民主體制之間特性及是否有連續蛻變關係，同時也意圖精
確的定位大陸目前政治體制的屬性，做為本書研究鋪陳之基底。

　　威權與極權之間的界線並不明確，是學界所面臨的共同問
題。有些學者甚至將兩者混為一談，主要因為「前極權政體」與
「後極權政體」（pre and posttotalitarianism regimes）的性質，相
當符合一般威權的定義。[4]換言之，在極權政治蛻變為較寬鬆的
政治環境，或在進入極權政治前的較寬鬆政治環境，都可能符合
威權政治特性的政治環境，加上威權政體與極權政體之間因光譜
分析（spectrum analysis）狀態的連續，不僅明確劃分不易，也難
以確定該階段的威權屬性是屬於極權政體之前的威權，或極權主
義之後的威權。若依此推論，自然產生威權可能於極權主義出現
之前出現，亦可能於極權主義蛻變之後出現的認知，致使呈現威
權政體在政治發展過程中與極權政體關係位置的不同如下：

---

[3]　s. v. 張劍寒，〈獨裁（Dictatorship）〉，《雲五社會科學大辭典（第三冊　政
　　治學）》（臺北：商務，1989 年 5 版），頁 392-393。
[4]　趙建民，《威權政治》，頁 127。

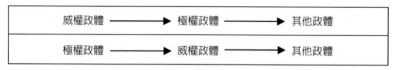

圖 2-1 威權政體與極權政體關係位置圖

資料來源：作者自行繪製

　　若從國家對於社會控制程度的角度觀察，有學者主張，以政權屬性作為展現（國家）結構的代表，政權屬性愈趨向極權政體結構就愈緊密，而結構內的活動範圍則呈現國家能力愈強，結構內活動範圍愈小，反之，國家能力愈弱，則結構內活動範圍就愈大現象。[5]

　　杭廷頓（Samuel P. Huntington）則是利用與民主的對比讓威權政體呈現。杭廷頓認為，所謂民主有一共同的核心制度，就是政府的主要官員是經由競爭性的選舉產生，而且人口中的大多數都可以參加此一選舉，但威權欠缺這種核心制度。[6]依據杭廷頓的意思，就是非民主政體就有可能是威權政體。

　　若從現有對於政黨制度（party systems）的研究角度觀察，則自從薩拖利（Giovanni Sartori）將其分成：一、一黨制；二、兩黨制；三、中等多元制（4 個政黨以下）；四、多極等四種類型後，至今尚未有突破性的進展，[7]雖然說政黨制度，理論上會隨

[5] 戴東清，《中國大陸國家與社會關係 1989-2002：以鑲嵌之社會團體自主性為例》（臺北：秀威，2005），頁 131。

[6] Samuel P. Huntington 著，劉軍寧譯，《第三波》（臺北：五南，1994 年），頁 125。

[7] Steven B. Wolinetz, "Party Systems and Party System Types," in Richard S. Katz and William Crotty, eds., *Handbook of Party Politics* (California: SAGE Publications Ltd, 2006), pp. 55, 56-57.

時空背景的轉換而不斷的轉變，[8]但實際的研究卻發現很難改變，除非在政黨建立之初，天下群雄並起的階段才比較有可能。[9]若將薩拖利的觀點與杭廷頓對不是民主就可能是威權政體的觀點相加，再加上西方所呈現民主政體與政黨政治有極大部分重疊的觀點，那麼威權體制與一黨專政的意義就極為相近（當然不能排除有政黨之名卻無實際運作的無政黨威權政體，如：汶萊）[10]，但一黨制，又可分為：一、一黨權威（威權）制（one party authoritarian），即國家權力為一個獨占性並有意識形態定向的政黨所掌握，但在該黨統治之下，雖不允許其他政黨存在，惟政治尚未達到極權的階段；二、一黨多元制（one-party pluralistic）即國家權力雖為一黨所獨占但該黨在組織上是多元的，政治見解也比較重實際，對於其他政治群體的關係是採取容忍的態度，而非無情的摧毀；三、一黨極權制（one-party totalitarian），即國家權力不僅為一黨所獨占，而該黨又利用一切手段，以達到其政治目的。[11]這種說法，正代表著一黨制所呈現的威權體制有寬鬆與緊縮控制的各種態樣。

國內學者趙建民教授，對於威權政治的研究，則認為威權政治具有如下特性：[12]

[8]　Wolinetz, "Party Systems and Party System Types," p. 57.

[9]　Peter Mair, "Party System Change," in Richard S. Katz and William Crotty, eds., *Handbook of Party Politics*, pp. 63, 66.

[10]　顧長永，《東南亞政治學》（臺北：巨流，2005 年），頁 221-222。

[11]　s. v. 袁頌西，〈政黨制度（party systems）〉，《雲五社會科學大辭典（第三冊　政治學）》，頁 205-206。

[12]　趙建民，《威權政治》，頁 2-3。

一、作為一種政治思想,威權主義最為混沌。民主與極權主義都
　　具有理想性,但威權主義卻是統治者為了現實考量,所採取
　　的方便措施,既無理想亦無方向可言。
二、作為一種統治方式,威權主義的制度化最低。其外觀凌亂,
　　影響決策系統的外在因素不定。
　　趙建民教授雖認為極權與威權的劃分困難度不低,但仍勉力
將其劃分如下:

表 2-1　極權政體與威權政體特性劃分

特性　　分類	極權政體	威權政體
社會滲透	全面滲透,有限多元。	部分滲透,政府主宰。
意識形態和心態	強烈意識形態與強勢政黨。	沒有一套完整的、有系統的、經過深思熟慮的思想體系作為運作依據,但在「心態」上卻以解決當前問題並對國家有熱切的期望。
政治冷漠與政治動員	高度動員且具強制性質。	動員少,傾向於希望被治者被動地接納與被領導。
政黨屬性	理念教化在黨的組織與訓練活動中,占有相當位置。領袖具有強烈的號召力。	多黨存在,黨組織鬆散,社會菁英群中有相當一部分是屬於執政黨外人士。政黨由多元勢力組成。
反對勢力與反對黨的存在	反對其他政黨的存在。	鼓勵民眾疏離政治,使有限多元與政治冷漠相結合。有「準反對」勢力的存在。
軍人角色	軍隊受黨的節制,黨指揮槍原則明確。	依靠軍人支撐政府,軍人在政府中占有決定性的權力角色。

資料來源:趙建民,《威權政治》(臺北:幼獅,1994 年),頁 128-142。

這種分類明顯的是將極權與威權作相互的對比呈現，雖意圖對威權定義難以明確劃分的突破，但卻因極權與威權之間是否相互滲透難以說明清楚，且因極權與威權各自又有其光譜分析式程度不同，難以更明確劃分，致使其努力所獲成果亦難放諸四海皆準。例如依據前表，對於「反對勢力與反對黨的存在」一項，極權政體反對其他政黨的存在，而威權政體卻是有「準反對」勢力的存在，但眾所周知，被學界大致認可的毛澤東極權時代，卻一直存在有「參政黨」，[13] 雖「參政黨」是否等於「準反對」勢力有待釐清，但「參政黨」在各級人大，至少在各級政治協商會議中獲得一定程度的力量，卻是不容否認的事實，若因此視「參政黨」為「準反對」勢力，那麼毛澤東時期就已存在「準反對勢力」，甚至在共產黨建政初期力量不足時，更接近「反對勢力」存在的事實，此情況顯與極權政體定義不相符合，卻更接近威權政體定義；若認定「參政黨」不是「準反對」勢力，可是在鄧小平、江澤民、胡錦濤、習近平主政的非極權時代雖保有「參政黨」，但對任何足以威脅共黨統治的組織，都不見容於中共，致使鄧、江、胡、習主政期間，卻也像極權政體。

　　至於軍人角色的特點，在極權政體是「軍隊受黨的節制，黨指揮槍原則明確」，在威權主義則是「依靠軍人支撐政府，軍人在政府中占有決定性的權力角色」，若將此運用於中共當前統治政體與毛澤東時期相互比較，則被歸類為極權政體的毛澤東時

---

[13] 1949 年 9 月，參加「中國人民政治協商會議第一次全體會議」的共有 11 個民主黨派，1949 年底，「三民主義同志聯合會」、「中國國民黨民主促進會」併入「中國國民黨革命委員會」，「中國人民救國會」自行宣布解散，遂形成現有的 8 個民主黨派迄今。〈十五、大陸的民主黨派〉，法務部調查局展望與探索雜誌社編印，《中國大陸綜覽（102 年版）》（新北：法務部調查局，2013 年），頁 43。

期，與當前相對寬鬆的政治體制，在軍人角色的界定上，何者完全控制軍隊，何者又依賴軍隊支持，或軍隊既受黨的控制，軍隊亦支持黨的路線，實在難以加以明確區分。

依據趙建民教授、杭廷頓及薩拖利所勉力劃分的威權主義或政體的特性，可分離出其共同的特點就是，認為的極權與威權甚至民主政體的差別，是在政治體制對社會管制的鬆緊。也就是管制極為嚴苛的屬於極權政體，而管制相對鬆散但卻又非民主的政體或可歸類為威權政體，因此威權政體顯然有相對異議甚至有限或可控制下的反對勢力存在的空間，而這種威權，又或可被稱為「自由化威權（liberalized authoritarian）」。依據此種鬆緊程度不同的觀點，將此「自由化威權」政體中得以活動的各類異議勢力，以光譜分析方式加以排列，可得到如下印象：

表 2-2　「自由化威權」反對勢力分布

反對勢力光譜			
支配	忠誠反對勢力	可容忍反對勢力	反體制勢力
必要的前提是：包容、自由卻非民主			已威脅政體的生存，包容戰略的極限
維護權力最終必須採用鎮壓手段			一定鎮壓
反對勢力活動空間遭壓縮：不自由，威權在體制內變遷的可能			

資料來源：Holger Albrecht, "Political Opposition and Arab Authoritarianism: Some Conceptual Remarks," in Holger Albrecht, ed., *Contentious Politics in the Middle East*(Florida: University Press of Florida, 2010), p. 22.

依此，在威權政體下，對於反對勢力，依其控制程度可分為完全支配，或准許忠於威權政體的忠誠反對勢力存在，最多僅能

准許可控制的反對或異議力量活動,但若超越主政者的容許範圍甚至可能危及主政者的生存時,將招來鎮壓。當然,若跨越前述界線,使進一步具有反體制勢力存在,則必然遭致鎮壓絕不包容。

但必須注意的是,若將極權與威權兩種政體特徵相互比較,極易認為極權(totalitarianism)在放鬆管制之後蛻變成威權(authoritarianism),若將此發展再放入時空環境遞移的背景中,亦讓人產生極權蛻變威權後,可能進一步蛻變為民主之錯覺。雖其趨勢上的發展令人有所期待,但諸多研究卻認為,縱使民主化為世界的潮流,各國如雨後春筍般的發展多黨政治與普及選舉,但卻無法保證民主政體將接續威權而發生,[14]故社會多元並不代表就將使威權政體轉向民主,是學術研究中廣泛的認知。[15]然而在短暫的民主化後又因種種因素造成威權的復辟卻所在多有。

若將威權至民主的過程以直線發展的方式想像,那麼演化過程中,必然出現既不民主又不威權的中介階段。若引用戴蒙(Larry Jay Diamond)的 6 種政體分類:1、自由民主(Liberal Democracy)2、選舉民主(Electoral Democracy)3、政體不明(Ambiguous Regime)4、競爭威權(Competitive Authoritarian)5、支配選舉威權(Hegemonic Electoral Authoritarian)及 6、政治封閉威權(Politically Closed Authoritarian),[16]其中 1、2 階段為民主政體,

---

14 Zhengxu Wang, "Hybrid Regime and Peaceful Development in China," in Sujian Guo, ed., *China's "Peaceful Rise" in the 21st Century* (Burlington: Ashgate, 2006), p. 118.

[15] Michael Schmidmayr, "Islamist Engagement in Contentious Politics: Kuwait and Bahrain," in Holger Albrecht, ed., *Contentious Politics in the Middle East* (Florida : Florida University Press, 2010), p. 173.

[16] Larry Diamond, "Thinking About Hybrid Regimes," *Journal of Democracy*, Volume 13 (2002/8), p. 26.

3 階段動向不明，必須依據更多的資訊才可以將其劃分為第 2 階段的民主政體，或劃分為第 4 階段的不民主政體，第 6 階段是完全封閉政體，而 4、5 階段及第 3 階段的小部分或大部分為混合政體（hybrid regimes），雖有光譜相對位置的設定，但仍欠缺明確劃分的界線。前已述及，杭廷頓曾利用與民主的對比凸顯威權政體的存在，認為如無民主的共同核心，就是威權。亦有學者提出類似主張，認為威權政體是介於極權政體與民主開放政體之間的政治體制，[17]但至今卻未能有任何研究成果能明確劃分出極權、威權、民主或其他不明政體的界線，並被各方所接受，再次認定威權的範圍大且不易歸類的特性。

另一方面，當政治發展不一定成直線前進的證據越來越多後，威權政體是否停留原地而僅改變內涵，就成為必須關注的問題。而改變內涵是否成為民主與不民主政體的混合（hybrid），混合政體是否是由威權過渡到民主或重返極權，甚或發展為其他政體的階段？又成為接續的問題。有學者認為，混合政體不能等同於由威權政體到民主政體的過渡階段，混合政體是民主與威權元素的混合體，如威權統治下的多黨競爭（假性多黨制度），[18]依此說法，顯然認為威權政體在「混入」其他（可能是民主也可能是極權，或其他未知政體）元素後，成為混合政體，但卻不保證混入的元素中會取代原有政體元素，而使政體蛻變，反之，混入其他元素的威權政體，也不保證不會在日後「擠出」其他元素，致使政體「再度純化」成威權甚至「更純化」成極權，或演化為其

---

[17] Edwin A. Winckler, "Institutionalization and Participation on Taiwan: From Hard to Soft Authoritarianism?" *The China Quarterly,* No.99 (1984 Sep.), pp. 481-499.轉註自 Samuel P. Huntington 著，劉軍寧譯，《第三波》，頁 186。

[18] Diamond, "Thinking About Hybrid Regimes," pp. 23-24.

他政體。進一步的概念，就是在光譜分析中，政府管制較鬆的威權，顯然位於威權與民主或其他政體之間的統治模式，但卻並不表示是從威權即將過渡到民主或其他政體的階段，而僅是威權政體與其他政體特性的混和；反之，政府管制較嚴的威權，也不表示可過渡到極權或其他政體。

以鄰近的馬來西亞為例，該國在 1990 年代因選舉被外界認為即將民主化，但自 2004 年以後卻藉由選舉逐漸轉回威權體制，甚至被外界名為選舉威權（electoral authoritarianism），雖然 2008 年的選舉，又造成政黨間的分裂，似有民主化的可能，[19]但若菁英間的相互折衝與再度團結，又可恢復菁英集團的威權統治，證明選舉雖有民主之可能，但卻不一定成直線發展形式由非民主進入民主的國度。

日裔美國學者福山（Francis Fukuyama）在 1992 年出版《歷史的終結與最後一人》一書，揚言歷史的演進讓君王政治、法西斯主義和共產主義都敗在自由民主主義政府之下，往後將是民主自由主義主宰人類的政治生活。[20]但自 1992 年迄今，全球仍保持民主、威權體制並存，甚至中共與新加坡缺乏民主的統治方式卻可促成經濟的成長及行政效率的提升，而被外界所稱羨，這些事實不僅證明福山的預言沒有發生，更證明威權體制在當前民主化浪潮下，仍有其賴以生存的機會與能力。

在假設政治發展僅有極權、威權、民主及其間的過渡政體，而無其他政體發展可能狀況下，若以民主作為是否威權的界定標準，

---

[19] William Case, "Malaysia: trajectory shif,t" in William Case, ed., *Contemorary Authoritarianism in Southeast Asia: Structure, Institutions and Agency* (New York: Routledge, 2010), pp. 64, 79-80.

[20] See Francis Fukuyama, *The end of history and the last man*（New York: Maxwell Macmillan International, 1992）一書相關論述。

卻又因民主具有多樣性，民主並不以選舉的有無作為唯一標準，杭廷頓甚至認為除選舉外，至少還需包括對於行政機關的限權、獨立的法制機關、法治（rule of law）、對個人權利的保障、表達意見的自由、對少數人權利的關懷、限制政黨操作選舉的權力、防止警察機關濫權逮捕、不受監視、限制政府控制媒體等等，[21]而戴蒙進一步認為民主必須依據各個社會發展的需求不斷的創新發明，[22]使民主與否的界線本身也難以明確劃分，致使威權體制的標定也陷入困境，但若將最基本可觀察的、狹義的民主定義「選舉、罷免、創制、複決」4 種權力的全部或部分擁有作為民主的界線，[23]或以更低標準的方式說，民主至少必須符合可以公平的選舉方式和平更換領導人為條件，加上另一端極為嚴肅的極權，且一般認為威權不如極權的嚴肅，亦不到民主的寬鬆階段，則威權必然呈現在極權與民主兩光譜之中間階段，但卻又與極權及民主的發展沒有必然連續關係，則此三種政體或主義的關係應如下圖所示：

極權政體時期　　　　混合政體時期　　威權政體時期　　混合政體時期　　民主政體時期

圖 2-2　極權、威權、民主政體存在相互位置圖

資料來源：作者自行繪製

21　Samuel P. Huntington, "The Future of the Third Wave," in Marc F. Plattner and João Carlos Espada, eds., *The Democratic Invention* (Maryland: Johns Hopkins University press, 2000). p. 7.
22　Larry Diamond, "The End of the Third Wave and the Start of the Fourth," in Marc F. Plattner and João Carlos Espada, eds., *The Democratic Invention,* p. 14.
23　s. v. 陳治世，〈民主（democracy）〉，《雲五社會科學大辭典（第三冊　政治學）》，頁 85-87。

再依據表 2-1 之分類，認為威權政體「沒有一套完整的、有系統的、經過深思熟慮的思想體系作為運作依據，但在『心態』上卻以解決當前問題並對國家有熱切的期望」，那麼威權主義顯然並無意識形態上的堅定目標，而其統治形態係「多黨存在，黨組織鬆散，社會菁英群中有相當一部分是屬於執政黨外人士。政黨由多元勢力組成」，若將前述對於威權政體屬性的討論，可將不易定義的威權體制的屬性歸納出如下幾個特性：

一、不是民主政體。

二、不是控制極為嚴苛的極權政體。

三、可能為極權主義之前的政體，為混合政體。

四、可能為極權主義之後的政體，為混合政體。

五、不一定會發展成為民主政體，但無法排除其可能。

六、不一定會發展成為極權政體，但無法排除其可能。

七、可能發展成不知名政體。

八、統治者不一定具有意識形態的堅持，但卻具有明確堅持權力的慾望。

九、對危及威權統治體制具有毫不手軟的鎮壓決心。

十、其與民主及極權政體的劃分界線難以明確。

第二節　中共政權歸屬

　　對於中國大陸的政治體制到底是極權或威權體制的爭論，在學術研究上是眾所周知的事實，再仔細分析中共政體，卻又可以

將毛澤東時代定位為極權制度，而毛澤東以後的制度定位爭論較多。[24]

一、共產主義目標的堅持

　　觀察接續極權政治的鄧小平時代大陸政體特性，可歸納為以下幾點：（一）將馬、列、毛思想寫入憲法成為最高的指導思想；（二）具有最高領導者——鄧小平；（三）中共的警察體系無所不在；（四）傳媒全面遭受控制；（五）所有武裝力量受黨國獨占；（六）規定私營企業為公有制經濟的補充。以上 6 點都符合弗里德里屈（Carl Freiedrich）與布里辛斯基（Z. Brzezinski）對極權所下的定義，但卻不能否認其已出現鬆動現象。[25]換言之，鄧小平時期雖具有極權政體的特徵，但卻因與毛澤東時期相較為鬆動，故一般不認為鄧小平時期為極權政體，而是威權政體。進一步言，這些對極權定義的爭論，是否具有夠的說服力，也不斷被挑戰，如政府對於軍隊的壟斷，絕非是極權主義的明確特徵，民主制度中也同樣有此現象，納粹主義也沒有集中管理的經濟，同樣道理在蘇聯可發現的特徵在其他地方不見得存在。[26]就相對較易被接受的極權定義來說，都出現如此多無法契合的特徵，難以放諸四海而皆準，更遑論將毛澤東以後日漸鬆動的大陸政治氛圍歸納為極權。因此，若強將鄧小平以降的中國大陸政治體制定位為極權，可能難以服眾。致使由毛澤東、華國鋒、鄧小平、胡耀

---

[24] 趙建民，《威權政治》，頁 198。

[25] 趙建民，《威權政治》，頁 201。

[26] 薩拖利（G. Sartori）著，馮克利、閻克文譯，《民主新論》（北京：東風出版社，1998 年 12 月第 2 版），頁 220。

邦、趙紫陽、江澤民、胡錦濤而習近平，顯係由極權的鬆動而逐步轉向威權，但威權之間如何仔細分別又有程度不同的落差。[27]

依前述戴蒙的分類，因中共近年逐漸提倡地方選舉，與黨內選舉，卻又保留相當的威權程度，致使將大陸政治發展分類界定於徘徊在「競爭威權」（Competitive Authoritarian）與「支配選舉威權」（Hegemonic Electoral Authoritarian）之間，但必須再度提醒的是，混合政體並不等同於半威權或半民主政體。[28]甚或說，大陸連官員全面經由人民普選的情況都不存在，故其連「支配選舉威權」的可能都不存在，致使可能更接近「競爭威權」。若依據戴蒙將「支配選舉威權」定義成：「威權下讓反對勢力擁有部分活動空間」推論，「競爭威權」就是威權體制稍具民主化競爭形態威權，[29]當然其競爭活動空間比「支配選舉威權」更窄。

馬克思與恩格斯曾在〈共產黨宣言〉裡說：「如果說無產階級在反對資產階級的鬥爭中……以統治階級的資格用暴力消滅舊的生產關係，那麼它在消滅這種生產關係的同時，也就消滅了階級對立的存在條件，消滅了階級本身的存在條件，從而消滅了它自己這個階級的統治」；[30]馬克思在〈哥達綱領批判〉中則表明：「在資本主義社會和共產主義社會之間，有一個從前者變為後者的革命轉變時期。……這個時期的國家只能是無產階級的革命專政」。[31]毛澤東在〈論人民民主專政〉一文中，主張：「消

---

[27] 趙建民，《威權政治》，頁 209。

[28] Wang, "Hybrid Regime and Peaceful Development in China," pp. 120～121.

[29] Wang, "Hybrid Regime and Peaceful Development in China," p. 121.

[30] 馬克思，〈共產黨宣言〉，王君、蔡銳華編，《馬列著作選編》（修訂本）（北京：中共中央黨校，2011 年），頁 226。

[31] 馬克思，〈哥達綱領批判〉，中共中央馬克思、恩格斯、列寧、史大林著作編譯局編，《馬克思恩格斯選集（第三卷）》（北京：人民出版社，1975

滅階級，消滅國家權力，消滅黨，全世界都要走這樣的一條路的，問題是時間和條件」。[32]1987年中共「十三大」時中共前領導人趙紫陽，提出大陸的「社會主義初級階段」起於1950年，而「這階段至少需要上百年」。而現行中共黨章的「總綱」中，亦載明「我國正處於並將長期處於社會主義初級階段，……，需上百年時間」、「中國共產黨在社會主義初級階段的基本路線是：……以經濟建設為中心，堅持四項堅持，……」。中共依據馬克思主義作為其建政基礎，其所彰顯的國家最終必須消亡的意識形態至今未變，甚至在其統治的邏輯思維上認為，共產社會將是政治發展無法避免的結果，共產黨依據中國傳統所繼承的「天命」，是掃除資本主義建立共產主義社會，[33]期間所經歷的顯然是必須經由一黨專政，最終導致國家與一切壓迫階層消亡，而代表各種勢力相互競爭的西方式政黨當然在階級消亡之後，就不可能存在，其最終結果雖無法預測會實現無壓迫階級的共產社會，但至少一黨專政以企圖達成此目標卻被共產黨人視為圭臬。

顯然共產主義者的信念，是在經歷一段不知多長的無產階級革命專政或其他名稱的時期後，人類社會將進入沒有階級、沒有壓迫也沒也政黨的共產主義天堂。以研究者的立場當然要問大陸會經過什麼樣的政體與經歷多久的時間？

若依據前述中共前領導人趙紫陽，於1987年中共「十三大」時，提出「社會主義初級階段」，及現行中共黨章的「總綱」中，

年），頁12、21。

[32] 毛澤東，〈論人民民主專政〉，《毛澤東選集第四卷》（北京：人民出版社，1966年），頁1405。

[33] Baogang Guo, "China's Peaceful Development, Regime Stability and Political Legitimacy," in Sujian Guo, ed., *China's "Peaceful Rise" in the 21ˢᵗ Century*, p. 47.

亦載明「社會主義初級階段，……，需上百年時間」觀察，若「初級階段」必須花費上百年，那麼第二階段、第三階段、第四階段……？或其他名稱的任何階段？是否也要花費上百年時間？因此在真正進入共產主義天堂的過程，可能要花費無數個百年。[34]是否代表一黨專政必須維持無數個百年。雖然一黨專政與威權統治不能完全劃上等號，但其一線之隔也不容懷疑。

中國大陸隨著時空環境的改變，尤其是全球化與經濟發展後逐步走向西方式的民主，是過去學術研究的主流意見，但近年對於此種論調已出現些許的變化，日漸增多的研究認為中國大陸不一定會成為西方式的民主國家，中國大陸在共產主義主政下連續數十年的經濟飛躍成長與政治穩定，更證明前述福山預言的錯誤。後繼者，英國學者紀登斯（Anthony Giddens）發表《第三條路》（The Third Way: The Renewal of Social Democracy）一書，對福山的預估做出修訂，主張「社會主義與共產主義雖然已經消逝，但其英靈仍纏繞著我們」，[35]表示社會主義與共產主義雖不如1990 年代蘇聯垮臺並引發東歐共產主義政權相繼垮臺之前的活躍，但其影響力仍不容小覷，且在認定共產主義或社會主義未來的發展，顯然不會全盤接受西方式的自由民主模式後，發展出融合西方民主主義、社會主義與共產主義特性的第三條發展道路，其內涵包括：激進的中間派、新型的民主國家、積極的市民社會、民主的家庭、新型的混合經濟、包容性的平等、積極的福利政策、社會投資的國家、世界性的國家及世界性的民主。[36]這些爭議與

---

[34] 劉文斌，《想像統獨：兩岸統合研究》（臺北：秀威，2013 年），頁 135-136。
[35] Anthony Giddence，鄭武國譯，《第三條路 (The Third Way: The Renewal of Social Democracy)》（臺北：聯經，1999 年），頁 2。
[36] Giddence，鄭武國譯，《第三條路》，頁 80。

論述更讓人相信中共這個共產主義國家，在未來不一定走向西方式民主國家的結果。而依據巴爾幹半島共產黨政權蛻變的經驗，也出現「國家共產主義（national communism）」概念，就是將共產主義與民族主義相結合，讓政權比僅有共產主義力量維持政權的力量更強，使共產菁英得以維持其領導地位，[37]這種狀況與當前中共提倡民族主義幾乎完全相同。

或說，在現實狀況中保有中國文化，造成經濟繁榮卻不民主的國家尚且有活生生的新加坡與香港作為典範；[38]再以過去朱鎔基所主導的財政變革為例，有研究就認為朱鎔基的變革作為與大陸特殊利益團體同時存在，致使其變革不是因應市場的力量，而是平衡大陸各家族企業的利益，當主政者改變，就要進行再度的平衡，使得整個大陸的運作幾乎等同於家族經營企業的運作，[39]此種模式，與外界所認定的市場運作模式相距甚遠，致使西方認定經濟發展可促成大陸的多元甚至民主，就成為對大陸經濟發展本質的誤解，換言之，當前大陸經濟發展所形成的多元，僅是威權統治下的一種現象，與威權覆滅與否無關。

顯然，依據共產主義追求無階級壓迫的未來社會，仍為中共所不敢宣稱放棄的目標，其手段就是以中共一黨專政經歷數個百

---

[37] Alina Mungiu-Pippidi, "When Europeanization Meets Transformation: Lessons from the Unfinished Eastern European Revolutions," in Valerie Bunce, Michael Mcfaul and Kathryn Stoner-Weiss, eds., *Democracy and Authoritarianism in the Postcommunist World* (New York: Cambridge University Press, 2010), p. 66.

[38] Rey-Ching Lu, *Chinese Democracy and Elite Thinking* (New York: Palgrave Macmillan, 2011), p. 1.

[39] Carl E. Walter and Fraser J. T. Howie, *Red Capitalism: The Fragile Financial Foundation of China's Extraordinary Rise* (Singapore: John Wiley & Sons (Asia) Pte. Ltd, 2011), p. 21.

年達成，縱使近年少見中共宣稱仍欲追求沒有階級壓迫的世界，但卻始終堅持一黨專政，致使其手段仍持續執行。

二、黨的領導高於一切

　　大體來說，任何一個政權的統治合法性（包含威權體制），必須植基於「權力的控制」（control of power）與「人民的接受」（popular acceptance）兩大元素，李普塞（S. M. Lipset）甚至認為合法性除統治者的能力展現外，更涉及被治者認為該統治為最適合的安排，因此，統治合法性就變成政權在取得統治權後，如何維持並管理其合法性不墜，而其面對的情勢就包含有：（一）集中與保存權力；（二）推動與維持統治集團意識形態；（三）聯合既得利益團體；（四）控制官僚體系與官員尋租（貪腐）；（五）追尋優良政策與建構組織以合理化治理等問題。[40]外界對於大陸政權一般認定在毛澤東時代是極權主義，其表現特徵是，毛澤東將人民分為兩大類：一類是「人民」（無產階級）另一類是「人民的敵人」（資產階級），在此情況下，縱使毛澤東聲稱共產黨主張民主，讓人民當家作主，但其民主與專政卻是同義詞，因為其人民大部分為未受教育的群眾，因此必須由共產黨給予教育與領導、共產黨也成為政策的基礎、共產黨指導人民方向、共產黨成為扶養人民成長的爹娘、共產黨更把持真理可帶領人民進入共產主義天堂，致使共產黨成為國家的主人而不是人民。[41]人民在中

---

[40] Jiangyu Wang, "The political logic of securities regulation in China," in Guanghua Yu, ed., *The Development of the Chinese Legal System* (New York: Routledge, 2011), pp. 228-229.

[41] Lu, *Chinese Democracy and Elite Thinking*, p. 57.

共統治與教育下，對中共政權展現高度「人民接受程度」，為中共威權統治的合法性，墊下深厚基礎。且在變（改）革開放 30年後，於諸多知識分子的認知中，大陸的狀況卻僅僅變成「政治獨裁（dictatorship）加市場經濟（market economy）」，[42]在政治層面而言，若依據前述杭廷頓有關「所謂民主有一共同的核心制度，就是政府的主要官員是經由競爭性的選舉產生」的觀點，中共政權顯然欠缺，對一黨專政的「權力的控制」至今仍牢不可破，因此，縱使中共對內統治有這樣或那樣的鬆動，其以各種手段牢牢控制權力毫不退卻，致使威權體制的狀態並沒有改變。

　　大陸旅外學者朱嘉明，曾研究毛澤東起迄今的一連串中共政治體制變革認為，毛澤東時期以不斷革命維持其政權的合法性，鄧小平以「改革」重建政權合法性，胡耀邦、趙紫陽改革遭元老勢力擊退，江澤民、胡錦濤時期改革，依據鄧小平「發展才是硬道理」的指示走入歧途，意圖以經濟發展轉移政治菁英與民眾對於政治的注意力，卻表現出：（一）政治制度實現極權主義、集權主義和威權主義一體化；（二）政府經濟權力無限化；（三）私有財產權因錢權結合而空洞化和泡沫化；（四）公有制經濟因法令不周全而使人民不再擁有；（五）企業所有制結構幾乎遭國家以參股、操控、壟斷等各種方式單一化成共產黨的資產；（六）市場主體因政府力量介入寡頭化；（七）錢權結合制度化等現象。2008 年北京奧運後，變革開放所帶來的意識形態低落等問題，或有可能帶動政治變革，但至今中共政權仍面臨：（一）「毛派」：要求回復毛澤東時期的「公正」，如薄熙來的唱紅打黑政策；（二）保守派：維持共產黨一黨專政；（三）自由派：要求民主，三派

---

[42] Lu, *Chinese Democracy and Elite Thinking*, p. 61.

力量的爭奪。[43]但明顯的自由派目前力量明顯不足以撼動當前共產黨的一黨專政地位。縱使薄熙來已遭習近平查辦，但至目前為止，所有跡象亦僅能證明是權力鬥爭的結果，而非中共威權政治體制發展中，決定排除「毛派」的非民主勢力；保守派維持共產黨一黨專政，似乎已成為大陸政治思維與努力的主流。

　　對於中國大陸的政治體制到底該如何定位的爭辯，輿論的反應或許比學術的律定更為直接：長期關注大陸的《多維新聞》，就以「觀察站」的評論方式在 2013 年 10 月發表對大陸習李體制的看法，認為：「中國第五代領導集體的執政舉措，尤其是在輿論監管和意識形態領域所表現出的強硬，似乎仍然沒有擺脫威權主義的理念」、（對中共前領導人胡錦濤於 2012 年 11 月 8 日在中共「十八大」中提出工作報告時表明「在改革開放三十多年一以貫之的接力探索中，我們堅定不移高舉中國特色社會主義偉大旗幟，既不走僵硬的老路，也不走改旗異幟的邪路」）[44]「2013 年 1 月 5 日──習近平擔任總書記後的兩個月，他又在中共新晉中央委員會委員、候補委員學習中共十八大精神研討班開班式上提出『前後兩個三十年不能互相否定』的論調，在這裡，『老路』、『前三十年』是指毛澤東時期，是中共用階級鬥爭極左理念治理中國的時期。『邪路』、『後三十年』則是鄧小平開創的改革開放時期，由於經濟政策上的全面放開，也被賦予了『右』的政治符號。這種走中間道路，號召中國特色漸進變革的表述，也被認為背後隱藏著威權主義的理念」、「而對於今天的習近平，輿論之所以認為

---

[43] 朱嘉明，《中國改革的歧路》（臺北：聯經，2013 年），頁 99-135。

[44] 〈胡錦濤在中國共產黨第十八次全國代表大會上的報告〉（2012 年 11 月 17 日），2013 年 11 月 12 日下載，《新華網》，http://news.xinhuanet.com/18cpcnc/2012-11/17/c_113711665_5.htm。

他的一些措施帶著威權主義的色彩，一個很重要的原因是他的極其務實的做派和強勢的風格，這使人對他有一種不同於江、胡的感覺，加上他對毛澤東和鄧小平某些特質的遵從。因此當他在軍事、言論、組織人事方面的動作較大時，外界更認為這證實了他的威權主義傾向」，再爭辯也無法排除「將習和他的領導班子描述成『帶有威權色彩』的統治集體」。[45]

　　有研究者認為，中共政體的特性因「革命鬥爭」、「傳統和國情」、「改革開放」等原因，造成中共政權的特性如下：

（一）由革命鬥爭所造成的三個特點：1、多個系統一條主線，一條主線是指共產黨由中央到地方掌管一切，地方各系統亦由同級黨組織掌管。2、非政府組織在黨的掌握下參與政府的運作。3、緊密的軍政關係。

（二）由傳統和國情所造成的三個特點：1、單一制國家體系與地方多元與自治共存，造成「條塊矛盾」。2、行政主導，負責行政機關重要性高於權力機關（如人民代表會議），是加強黨的領導與行政地位相結合的控制與管理模式。3、地方政府過程的運行質量低，因注重行政主導，就必須具有行政的能力，但地方政府的行政能力不足。

（三）由改革開放所形成的三個特點：1、統治上高度集中，但管理上相當分散和靈活。2、法律和政策同時規範社會、國家和政府行為。3、政策在諸多方面「雙軌」運行，因

---

[45]　王雅，〈觀察站：威權主義的幽靈〉（2013 年 10 月 23 日），2013 年 11 月 4 日下載，《多維新聞》，http://china.dwnews.com/news/2013-10-23/59340113-all.html。

歷史或地方條件差距等原因，造成政策無法單一，而呈現
「雙軌」或「多軌」並行的不一致現象。[46]

不論時空環境改變，所造成的各種政府職能轉變，唯一不變
的是黨掌管一切的「一條主線」。故有研究以簡單圖形表示如下：

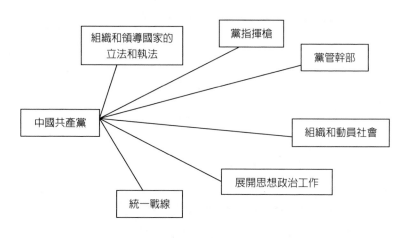

圖 2-3　中共對國家社會的領導

資料來源：楊鳳春，《圖解當代中國政治》（香港：中華書局，2011 年），頁
73。

冷戰結束蘇聯垮臺，代表著在 250 年前起於美國的模式在全
球獲得成功，其源於歐洲啟蒙運動的發展模式也顯現出如下的哲
學意義：（一）民主多元主義是組織政治生活最佳的選擇；（二）自
由市場是創造財富與快樂無可取代的載體；（三）有財富與快樂的
地方，就有民主。[47]但在大陸經濟發展取得成功及國力日漸強盛

---

[46]　朱光磊，《中國政府與政治》（臺北：揚智，2004 年），頁 8-18。
[47]　Stefan Halper, *The Beijing Consensus* (New York: Basic Books, 2010), p. 67.

後，大陸開始勇於定義本身的行為模式與西方行為模式的不同，其中「市場威權（Market-authoritarian）」的統治模式就被第三世界國家讚許，這種模式強調對統治者合法性不挑戰也沒有挑剔政府的媒體，政府負責提供就業機會、住房及美好的未來給人民，但政府不准人民具有講話、信仰、政治結社等自由，群眾被要求尊重威權並遠離政治，發展中國家更積極研究威權政府如何在市場環境中獲得力量。[48]大陸的這種發展模式與現狀，也表現出與西方社會認為因經濟發展必然帶來民主的學術主流論調不相符合，同時也帶來兩個新的國際關係發展概念：（一）是超越西方的致富源頭（西方國家原以為冷戰結束所開創的全球市場，必須在自由民主秩序下才可創造財富）；與（二）新的「無民主的資本主義」概念（new ideas about capitalism without democracy）。[49]致使中共威權政治在國際社會中取得一定程度的合理性與正當性，從而抵銷國際社會民主化趨勢的部分壓力。

　　這種新統治概念的「創新」、「發展」或更直接說，現有中共威權體制仍得以運行，又涉及大陸內部統治者與被治者的意識形態問題，而意識形態不是天生或固定不變的，是依據特定時空環境背景下的產物，甚至是為不同領導者服務的產物，[50]意識形態在諸多不同團體折衝磨合下最後形成單一或相對簡化的過程，是複雜而有趣的過程，[51]個人或不同團體之間，就有不同意識形態相互衝突的問題。[52]以目前中共統治大陸現況看，其統治者運用

---

[48] Halper, *The Beijing Consensus*, p. XII.
[49] Halper, *The Beijing Consensus*, p. 27.
[50] John B. Thompson, *Studies in the Theory of Ideology* (Oxford: Polity Press, 1984), p. 35.
[51] Thompson, *Studies in the Theory of Ideology*, pp. 27-28.
[52] Thompson, *Studies in the Theory of Ideology*, p. 126.

各種資源形塑被治者的意識形態，使被治者接受統治者的威權統治，是成功的。

再觀察中共自「十八大」籌開迄 2013 年「人大」、「政協」兩會召開前，其理論界圍繞政治、經濟、文化等領域一些重要政策和現實問題，展開激烈爭論，爭議焦點甚至根本對立的觀點，包括：一是認為改革開放在某些方面已背離社會主義道路，必須反思和糾正；二是認為西方的自由民主人權是普世價值，應按照西方模式深化改革。其中在政治體制改革方面，有些批評由於專政體制屬性，民主程度低，才導致政改原地踏步；有些表示政改雖不一定意味著要走西方三權分立、多黨輪流執政，但也不能藉口「中國特色」而不作為，主張走「憲政民主」途徑，實施直接選舉制，否定現行黨內制度，反對黨對政法工作的領導。另有些認為政改風險太大，必須採漸進方式，否則會給黨和國家帶來災難性後果。針對上述言論和主張，中共定調係打著政體改革討論之名，行否定根本政治制度之實，強調一切改革的宗旨是為社會主義制度的自我完善和發展，必須堅持「黨的領導、人民當家作主、依法治國」三者的統一，在涉及國家根本制度等重大原則問題上要保持清醒，絕不能照搬西方的政治制度模式。面對爭論，中共的因應作法是：

（一）重申「一個中心、兩個基本點」的基本路線絕不動搖。

（二）說明改革過程中出現之問題和挑戰，非社會主義制度造成，故必須借鑑他國經驗教訓，尋找摸索規律，理性有計畫推進改革。

（三）在深入調查研究的基礎上進一步明確下階段改革方向和重點，逐步推出改革路線圖和時間表。

（四）深化改革必將觸動既得利益者的利益，要正確處理改革發
　　　展穩定的關係，要及時解決民眾最關心、最直接、最現實
　　　的利益問題。

（五）把握社會主義初級階段和社會主義市場經濟形成的歷史必
　　　然性，要堅決阻止拋棄關於經濟基礎和上層建築相互關係的
　　　基本原理，撇開公有制經濟基礎，去搞改革的「頂層設計」。
　　　當前尤其應謹慎西方發達資本主義國家的專家、智囊參與改
　　　革的頂層設計。對於分歧意見，中共中央責成中宣部、中央
　　　黨校、求是雜誌導正，避免帶來負面影響和衝擊。[53]

　　簡單說中共堅持走自己認為正確的改革路線，對於上下層建
築中之上層建築，尤其是西方資本主義發達國家專家所參與設計
的上層建築必須嚴加防範，也就是對於與生產力與生產關係下層
建築相對應的法律、政治、文化等等上層建築不應由西方主導，
強烈暗示中共對於西方政治制度的否決。

　　中國社會科學院中國特色社會主義理論體系研究中心專職
副主任夏春濤，於 2013 年月 1 日發刊（期號：2013/11）的中共
理論性雜誌《求是》中，以〈凝聚中國力量，實現偉大夢想〉為
題，發表文章，大力吹捧中國大陸現有意識形態與作為的正當
性，其中重要言論包括：「建國 60 多年特別是改革開放 30 多年
來，國勢蒸蒸日上，人民生活水準不斷提高，民族復興前景燦爛
輝煌。從擺脫貧困、解決溫飽到總體達到小康，從全面建設小康
社會到黨的十八大提出全面建成小康社會，我們比歷史上任何時
期都更接近中華民族偉大復興的目標」、「祖國的利益高於一切，

---

[53] 中國國民黨中央政策會編印，〈中共思想、理論、制度爭論再起〉，《大陸
　　情勢雙週報》（臺北），1639 期（2013 年 3 月 13 日），頁 5-10。

有國才有家；只有國家富強、民族振興，人民幸福才有依托和保障」、「堅持黨的領導，以偉大旗幟彙聚力量」、「凝聚中國力量，實現偉大夢想，必須有一個堅強的領導核心。這個核心就是中國共產黨」、「我們黨一再強調黨要管黨、從嚴治黨，不斷提高領導水準和執政水準、提高拒腐防變和抵禦風險能力，大力加強執政能力建設、先進性和純潔性建設，以改革創新精神全面推進黨的建設新的偉大工程」、「高舉中國特色社會主義偉大旗幟，最根本的就是要堅定不移走中國道路，堅定中國特色社會主義道路自信、理論自信、制度自信」及「思想西化，黨和國家就會走上邪路」等，[54]代表著中共理論體系對於中共領導的堅持。

　　中共目前仍是具有穩固的威權統治態樣，顯無疑義，但其屬性落點是在圖 2-2 的「威權政體時期」？或接近極權政體的「混合政體時期」？還是接近民主的「混合政體時期」則見仁見智、莫衷一是。

第三節　強勢威權政黨

　　雖然學者戴蒙相信，中國大陸雖無反對黨的制衡，卻可經由自我約制力量而逐步邁向民主，就如同臺灣、墨西哥、塞內加爾

---

[54] 夏春濤，〈凝聚中國力量　實現偉大夢想〉（2013 年 6 月 1 日），2013 年 6 月 3 日下載，《求是理論網》，http://www.qstheory.cn/zxdk/2013/201311/201305/t20130527_234345.htm。

在 1990 年邁向民主一般，[55]但若威權政黨極其強勢，自我約制力量又如何產生？

從威權政黨的屬性檢視中共在威權統治中所表現的力量，或可明瞭其抗拒民主化或「去威權化」壓力之力量；依據學者的研究認為，威權政黨有強勢政黨（strong party）與弱勢政黨（weak party）之別，兩者衡量的指標如下：

一、是否能夠安然度過建黨元勳或是具有群眾魅力的第一代領袖的權力轉移，如果可以順利轉移，則代表該黨有較高的適應力，政治也必然較穩定。

二、黨組織的緊密程度以及黨與其他團體關係的密切程度，尤以黨與社會、經濟組織如工會、農會的關係為要。假如黨與這些組織關係密切，將有助於其能力提升。

三、體系內對於政治有興趣者或是權利追求者認同該黨的程度，若都衷心認同該黨，則黨的力量較強，若僅將黨作為其他目的的手段，則黨的力量較弱。

四、政治體系中所代表的合法性的程度，是否等同於政治合法性？

五、黨在政治菁英選拔中的地位，黨是否為政治菁英選拔的主要管道？

六、黨在決策過程與體系內利益集結所扮演的角色如何，亦即黨是否為體系內意見與利益匯集的主要途徑？若黨所代表的合法性高，是該政治體系中菁英選拔的主要管道，同時又是決策及糾集一般人民利益的主途徑，該為強勢政黨。[56]

---

[55] Diamond, "Thinking About Hybrid Regimes," pp. 33-34.

[56] 趙建民，《威權政治》，頁 177。

依據各項現實，中共在現有大陸政權體制中的位階及實際運作的方式，實在難以認為是弱勢威權政黨，相對的，其威權統治亦難謂其弱化。

　　因為強勢政黨的定位清楚，致使連帶表現如下特質。

一、掌控行政體系

　　中共維持統治的基本思維，是利用一切力量壓制一切可能造成不穩的因素。但不可否認的是，多元的社會必然是個衝突隨時存在的社會，也因為有衝突的長期存在，為化解衝突並維護社會一定的順利運作可能，就必須在基礎上建構化解衝突的機制，而不是盡一切力量壓制衝突的發生。面對大陸內部的日益多元化，維護黨的領導是中共所必須解決的嚴肅問題，但當鞏固黨權成為維持政權穩定的重中之重時，鞏固黨權卻因此讓民意與人權受到極大的壓抑，鞏固黨權最終反過來成為維穩的最大變數。[57]若共產黨的統治無法隨社會的改變而不斷的改變，尤其是不斷的法治化，卻僅堅持必須依據共產黨的教條行事，卻無視於違逆世界潮流，並將早年鄧小平所提出的「穩定壓倒一切」，[58]作為施政的主軸，其難度的陡增，不難想像。

---

[57] 李英明，〈黨權至上　中共維穩最大殺手〉，聯合報，2012 年 5 月 14 日，第 A15 版。

[58] 〈穩定壓倒一切〉，2012 年 6 月 5 日下載，《中國共產黨新聞——歷史人物紀念館》，http://cpc.people.com.cn/BIG5/69112/69113/69710/4725511.html。（「穩定壓倒一切」，完整的表達出現在《結束嚴峻的中美關係要由美國採取主動》（1989 年 10 月 31 日）一文中，但在此之前的《壓倒一切的是穩定》（1989 年 2 月 26 日）一文中也有類似表達：「中國的問題，壓倒一切的是需要穩定。沒有穩定的環境，什麼都搞不成，已經取得的成果也會失掉」）。

而欲求社會真正穩定，首推司法體制改革。因為，公正、高效、具有公信力、能制約公權的司法，是社會的「減壓閥」。化解衝突的機制，最重要的是法治（rule of law）的存在，而不是利用法制（rule by law）的鎮壓。推進司法體制改革，使得法院真正能依法獨立行使職權，社會衝突亦可納入法治軌道，但法治卻在相當程度上代表著中共無法隨心所欲的專政，也就是中共可能因為法治化而造成統治手段迴旋空間的相對不足。因此，法治化與否在包含堅持共產黨領導的四個堅持政策脈絡中，必成為中共當前的兩難。

　　為化解此兩難，唯有黨不受制於法，法卻必需受制於黨才能有效解決。建構黨內「立法法」就是解決前述兩難的方法：

　　中共中央於 2013 年 5 月 28 日頒布《中國共產黨黨內法規制定條例》（下簡稱《制定條例》）、《中國共產黨黨內法規和規範性文件備案規定》（下簡稱《備案規定》）觀察，或可獲得到進一步的理解。《制定條例》共分七章、三十六條，對黨內法規的制定許可權、制定原則、規劃與計畫、起草、審批與發布、適用與解釋、備案、清理與評估等作明確規定。《備案規定》共十八條，對黨內法規和規範性文件備案的原則、範圍、期限、審查、通報等提出具體要求。中共中央強調，黨內法規是黨的各級組織和全體黨員開展工作、從事活動的基本遵循。要加強組織領導，健全工作機構，充實工作力量，為做好黨內法規工作提供堅實保證。[59]2013 年 11 月 27 日更公布《中央黨內法規制定工作五年規劃綱要（全文）》，要求「堅持以馬克思列寧主義、毛澤東思想、

---

[59] 〈兩部重要黨內法規公開發佈　對做好黨內法規制定和備案工作作出部署〉，法制日報（北京），2013 年 5 月 28 日，第 1 版。

鄧小平理論、『三個代表』重要思想、科學發展觀為指導,全面落實黨的十八大精神和習近平總書記一系列重要講話精神,牢牢把握加強黨的執政能力建設、先進性和純潔性建設這條主線,堅持解放思想、改革創新,堅持黨要管黨、從嚴治黨,以黨章為根本,以民主集中制為核心,積極推進黨內法規制定工作,加快構建黨內法規制度體系,為全面提高黨的建設科學化水平、加強和改善黨的領導、確保黨始終成為中國特色社會主義事業的堅強領導核心提供堅實制度保障」、「力爭經過 5 年努力,基本形成涵蓋黨的建設和黨的工作主要領域、適應管黨治黨需要的黨內法規制度體系框架,使黨內生活更加規範化、程序化,使黨內民主制度體系更加完善,使權力運行受到更加有效的制約和監督,使黨執政的制度基礎更加鞏固,為到建黨 100 周年時全面建成內容科學、程序嚴密、配套完備、運行有效的黨內法規制度體系打下堅實基礎」,並規劃一連串具體作為。[60]

　　1990 年,中共黨中央雖曾頒布《中國共產黨黨內法規制定程式暫行條例》,正式使用了「黨內法規」這一名稱,而此次發布《制定條例》,是對《暫行條例》的修訂。同時,針對黨內法規備案工作,此次同步制定了《備案規定》。對於該兩份文件的頒布,也被外界稱為是黨內「立法法」的確立,其目的是在規範共產黨立法的規範,雖美其名為「將權力關進籠子裡」,[61]但在黨國體制下,顯然是將黨對於行政部門的立法進一步確立領導權威,

[60] 〈中央黨內法規制定工作五年規劃綱要(全文)〉(2013 年 11 月 27 日),2013 年 12 月 3 日下載,《新華網》,http://big5.xinhuanet.com/gate/big5/news.xinhuanet.com/politics/2013-11/27/c_118322508.htm。

[61] 周英峰,〈把權力關進制度的籠子裏　兩部黨內重要法規的制定與發佈傳遞新資訊〉,法制日報(北京),2013 年 5 月 28 日,第 2 版。

故北京大學法學院教授姜明安在人民日報為文稱：「中國共產黨不同於西方國家政黨，它直接領導國家的政治、經濟、文化等各項事業」、「黨依法執政，首先是依照國家的憲法和法律，除此之外，還必須依照黨內法規管黨治黨，因為黨的領導體系、黨的執政權力結構、黨的執政方式與黨的組織、黨的紀律、黨內監督、責任機制等，是國家法律法規所無法調整的」、「中國共產黨擔負領導國家的職責，但其本身又不是國家機關的組成部分，故不僅應通過國家法律，也應通過黨內法規，規範其權力」，[62]依姜明安的觀點，充分顯示大陸行政領域的法令無法管理黨，因此，只有黨自行立法管好黨，才由黨發動政府管理好政務。

換言之，若黨堅持「中國共產黨的領導」則就不容其他權力機構置喙，而黨依據專政、唯一執政黨……等教條行事，以追求共產主義天堂，致行威權統治自然難以避免。

二、掌控「國會」

一般認為，中共政權組成包含下列數個體系：黨體系、政府體系、人大體系、政協體系，一般稱為「四套班子」，[63]但因中共對於軍隊的依賴甚深，且威權主義對於「軍人角色」具有一定的定位已如前述，而中共威權體制更讓軍隊更具特殊的地位。因此，對於中共政權組織體系，以四個班子加上軍隊體系成為「五個班子」更為周延。

---

[62] 姜明安，〈規範黨內法規是法治中國需要〉，人民日報，2013 年 5 月 31 日，第 5 版。

[63] 郭瑞華，《中共對臺工作機制研究：政府過程的觀點》（臺北：國立政治大學東亞研究所博士論文，2009 年），頁 47。

對中共悖離憲法規定維持威權運作的問題，大陸著名政治學者嚴家祺，則歸納出主要通過四個環節加以實現：

（一）人民代表大會的三院結構，使討論、提名、表決三個過程
　　　相互割裂；

（二）中國共產黨對候選人提名的控制；

（三）中國共產黨對軍隊的控制；

（四）中國共產黨對新聞和傳播媒介的控制。[64]

　　四個威權政體得以延續的環節中，人民代表大會占有其一，顯見其重要性。

　　在黨體系、政府體系、人大體系、政協體系及軍隊體系中，黨體系、政府體系、軍隊體系由中國共產黨牢牢掌控絕無疑義，政協體系僅是統戰機構，對於政體的運作並無決定性的影響。依中共現有法制規定，若排除革命式的突然推翻威權體系可能，最有可能和平轉變中共威權體系統治的就只有人民代表大會充分反應民主需求一項。雖有諸多研究人大的成果指出，「人大」近年有不斷向黨及行政體系爭取權力的傾向，但力有未逮亦是事實。[65]

　　而前述戴蒙將民主到不民主的政治體制依據光譜分析模式安置提出 6 種觀點，中共目前的威權統治，因改革開放政策，可能已到達「競爭威權」（Competitive Authoritarian）階段，而此階段的重要特徵是執政黨幾乎壟斷所有國會席次。[66]又依據韋伯

---

[64] 嚴家祺，《民主怎樣才能來到中國》（臺北：遠流出版社，1996 年），頁
88。

[65] Ming Xia, *The People's Congresses and Governance in China* (New York: Routledge, 2008), p. 220；張淳翔，〈中國大陸地方人大代表監督過程中的角色分析〉,《展望與探索》（新北），第 12 卷第 6 期（2014 年 6 月），頁 48。

[66] Diamond, "Thinking About Hybrid Regimes," Volume 13 (2002/8), pp.29, 32.

（Max Weber）有關國會足以抵擋官僚專制（*Beamtenherrschaft*）的提議，[67]顯然國會是抵抗威權體制之希望所繫，但中共除對於官僚行政體系的壟斷外，對於「國會」壟斷也並不手軟，在某種程度上與戴蒙的觀點相同。

在運作結構上，全國人民代表大會、省級人民代表大會及縣級人民代表大會等三級人民代表大會，就出現「三院制」現象：

第一院是「準啞巴議會」既由全體代表聚集在一個會場召開的大會。這個會，占整個「人大」會期的三分之一強。所執行的職能是聽政府報告與表決，另有機會當數百人至千餘人（省級人大）或三千人（全國人大）的面表達意見。依過去經驗，表達意見者極微，雖在 1988 年七屆人大一次會議後，此情況已逐漸改變，但仍是「準啞巴議會」。

第二院是「蜂窩議會」，即按地區劃分人民代表大會的小組會。這個「議會」，占整個「人大」會期的三分之二不足一些。其職能只講不表決，各小組各自開會，小組間無法串連，發表言論經篩選後，內容溫和的刊入《大會簡報》其他小組成員可閱讀，激烈的列入另一種「簡報」僅供主席團和中共中央政治局委員閱讀。代表與代表間，鮮少往來，甚至經過同任代表多年，仍互不認識。

第三院是「人大主席團會議」，以全國人大為例，其職能包括主持全國人大會議，決定議案、依「醞釀協商後」決定國家主席等重要人事提名權、決定表決方式及處理有關罷免案、質詢案

---

[67]　Edward C. Page, *Political Authority and Bureaucratic Power* (Sussex: Wheatsheaf Books Ltd, 1985), p. 65.

的權力。因此，只要控制主席團就可控制整個大會的進行，而中共中央政治局就是通過主席團控制整個全國人大會議。[68]

省人大會議甚至被外界譏諷為「黨的第二代表大會」，[69]全國人大亦難例外。

在人民代表組成上，以全國人大黨籍分配為例，依類別區分自第一屆（1954年）至第九屆（1998年），共產黨員所占比例分別為54.48%、57.75%、54.83%、76.8%、72.78%、62.5%、66.8%、68.4%及71.5%，[70]若加上其他界別如「解放軍」、「少數民族」、「婦女」等亦具有共產黨員身分，那麼共產黨員比例將更高，此種趨勢迄今並無改變，中共對於足以對抗共產黨統治的「國會」掌控可見一斑。

大陸憲法中規定中國共產黨的唯一統治地位，黨在對全國人大的影響力，至少反映在「立法權」、「監督權」、「決定權」、「任免權」等各方面，[71]致使中共可利用控制人大，以控制人事任免及法令的設立與執行，進而完全控制住國家機器。黨對於全國人大的掌控，連被大陸一般民眾認為社會地位低落甚至與色情行業相差不遠、專為他人洗腳的「洗腳妹」（劉麗）都可在共產黨的有意運作下，當選第十二屆全國人民代表大會（2013年3月5日至17日在北京召開，代表任期5年）代表，可見一斑。

---

[68] 嚴家祺，《民主怎樣才能來到中國》，頁70-74。Xia, *The People's Congresses and Governance in China*, pp. 38, 44.

[69] Xia, *The People's Congresses and Governance in China*, p. 104.

[70] 張執中，《組織內捲與調適：對中共「民主集中制」之評析》（臺北：國立政治大學東亞研究所博士論文，2003年），頁124，表4-4。

[71] 趙建民、賴榮偉，〈中共「黨的領導」原則在全國人民代表大會的運作〉，《中國大陸研究》（臺北），第43卷第8期（2000年8月），頁13-17。

現有資料雖無法知悉「劉麗」係由選舉或推薦產生，[72]但大陸確有網民提出看法認為：依據大陸相關法律，全國人大目前尚未實行單一人大代表與特定選區對應的代表產生機制，大體上以省級行政區劃為單位，由省級人大選出；若按地域和人口比例選出，無論城鄉大約每55萬人產生1名全國人大代表。而這位「洗腳妹」在國家最高民主殿堂，是否具備足夠的知識、閱歷和教養以反映她身後這55萬人的心聲、希望和訴求？[73]其答案：「洗腳妹」顯然是在中共有意操作下的產物，是否代表數十萬人民心聲，並非其存在的價值，為黨服務顯然才是。故大陸宣傳機器《新華網》對於「洗腳妹」出任全國人大代表，大力宣傳：「生活在社會底層，今天卻和國家的最高領導坐在一起討論國家大事，好激動」、「可能在很多人眼裡，人民大會堂本不該是劉麗們該來的地方，這是『菁英』們參政議政的會場。但其實，這裡真正的主人，恰恰是千千萬萬像劉麗這樣的普通勞動者」。[74]共產黨藉此宣傳其代表「全民」，並「依據全民民意執政」的心態不僅十分明顯，「洗腳妹」可以在共產黨操縱下替共產黨占有一席「國會」席次，也充分展現中共對於足以與威權抗拒的「國會」掌控之決心，及其維護現有威權體制的意圖。

---

[72] 張執中，《組織內捲與調適：對中共「民主集中制」之評析》，頁 122，圖 4-7。

[73] 〈嚴重質疑"洗腳妹"人大代表〉（2013 年 3 月 3 日），2013 年 3 月 13 日下載，《天涯社區》，http://bbs.tianya.cn/post-free-3100689-1.shtml。

[74] 〈"洗腳妹"進議政堂：和國家領導坐一起好激動〉（2013 年 3 月 13 日），2013 年 3 月 13 日下載，《新華網》，http://big5.xinhuanet.com/gate/big5/news.xinhuanet.com/2013lh/2013-03/13/c_124451195.htm。

進一步言，甚至有學者研究大陸省級人大的角色轉變，發現在共產主義授意與控制之下進行探索民隱、反應民意等等作為，[75]致使中共近年已經將省級人大轉化成共產黨一黨專政下控制與穩定社會的工具，[76]而全國人代原則上由省級人代經層層篩選間接產生，因此對於全國人民代表大會角色的如此轉換，亦難以避免。

總之，在中共強勢政黨威權統治整個社會的狀況雖在經濟發展中逐漸多元，但仍呈現在中共威權統治的框架下運作才被中共允許的特性。顯然，在中共改（變）革開放數十年後，其內部自發性的反威權力量不足，致使中共威權體制至今仍屹立不搖。

三、威權決心不變

或有觀點認為，中共當前的發展，不在追求是更加社會主義或更加資本主義化，或更加符合世界潮流民主化，而僅是追求共產黨統治能延續下去。[77]有學者認為，中共這種不敢大步邁向民主的策略，就是服膺新威權主義（neo-authoritarism）；[78]而「新威權主義」過去受杭廷頓、歐唐那（Gillermo O'Domnnel）等人影響，常用於發展中國家發展經濟的研究模型，「新威權主義」又可歸納出如下四個重點：

（一）政治與經濟現代化無法同時進行，故先進行經濟現代化。

（二）經濟與政治現代化只有透過威權統治才有可能實現。

---

[75] Xia, *The People's Congresses and Governance in China*, p. 86.

[76] Xia, *The People's Congresses and Governance in China*, p. 148.

[77] Tony Saich, *Governance and Politics of China* (New York: Palgrave Macmillan, 2011), p. 32.

[78] 趙建民，《當代中共政治分析》（臺北：五南，1997 年），頁 279-280。

（三）大陸著眼於新威權主義的政治穩定與秩序，沒有政治穩定則不可能現代化，故強調政治集權（strengthening of the central political power）與市場經濟同時進行。[79]

「新威權主義」顯與「威權主義」不同，兩者涵意亦不相同，那麼「新威權主義」是否意味相對於「威權主義」更接近民主，或說「新威權主義」是「威權主義」向民主主義的過渡階段？若依此思維，則新威權主義應用在中國大陸的發展，就可能如下：

表 2-3　新威權主義在中國大陸的可能轉變模式

傳統	轉變	未來
計畫經濟	通貨膨脹危機	市場經濟
威權政治	腐敗	民主化
文化同一	信心危機	多元化
人治	混亂	法治

資料來源：Werner Meissner, "New Intellectual Currents in the People's Republic of China", in David C. B. Theater and Herbert S. Tee, eds., *China in Transition* (London: Macmillan Press, 1999), p. 17.

但實際狀況卻是新威權主義的下一步發展可能走向民主也可能退回更為保守，[80]若新的強勢領導人執意要轉回威權統治，新威權主義無法給予其結果將如何的回答，也無法提出如何防範新威權主義轉向新的專制政體的保證與作法。[81]換言之，不論中

---

[79] Werner Meissner, "New Intellectual Currents in the People's Republic of China," in David C. B. Teather and Herbert S. Yee, eds., *China in Transition* (New York: St. Martin's Press, 1999), pp. 16-17.

[80] 蕭功秦、朱偉，〈痛苦的兩難抉擇〉，齊墨編，《新權威主義》（臺北：唐山，1991 年 10 月 30 日初版 1 刷），頁 17。

[81] Meissner, "New Intellectual Currents in the People's Republic of China," p. 17.

共當前政體為威權主義或新威權主義或其他任何不是西方式民主的政體，何種程度的威權政體，都無法保證必然依循由毛澤東的極權時代逐步轉為較緩和的鄧小平，最終會進入民主政體，澈底拋棄威權。

中共威權政體得以續存，重要的不是其意識形態如何設定，而是其列寧式組織之堅強。[82]猶如部分威權政體研究田野調查中顯示，在威權政體操生殺大權與利益分配權力的狀況下，官員所擔心的並不是反對勢力的壓迫，更擔心的是執政者的好惡，若得罪當道，則生命財產的損失難以估算。[83]而威權政體較極權政體不重意識形態的堅持，也相對的造就威權政體比極權政體易於調整適應當時時空環境轉換的特性。[84]

「十八屆三中全會」（2013 年 11 月 9 日至 12 日在北京召開），於 2013 年 11 月 12 日經「中國共產黨第十八屆中央委員會第三次全體會議」通過並公布《中共中央關於全面深化改革若干重大問題的決定》（下稱《決定》），因習李體制在未有突發狀況的情況下，可能維持 10 年的統治，因此，此會議總結，可以作為釐清中共威權統治至少未來 10 年的可變化狀況。

《決定》於 11 月 15 日公布，11 月 16 日習近平就《決定》公開提出說明，稱：「（《決定》）在框架結構上，全會決定以當前

---

[82] Frank N. Pieke, *The Good Communist* (New York: Cambridge University Press, 2009), p. 191.

[83] Kyaw Yin Hlaing, "Setting the rules for survival: why the Burmese military regime survives in an age of democratization," in William Case, ed., *Contemporary Authoritarianism in Southeast Asia: Structure, Institution and Agency* (New York: Routledge, 2010), p. 30.

[84] Schmidmayr, "Islamist Engagement in Contentious Politics: Kuwait and Bahrain," p. 166.

亟待解決的重大問題為提領，按條條謀篇布局。除引言和結束語外，共 16 個部分，分三大板塊。第一部分構成第一板塊，是總論，主要闡述全面深化改革的重大意義、指導思想、總體思路。第二至第十五部分構成第二板塊，是分論，主要從經濟、政治、文化、社會、生態文明、國防和軍隊 6 個方面，具體部署全面深化改革的主要任務和重大舉措。其中，經濟方面開 6 條（第二至第七部分），政治方面開 3 條（第八至第十部分），文化方面開 1 條（第十一部分），社會方面開 2 條（第十二至第十三部分），生態方面開 1 條（第十四部分），國防和軍隊方面開 1 條（第十五部分）。第十六部分構成第三板塊，講組織領導，主要闡述加強和改善黨對全面深化改革的領導。」[85]依習近平的說明，《決定》內容中有關第一部分的「總論」明確表明：「全面深化改革，必須高舉中國特色社會主義偉大旗幟，以馬克思列寧主義、毛澤東思想、鄧小平理論、『三個代表』重要思想、科學發展觀為指導」、「緊緊圍繞堅持黨的領導」、「緊緊圍繞建設社會主義核心價值體系」、「必須立足於我國長期處於社會主義初級階段這個最大實際」，[86]換言之，在習李體制下，甚至是未來的 10 年，中共的任何改革都必須服膺於共產黨傳統思維與社會主義的核心價值、堅持黨的領導、承認社會主義只發展到初級階段的現實等等，顯示與威權主義無法劃分的特質，而中共顯然深刻認為其政治發展的

---

[85] 〈關於《中共中央關於全面深化改革若干重大問題的決定》的說明〉（2013 年 11 月 16 日），2013 年 11 月 16 日下載，《文匯報》，http://paper.wenweipo.com/2013/11/16/CH1311160007.htm。

[86] 〈中共中央關於全面深化改革若干重大問題的決定〉（2013 年 11 月 15 日），2013 年 11 月 16 日下載，《新華網》，http://news.xinhuanet.com/politics/2013-11/15/c_118164235.htm。

階段，正維持在與資本主義為基礎的西方式民主主義距離遙遠的現實。

更具體的說，中共「十八屆三中全會」，明確表達不僅是過去一直延伸到現在，連未來至少 10 年中共也絕不自一黨專政的地位中退卻。

中國大陸政治發展將何去何從？各種推演與說法併陳，尤其關係大陸未來至少 10 年政治情勢發展的「十八屆三中全會」開會結果，國內輿論普遍認為，中共是採取「在體制集權／向社會放權」，亦即「加強政治專制／促進經濟發展」，也就是一般所稱的「政左經右」的發展策略，而大陸民間普遍對「在體制集權」有所期待而予支持。[87]中共本身的宣傳則支持一黨集權反對分權的政改，如：中共中央黨校教授謝春濤出席 2013 年底「中國記協」舉辦的「新聞茶座」時，公開回應外界對「十八大三中全會」對有關政改議題失望問題，表示改革是堅持社會主義制度為前提，搞西方的三權分立、多黨競爭，是犯了中共總書記習近平所說的「顛覆性錯誤」，會使中國大陸陷入混亂，對世界也是災難。[88]中共上下，不僅認為政治上必須加強統治，事實上經濟領域，卻也強調「毫不動搖鞏固和發展公有制經濟，推行公有制多種實現形式」，[89]換言之，中共對於經濟的變革必須在公有制的架構下進行效率的提升而已，絕不是走向資本主義道路，因此，媒體所做對於中共未來變革判斷的「政左經右」說法，並無法精準

---

[87] 〈社論：習近平方案：在體制集權　向社會放權〉，聯合報，2013 年 11 月 24 日，第 A2 版。

[88] 林庭瑤，〈中央黨校教授謝春濤：搞三權分立　陸陷混亂〉，聯合報，2013 年 11 月 24 日，第 A13 版。

[89] 〈胡錦濤在中國共產黨第十八次全國代表大會上的報告〉。

的描繪習近平所領導的未來至少 10 年變革路線，真正的路線應該是「政左經不右」才更為精準。而不論「經」是左或是右，「政」是左卻被各家論者同意，暗示中共維護現有一黨專政的決心與表現一致。

另一方面「全國政協」十二屆一次會議於 2013 年 3 月 12 日，在北京人民大會堂舉行閉幕大會。中共中央政治局常委、十二屆全國政協主席俞正聲主持大會並發表講話。他強調，要更加堅定地走中國特色社會主義政治發展道路，絕不照搬西方政治制度模式。[90] 對俞正聲的講話，中國人民大學歷史學教授張鳴對香港明報說，這與「十八大」時的「不走邪路」同出一轍，「堅持黨的領導」這條原則不可動搖，且無討論餘地。並解釋，這與習近平曾對黨外人士說「共產黨要容得下尖銳批評」並不矛盾，「前提是必須以臣子的身分作批評，你可以批評我，但是不可以推翻我，不可以撼動我的地位」。[91]

威權執政地位的保有不是中共所獨有，鄰近的東南亞國家亦類似。與中共一樣奉行社會主義的緬甸軍事執政團（military junta），對於內部反對黨與外部西方國家的政治改革壓力，仍堅持採用自己所設定的改革方法與步驟，絕不隨外部的要求起舞。[92] 其軍事執政團極力對其成員保護，但對其叛逃成員極力予以打

---

[90] 〈〈兩會〉俞正聲：政治制度絕不照搬西方模式　政委三拒緊箍咒加身〉（2013 年 3 月 13 日）《鉅亨網新聞》，http://news.cnyes.com/Content/20130313/KH6OPXL6FDDJG.shtml。

[91] 〈俞正聲強調不照搬西方制度：『拒絕脫離國情的極端主張』〉（2013 年 3 月 13 日），2013 年 3 月 13 日下載，《明報新聞網》，http://news.mingpao.com/20130313/caa1h.htm。

[92] Hlaing, "Setting the rules for survival: why the Burmese military regime survives in an age of democratization," p. 17.

壓，視為維持軍事執政團成員保持團結的重要方法，[93]此情此景，與中共發展歷史中對於背叛者的鎮壓、整肅及對支持者的保護與縱容相比，似曾相識。雖然認為中共對於大陸掌握力量已逐步減低的各種論述日增，但基本上仍不敢否認其強盛的統治能力，許多田野調查的研究也證實，中共對於社會的控制雖已逐漸放鬆，但明顯的卻是若觸及中共所設定的「紅線」，如藏獨、臺獨、獨立宗教組織、異議人士或外國勢力要求民主、人權等，則遭受中共嚴厲鎮壓無法避免。[94]若當前中共認為其所認定的威權統治有利於國家社會發展，那麼忽視人民權益保障，並讓威權體制長存，不僅是政府敢於從事的作為，更可能是被統治的普羅大眾所樂於接受的作為。或更直接說，在未來中共若必須更加開放其政治體系，才足以獲取合法性與支持度，也才可以穩固其政權，但開放程度卻絕對不得損及其統治威權與地位。[95]

　　若再以最能界定政府與人民權力義務攻防的法律層面觀察，中共對威權政體維護的作為可發現，以中國的傳統來說，過去沒有保護個人權益的明確概念，連個人權益都不明確，此種傳統至今並未改變，因此，中華人民共和國憲法所規定的人民權益，可以在被政府認為將影響及國家與社會和諧時加以限制，就不足為奇。[96]有學者進一步認為，中華人民共和國的憲法所在意的是維持政府制度與建國的方向，卻不重視政府間機構的權力平

---

[93]　Hlaing, "Setting the rules for survival: why the Burmese military regime survives in an age of democratization," p. 19.

[94]　Pieke, *The Good Communist*, pp. 189-190.

[95]　C. Fred Bergsten, Bates Gill, Nicholas R. Lardy, Derek Mitchell, *China: The Balance Sheet* (New York: PublicAffairs, 2006), p. 57.

[96]　Elizabeth Freund Larus, *Politics and Society in Contemporary China* (Colorado: Lynne Rienner Publishers, 2012), p. 21.

衡與人民基本權益的保障。[97]從比較政治的角度看，將中國大陸
與美國相互比較，在美國認為人民的權力因上帝的賦予而存在，
故不得隨意剝奪，但在中國卻認為人民的權力來自於當權者的賜
予，故隨時可以剝奪。[98]進一步檢視法律層次，發現大陸法律規
定常不明確，必須不斷的依靠解釋才得以落實執行，[99]以大陸《刑
法》為例，依規定其全國人民代表大會具有「立法解釋權」、最
高人民法院與最高人民檢察院則具有「司法解釋權」。[100]在實際
執行面上，立法者與執法者對於法律解釋難題的解決，則依靠政
治氣氛而定；[101]對於案件判刑與否，甚至在維持各單位間和諧的
要求下，經常由檢察院、公安與法院三方相互協商而非相互訴訟
攻防後決定，[102]致使法律對於一般人民權益無法明確保障，那麼
對於違反共產黨專政的「敵人」，其處遇更可想而知。若法律制
訂後卻遭受有法不依、執法不嚴的對待，則制訂再優良的法律，
其保障人民權益的效果亦枉然。[103]甚至陷入因為黨國體制控制法

---

[97] Jianfu Chen, "Constitutional judicialization and popular constitutionalism in China: are we there yet?" in Guanghua Yu, ed., *The Development of the Chinese Legal System*, p. 4.

[98] Larus, *Politics and Society in Contemporary China*, p. 174.

[99] Chen, "Constitutional judicialization and popular constitutionalism in China: are we there yet?" p. 10.

[100] 高銘暄、馬克昌主編，《刑法學》(北京：北京大學出版社，2012 年 2 月)，頁 22。

[101] Chen, "Constitutional judicialization and popular constitutionalism in China: are we there yet?", p. 9.

[102] Hualing Fu, "Institutionalizing criminal process in China," in Guanghua Yu, ed., *The Development of the Chinese Legal System*, p. 34.

[103] Roman Tomasic, "Looking at corporate governance in China's large companies: is the glass half full or half empty?" in Guanghua Yu, ed., *The Development of the Chinese Legal System*, p. 194.

律的運作，使法律無法公正執行，致使社會秩序不易維持，因秩序不易維持，黨國鎮壓則不敢手軟的惡性循環之中。

目前中共所進行的「改革」，其目標僅是在理順權力安排，使威權統治更加順暢而已。若從治理（governance）的各種理論觀點，認為改革動力不會僅僅來自政府單一意圖改革的力量，而是必須結合政府與社會、政府與市場的各種需求，或說治理必須結合政府與政府以外的各種勢力才得以竟其功，[104]那麼若共產黨控制一切，或更保守的說，共產黨可以依據其需求選擇共產黨以外的勢力進行與共產黨共同治理，則維持共產黨威權統治模式不僅是當前的必須，更是共產黨所追求的未來。更進一步說，依據中華人民共和國的憲法規定，共產黨一黨專政的維持已成為其追求的短、中期目標（依據共產黨的理想，其長期目標是所有政黨都消亡），來觀察中共當前的統治，共產黨的威權統治不僅是當前的現象，而為達成消滅政黨的目標，未來也沒有放棄威權統治的跡象。在更現實的層面卻是，縱使當前中共的意識形態因未變革開放而逐漸低落，但前仆後繼的新入黨者，更務實的認為加入共產黨可以獲得事業發展的更多保障，[105]若然，當共產黨以威權體制持續統治國家，加入共產黨共同以威權方式統治他人並從中獲得好處，那麼加入共產黨並維持現有的威權，將成為「全民共識」或「全民運動」，則共產黨威權體制維持一段很長的時間，似乎順理成章。

總的來說，中共威權體制的屬性不屬於極權亦不屬於民主，應屬於威權或混合政體階段，而混合政體是屬於逐漸轉入民主前

---

[104] Jianxing Yu, Jun Zhou and Hua Jiang, *A Path for Chinese Civil Society* (Maryland: Lexington Books, 2012), pp. 157-158.

[105] Larus, *Politics and Society in Contemporary China*, p. 4.

的混合政體或屬於轉回極權的混合政體階段，以現有習近平逐步威權而大陸又漸與世界接軌的狀況雖難定論，但中共傾力抵抗威權變遷壓力，使中共威權體制的維護堅實而有效，使中共威權體制的定性不僅現在可以被確定，在可見的未來也無改變跡象。這種定性也為本書往後的討論，奠下更進一步探討的基礎。

CHAPTER 3

中共對威權維護作為

中共為維持其威權體制的存在與運行，到底運用何種手段，是本章所要討論的問題。

第一節　威權體制維護手段

　　威權體制維持政治穩定的不二法門即是提高政治機制化的程度，建立新的具效率的政治組織，[1]就是中共所謂的「改革」。（或可稱為「變革」）

　　依據學者賀門（Sebastian Heilmann）的研究顯示，21 世紀威權體制適應新環境所做調整以維持威權持續統治的作為包括：

一、讓政治經濟利益廣被民眾：讓經濟改革的利益從政治菁英的享受範圍，更擴大到普羅大眾。

二、提倡協商式決策：在決策前，利用現有體制進行不同利益間衝突的辯論與化解，使衝突不致公開化。

三、適度吸納市民社會力量，讓政府控制的市民社會力量滲入決策過程，以成為法治與民主的外衣。

四、鼓勵不威脅統治的私領域團體活動。

五、保留國家對於經濟核心議題的直接控制：重點在於利用國企寡占各類經濟活動。

六、國家掌握科學研發能力及相關知識（know how）系統。

---

[1]　袁易，〈中共威權政體轉型的政治動力〉，《中國大陸研究》（臺北），第 38 卷第 6 期（1996 年 6 月），頁 15。

七、掌握與國際互動關鍵位置，並以威權特性對國際經濟輸出資源與資金，在國際經濟中爭取舉足輕重地位。[2]

　　若依據此種研究結果，中共威權統治得以在 21 世紀持續存在不外乎在內政與外交兩個領域進行，「改革」使其威權政體對內更有效的控制與分配，對外則重輸出資源與資金，在國際中爭取舉足輕重的地位。然而依據英國廣播公司（BBC）在 2013 年 5 月 23 日公布其國際臺所做全球民意調查，卻顯示國際社會對於中國大陸的國際形象（國家影響力）出現 8 年來最低現象：

一、中共國際形象排名世界第 9，與 2012 年相比，對中共持正面觀點比例 42%，下滑 8%；持負面看法比例 39%，上升 8%，為自 2005 年起負面看法比例最高 1 年。

二、法國對中共持負面看法比例高達 68%，其次為美、德、西班牙；周邊國家對中共態度亦不樂觀，負面看法比例，日本 64%，南韓 61%，澳大利亞 55%。

三、對中共持正面觀點比例巴基斯坦最高（81%）、其次為奈及利亞（78%）、迦納（68%）和肯亞（58%）。「金磚國家」對中共正面看法較 2012 年提升，巴西、俄羅斯均為 54%，印度為 36%。[3]

　　而國際社會對各國家影響力的正、負面看法，對多個國家追蹤調查的平均結果，又顯示如下圖：

[2]　Sebastian Heilmann, "Economic Governance: Authoritarian Upgrading and Innovative Potential," in Joseph Fewsmith, ed., *China Today, China Tomorrow* (Maryland: Rowman & Littlefield Publishers, 2010), p. 111 table 6.1.

[3]　〈BBC 民調：中共國際形象 8 年來最差〉（2013 年 5 月 23 日），2014 年 5 月 18 日下載，《BBC 中文網》，http://www.bbc.co.uk/zhongwen/simp/world/2013/05/130522_bbc_poll_country_influence.shtml。

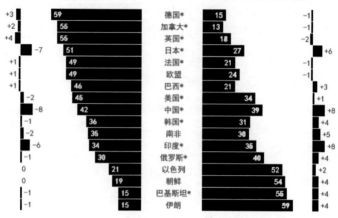

與 2012 年比，　　　　　　　　　　　與 2012 年比，
持正面看法的比例變化%　　　　　持負面看法的比例變化%

	正面	負面	
德国*	+3 / 59	15 / -1	
加拿大*	+2 / 55	13 / -1	
英国*	+4 / 55	18 / -2	
日本*	-7 / 51	27 / +6	
法国*	+1 / 49	21 / -1	
欧盟	+1 / 49	24 / -1	
巴西*	+1 / 46	21 / +3	
美国*	-2 / 45	34 / +1	
中国*	-8 / 42	39 / +8	
韩国*	-1 / 36	31 / +4	
南非	-2 / 36	30 / +5	
印度*	-6 / 34	35 / +8	
俄罗斯*	-1 / 30	40 / +4	
以色列	0 / 21	52 / +2	
朝鲜	0 / 19	54 / +4	
巴基斯坦*	-1 / 15	55 / +4	
伊朗	-1 / 15	59 / +4	

圖 3-1　2012-2013 年國際社會對國家影響力看法

資料來源：〈BBC 民調：中共國際形象 8 年來最差〉（2013 年 5 月 23 日），
　　　　　2014 年 5 月 5 日下載，《BBC 中文網》，http://www.bbc.co.uk/zhongwen/
　　　　　simp/world/2013/05/130522_bbc_poll_country_influence.shtml。
說　　　明：平均結果不包括目標國自身的評分。

　　若大陸對外的影響力或國際形象下挫，聯想到的自然是國際
社會對其支持度的下降，那麼維持中共威權體制的有力支持就將
更倚重對內政的作為。而依據歐洲後共產主義國家對於內部民主
化的鎮壓及維持威權體制長存的研究卻顯示，要讓威權體制長存
必須依賴黨與國的強力運作才得以達成。

　　更細緻的說，「後共產黨政權」可以持續長存的條件，必須
至少保有下列一項特質：

一、由革命傳統或意識形態等非物質力量支撐的，高度組織的唯
　　一政黨。

二、具有龐大、理由充足的、凝聚力強的鎮壓機器。

三、國家因私有化失敗或可依賴的穩定稅收而可隨意控制經濟。[4]

研究蘇聯解體後的後共產主義政權變化過程，並製表如下：

表 3-1　1999-2001 組織力量與至 2000 年代中期
執政存亡關係表

	執政黨力量	國家鎮壓力量	國家對經濟任意掌控能力	執政者的續存（2000-2008）
亞美尼亞	低	高	低	是
白俄羅斯	低	中	高	是
喬治亞	中	低	低	否
吉爾吉斯	低	低	低	否
摩爾多瓦（Petru Lucinschi主政期間）	低	低	低	否
摩爾多瓦（PCRM主政期間）	中高	低	低	是
俄羅斯	中	中	高	是
烏克蘭	低	中	低	否

資料來源：Lucan Way, "Resistance to Contagion: Sources of Authoritarian Stability in the Former Soviet Union," in Valerie Bunce, Michael McFaul and Kathryn Stoner-Weiss, eds., *Democracy and Authoritarianism in the Postcommunist World* (New York: Cambridge University Press, 2010), p. 236.

說　　明：PCRM（是 The Party of Communists of the Republic of Moldova 的簡稱，PCRM 採列寧式組織，強調黨的紀律及意識形態，倡言「共產黨勢不可擋的勝利 overwhelming victory of the Communist Party」）。在 PCRM 統治下的摩爾多瓦共和國，自 2009 年夏季開始，遭受民主化的嚴厲挑戰，2009 年 PCRM 敗選。

由此表發現，吉爾吉斯及獨立自蘇聯的摩爾多瓦共和國在沛魯（Petru Lucinschi）主政期間 3 項指標都低，執政者無法續存；

---

[4] Lucan Way, "Resistance to Contagion: Sources of Authoritarian Stability in the Former Soviet Union," in Valerie Bunce, Michael McFaul and Kathryn Stoner-Weiss, eds., *Democracy and Authoritarianism in the Postcommunist World* (New York: Cambridge University Press, 2010), p. 230.

喬治亞與烏克蘭僅 1 項「中」2 項「低」，執政者也無法續存；PCRM 主政期間的摩爾多瓦雖有 2 項偏「低」，卻有 1 項「中高」，在 2008 年前仍然續存，後才遭受嚴厲挑戰；但亞美尼亞 2「低」1「高」得以續存；白俄羅斯「低」項目僅 1 項其他 2 項各為「中」與「高」，俄羅斯 3 個項目分別是 2 項「中」1 項「高」，沒有「低」的項目，兩國的執政者都得以續存。看來，3 個指標愈多「高」或「中高」能力的項目，則愈能保持執政者的續存。

再仔細檢查前述指標的排列，卻又發現執政者續存的條件竟然是「國家鎮壓力量」與「國家對經濟任意掌控能力」高才是必要條件，如：亞美尼亞、白俄羅斯、俄羅斯三國，而有「執政黨力量」中高的摩爾多瓦（PCRM 主政期間），卻因「國家鎮壓力量」與「國家對經濟任意掌控能力」兩項能力低，最終讓共產黨所主政的威權政體無以為繼，但依據「自由之家」（Freedom House）的調查該國至 2013 年仍為部分自由國家（party free），[5]顯示與執政者對經濟任意掌控能力及鎮壓力量的展現，可收反對勢力不至於迅速成功的特性。「自由之家」的調查也顯示其他幾個國家至 2013 年的狀況，分別是：亞美尼亞、喬治亞、吉爾吉斯及烏克蘭是部分自由國家（partly free）；俄羅斯、白俄羅斯是不自由國家（no free），[6]這些後共國家不僅尚未成為自由民主國家，「自由之家」更將其細分為：俄羅斯、白俄羅斯係穩固的威權政體（Consolidated Authoritarian Regime）、吉爾吉斯與亞美尼亞係半穩固威權政體（Semi-Consolidated Authoritarian Regime）、喬治

---

[5] "2013 Scores," last visited 2013/10/1, *Freedom hourse*, http://www.freedomhouse.org/report/freedom-world/2013/moldova。

[6] "2013 Freedom in the World," last visited 2013/10/31, *Freedom House*, http://www.freedomhouse.org/report-types/freedom-world。

亞、摩爾多瓦、烏克蘭係轉變中或混合政體（Transitional Government or Hybrid Regime），除以上的劃分外，「自由之家」更擴充將蘇聯解體後的各獨立國家及其前附庸國加以分類，其中：波蘭、立陶宛、拉脫維亞、愛沙尼亞、捷克斯洛伐克、匈牙利、斯洛為尼亞屬於穩固的民主政體（Consolidated Democracy），羅馬尼亞、保加利亞、塞爾維亞、克羅埃西亞屬於半穩固民主政體（Semi-Consolidated Democracy），[7]顯示共產主義政權垮臺後，並不保證必然走向民主自由國度的現實，其分布如下圖：

圖 3-2　中東歐／歐亞大陸地區國家政體轉變地圖（2013）

資料來源：“2013 Nations in Transit data,”last visited 2013/10/1, *Freedom hourse,* http://www.freedomhouse.org/report-types/nations-transit。
說　　明：最深色為「穩固的威權政體」，次深色為「半穩固威權政體」，再次深色為「轉變中或混合政體」、又再次深色為「半穩固民主政體」、最淺色為「穩固的民主政體」。

---

[7]　“2013 Nations in Transit data,” last visited 2013/10/1, Freedom hourse, http://www.freedomhouse.org/report-types/nations-transit。

更有趣的是，波蘭、立陶宛、拉脫維亞、愛沙尼亞、捷克斯洛伐克、匈牙利、斯洛為尼亞等被歸類為「穩固的民主政體國家」，都係於 2004 年獲准加入歐盟，而羅馬尼亞、保加利亞、塞爾維亞、克羅埃西亞等被歸類為「半穩固民主政體國家」，除塞爾維亞外，分別於 2007 年及 2013 年獲准加入歐盟。而加入歐盟的先決條件，第一且最重要的必須是：「民主國家」（democracies），加入國家必須展現其民主化的承諾，包含舉行自由與公平的選舉等；在「民主國家」之下，必須加上「市場經濟」（functioning market economy）因素，其指標是自由貿易；再加上「服從 EC／EU 相關規定與目標，及法律建構的運作秩序（*aquis communautaire*）」，其意是有意加入歐盟國家，必須放棄自我堅持，改而遵守歐盟或歐體先前所簽訂的各種條約。[8]因加入歐盟隱含可以獲得各種政治、經濟利益，遂促使東、中歐各國紛紛改變本身狀況，以求符合此三種條件而加入歐盟，這或許才是促成加入歐盟的東歐國家得以從共產主義政體垮臺後，短時間內轉為「穩固的民主政體國家」或「半穩固民主政體國家」的原因，且呈現加入歐盟時間越久，其民主鞏固程度愈強的結果，而加入歐盟與否似乎又與地緣上與歐盟接近與否有關。

若從另一方面思考，是否無強大外力的要求與支撐（歐盟），則東歐國家要從共產主義威權政體垮臺轉成民主國家，則其難度難以想像。以烏克蘭為例，該國時至 2013 仍未加入歐盟，當時

---

[8]　Kristen Williams, "The Influence of the European Union," in Richard Rosecrance, ed., *The New Great Power Coalition: Toward a World Concert of Nations* (Maryland: Rowman and Littlefield Publishers, 2001), p. 160.

總統亞努科維奇（Viktor Yanukovyc）原本希望與歐盟簽訂協議，但也同時加入俄國主導的歐亞聯盟，如此歐盟商品或許可以透過烏克蘭賣到俄羅斯。莫斯科起初並不反對，但歐盟拒絕。亞努科維奇 2013 年 11 月在立陶宛首都維爾紐斯（Vilnius）舉行的歐盟兩天會議上，突然宣布拒簽《歐盟政治和自由貿易協定》計畫，致使近百萬親歐人民上街頭示威，要求亞努科維奇照計畫進行；但亞努科維奇回應指出，烏克蘭要在歐洲聯盟提供經濟和金融支援後才會簽署協議。更令人擔心的是他背棄民主。分析家葛瑞哥利（Paul Gregory）就認為，亞努科維奇不准政敵尤莉雅・提摩申科（Yulia Tymoshenko）保外就醫；加上執政黨通過一條修正案，可能讓長期旅居國外的國家英雄、拳王維塔利・克里契科（Vitaly Klitschko）無法參選 2015 年總統大選，這些舉措代表亞努科維奇有反民主、獨裁傾向，因而不願加入歐盟，深化民主制度。[9]歐盟與俄羅斯競相對其增加影響力的結果，激化了烏克蘭的內部不穩，僅 2014 年 2 月 18 日的一場衝突就造成數十人甚至百人喪生。[10]最終造成亞努科維奇於 2 月 23 日被逼迫離開首都基輔，國會宣布提前改選總統，遭判刑的反對派前總理尤莉雅・泰莫森科獲釋的結果，[11]後又接續克里米亞自治區公投加入俄羅斯

[9]　〈親歐或親俄　烏克蘭兩難〉（2013 年 12 月 31 日），2014 年 2 月 21 日下載，《中央通訊社》，http://www.cna.com.tw/topic/newsworld/42-1/201312310010-1.aspx。

[10]　張佑生編譯，〈停火數小時烏克蘭再衝突〉，聯合報，2014 年 2 月 21 日，第 A19 版。

[11]　王麗娟編譯，〈烏克蘭總統落跑　525 改選〉，聯合報，2014 年 2 月 23 日，第 A1 版。

等一連串事件，引發烏克蘭因而解體的隱憂，烏克蘭的前途仍然未卜。

　　所謂「後共產主義政權」指的當然包含東歐、中歐、東南歐各國在共產主義政權垮臺後的威權政體而言，也就是共產政權已失去統治能力後的狀況，而這些國家多半經歷黨與國分離為兩個部分的狀況，若將其威權體制是否可以存續條件引用以檢視中國大陸，則面對的將是大陸黨國不分及共產黨仍舊當政而非「後共產主義」國家的威權體制，在研究上就會陷入方法論「實驗組」與「對照組」條件不相符的困境；但從另一角度又可發現，東歐「後共產主義政權」與大陸同樣經歷或正在經歷共產黨的威權統治，而維持威權統治，縱使因主、客觀因素影響其成敗，但都是執政者極力從事之作為，因此，將東歐「後共產主義」國家對威權維持作為的手段，援引研析中共威權政體維持作為，仍有相當說服力量。惟東歐「後共產主義」國家，因政權演進至「黨」、「國」分離，而中共威權體制的「黨」、「國」分離狀況仍多有爭議，那麼若將前述「執政黨力量」、「國家鎮壓力量」與「國家對經濟任意掌控能力」三項做為分析中共威權體制維護手段的指標，對其威權體制的長存是否可以截然劃分「黨」與「國」兩個部分討論顯然有極大問題。若從中共自鄧小平以來所強調的「黨政分開」角度看待中國大陸，卻又可發現中共黨與國雖有其無法劃分的特性，亦有其分開的痕跡，如國務院與黨中央分開，讓國務院承載對國家事務的治理工作，接受「全國人民代表大會」的監督，但現行《中華人民共和國憲法》序言中卻又載明「中國各族人民將繼續在中國共產黨的領導下……建設成……社會主義國家」云云，各式各樣的政治活動也必須堅持黨的領導，又充分顯示黨國不分的特性。

黨與國對於鎮壓反對運動具有相輔相成的功用，又是不辯自明的道理。[12]總之，在中共威權體制中，黨與國表面上雖可劃分，但實際運作上仍為黨國一體的狀態。

因此，若意圖用前述「執政黨力量」、「國家鎮壓力量」與「國家對經濟任意掌控能力」三項指標檢視中共在大陸實行威權體制的狀況，就馬上面臨：一、中國共產黨威權體制至今並未如蘇共一般解體或覆亡，及二、黨國體制仍盛行如昔，黨與國仍為一體。故大陸狀況可否將共產黨與國家（政府）分開討論將成為問題。若將中共「黨」的執政能力自「國」中分離並進行討論，又將面臨在欠缺客觀比較狀況下，中共「執政黨力量」的消長難以定位，也無法以具體事證加以瞭解，故筆者認為，對於大陸威權體制維護作為的討論，應將「執政黨力量」與「國家鎮壓力量」相互結合成「黨國鎮壓能力」才能更具說明與解釋能力。

本書也將以「黨國鎮壓能力」與「國家對經濟任意掌控能力」作為中共威權對內控制的研究指標。

---

[12] Way, "Resistance to Contagion: Sources of Authoritarian Stability in the Former Soviet Union," p. 235.

第二節　黨國鎮壓能力

　　若拿極權主義的模式來看，在極權政府統治下宣傳是心理作戰的一部分，但恐怖手段更是讓群眾臣服不可或缺的因素，[13]因此，一方面以宣傳軟化異議者反對的意志，一方面以強力鎮壓弱化異議者奧援，就成為極權政權維持的兩手策略；威權亦同。

　　研究極權政體的學者認為，極權主義以意識形態而不是以敵人的行為作為劃分敵我的標準，且隨時空背景的不同而不斷變換其敵人，目的是在防止「敵人」消逝後，極權就無法持續，如希特勒由敵視猶太人而波蘭人，甚至可能轉換成敵視部分德國人，而俄國也從反貴族到反波蘭裔俄國人到反韃靼人再到反猶太人，[14]也認為極權主義政權認為內部威脅比外部更高，[15]因此對內鎮壓的需求更甚於對外的抵抗侵略。若將此狀況引用至大陸，則國際社會對大陸的武力威脅甚低，要求其反威權體制的壓力，亦不如想像中高，致使對大陸威權政體的威脅，顯然內部高於外部，故大陸對內的鎮壓能力就成為其施政的重點。且因中共威權政體屬性相對於極權政體較不強調意識形態的鬥爭，致蛻變成不在意意識形態而純粹為維持威權體制鎮壓狀態。

　　依據學者對於中國大陸威權體制面對人民全體陳（情）抗（議）事件的處理方式，認為具有退讓（Concession）、鎮壓

13　Hannah Arendt, *Totalitalianism* (New York: Harcourt, Brace and World, 1968), p. 42.
14　Arendt, *Totalitarianism*, pp. 121-122.
15　Arendt, *Totalitarianism*, p. 119.

（Repression）、說服（Persuasion）、拖延（Procrastination）4 種
方式，[16]其相互關係可作如下的理性安排：

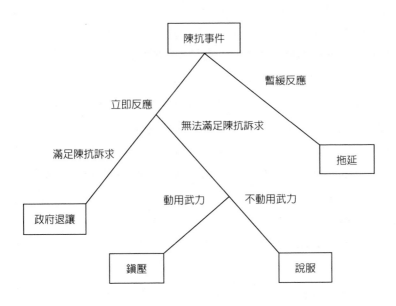

圖 3-3　大陸政府面對人民陳抗事件策略選擇圖

資料來源：Xi Chen, *Social Protest and Contentious Authoritarianism in China*
　　　　　(New York: Cambridge University Press, 2012), p. 66.

---

[16]　Xi Chen, *Social Protest and Contentious Authoritarianism in China* (New
　　York: Cambridge University Press, 2012), p. 65.

依此 4 種策略分類，學者研究顯示相互合作的運用、互補其短，對於控制的效果最佳。[17]再依此 4 種策略分類，黨國的鎮壓能力就約略可分為軟性與硬性兩大類，軟性除立即滿足陳抗者的要求外，就是以心理力量化解對威權抗爭力量，因此牽涉及宣傳與相關規定，而硬性則牽涉及大陸威權體制的實際鎮壓作為。若軟性與硬性的策略相互運用則對於社會的控制效果最佳。

　　若將「黨國鎮壓能力」分為「硬性」與「軟性」兩大類，則前者重在面對不服從力量的強勢鎮壓，屬於具有硬性規定事務，如法令規章、武力的鎮壓等，後者重在說服，目的在以共產黨進行的政治化教育，讓統治者認為其統治具有高度統治合法性等等，因此凡關於意識形態、輿論控制、宣傳、都應該屬於軟性力量。軟、硬兩種力量顯然是一體的兩面，對於黨國面對反抗力量具有相輔相成作用。

　　將兩類力量分析如下：

一、硬性黨國鎮壓能力

（一）鎮壓架構組成

　　大陸國家權力的安排，或可展現如下圖。

---

[17] Chen, *Social Protest and Contentious Authoritarianism in China*, p. 66.

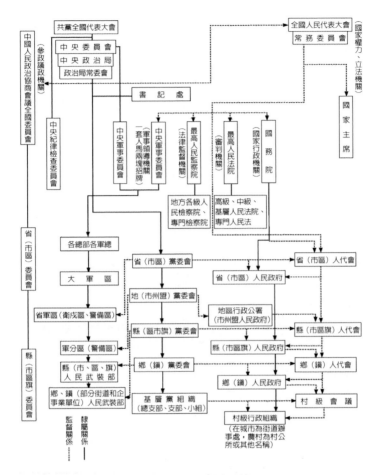

圖 3-4　大陸的政治制度

資料來源：〈七、大陸的政治制度〉，法務部調查局展望與探索雜誌社編印，
　　　　　《中國大陸綜覽（102 年版）》（新北：法務部調查局，2013 年），
　　　　　頁 16。

　　依據此種安排，黨牢牢掌握住國家機器當無疑義，也因此黨
國牢牢掌握住對內鎮壓能力也毫無疑義。而依據維護一黨專政的

目標，使維護既有政治體制，自然成為中共黨國所有部門都必須執行的工作，但中共中央政法委員會卻是專責領導機構。

中共中央政法委員會與大陸各類政法機關關係如下：

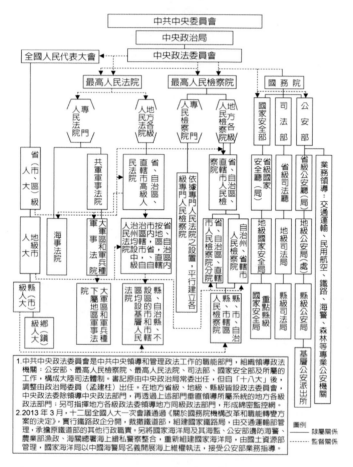

圖 3-5　大陸的司法體制

資料來源：〈二、大陸的司法體制〉，法務部調查局展望與探索雜誌社編印，《中國大陸綜覽（102 年版）》（新北：法務部調查局，2013 年），頁 58。

中共中央政法委員會（以下簡稱「中央政法委」），[18]被稱為專政的「刀把子」，與軍事武力的「槍桿子」同為支持中共專政統治的兩個重要支柱。[19]「中央政法委」及其前身機構，在中國共產黨政權中的「刀把子」角色與位階，自中共建政前設立，經1990年調整，[20]其職能並沒有因為中共改（變）革開放而有所改變。其所負職能，經由以黨領政特性的傳導，使中央政法委可跨越黨與政的鴻溝，使各級政法委具有極強的政策領導功能，如：中央政法委直接向中央政治局負責，位階高度足夠指導、監督同級公、檢、法、司等各單位的運作。其為黨統治服務的功能，甚且落實於法律條文之中，如現行大陸《刑法》第二條：「中華人民共和國刑法的任務，……，保衛人民民主專政的政權和社會主義制度，……，保障社會主義建設事業的順利進行」；《刑事訴訟法》第二條：「中華人民共和國刑事訴訟法的任務，……，保障社會主義建設事業的順利進行」，使得所有專政工具，都應該為共產黨政權服務，以確保社會主義建設成功。

　　中央政法委，是黨中央領導和管理政法工作的職能部門，且由中央到地方層層節制，因此，中央政法委與各級政法委，就成

---

[18] 邵天啟，〈中共中央政法委員會評介〉，法務部調查局展望與探索雜誌社印行，《中共司法制度文集》（臺北：法務部調查局展望與探索雜誌社，2006年9月），頁1-2。中央政法委的演進歷史，可上溯至中共建政不久的1954年11月，中共中央書記處分配設置四個辦公室中的第一辦公室，主管政法業務，期間雖多次改組，並前後出現中央書記處第一辦公室、中央政法小組、中央政法委員會、中央政法領導小組等名稱，但自1990年3月起又重新回到中央政法委員會的建制並沿用至今。

[19] 楊勝春，《大陸政法戰線的統馭者——中共中央政法委員會之研究》（臺北：永業，2001年），頁4。

[20] 楊勝春，《大陸政法戰線的統御者——中共中央政法委員會之研究》，頁87-91。

為中共黨指揮各級政法機關的黨組織。政法委員的「刀把子」地位，與軍隊的「槍桿子」地位，向被中共視為專政兩大支柱，未來發展仍會全力掌握政法委，以控制公、檢、法、司、國安等機關。[21]

顯然「槍桿子」雖不排除其對內鎮壓的工具性角色，但主要是對外，而「刀把子」卻明顯是黨對內鎮壓或維護既有秩序的依據。

（二）實際作為

黨國鎮壓能力的展現顯然具有多重面貌與態樣，不易於對其全面貌的描繪，但若將威權政體對人民群體陳抗事件的處理方式，來反映威權政體的鎮壓力量，則可在相當程度上達到描繪「黨國鎮壓能力」的效果，而其具體表現就是「維穩」。「維穩」作為因領域不同，又可細分為對「實體領域」與「虛擬領域」兩類的鎮壓分析如下：

1、實體領域鎮壓的「維穩」

中共主持下的大陸威權政體，對於維持穩定以換取經濟持續發展、國力日漸強大的企圖心，當然明確而堅定。

為維持社會穩定，就必須動用公、檢、法、司、國安、武警……等一切力量。

依據中共黨中央組織部門的分工，與維護政權安全與穩固有較緊密關係的部門，包括：中央國家安全工作領導小組、中央維護穩定工作領導小組、中央社會治安綜合治理委員會（於 2011

---

[21] 〈十、中共的政法委員會制度〉，法務部調查局展望與探索雜誌社編印，《中國大陸綜覽（102 年版）》（新北：法務部調查局，2013 年），頁 66。

年9月改名為：中央社會管理綜合治理委員會，仍簡稱「中央綜治委」，但對其機關的簡介卻不改變，似乎顯示其所負任務內容亦未改變）、[22]中央保密委員會、中央政法委員會等等。[23]簡單說，任何足以鎮壓或可及早截獲相關情資，及時化解不穩定因素的單位，都是維穩機制的一環，但就狹義社會穩定的狀況看，所謂維穩主要是指社會的穩定，因此在這些相關部門中，就有三個最直接的單位，分別為「中央政法委員會」、「中央綜治委」、「中央維護穩定工作領導小組」。

「中央政法委員會」、「中央綜治委」、「中央維護穩定工作領導小組」，三者都屬於中共中央直屬工作部門辦事、議事協調機構，但其關係又可依據組織形態與任務分工釐清如下：

（1） 依據中央政法委的重要幹部組成觀察，中央政法委顯然是在中共政治局領導下，涵蓋指導公安部、法院、檢察院、司法部、安全部、解放軍、武警及中央綜治委員的組織。[24]中央政法委顯然組成龐雜，可動用資源相對廣泛。

---

[22] 〈中央社會治安綜合治理委員會簡介〉（2007年7月17日），2013年12月6日下載，《中國共產黨新聞網》，http://cpc.people.com.cn/GB/64114/64136/88838/5999186.html。

[23] 〈三、中共中央的組織人事〉，法務部調查局展望與探索雜誌社編印，《中國大陸綜覽（102年版）》，頁30。

[24] 十八屆三中後迄2013年12月10日，中央政法委的現任重要成員組成，包括：書記：孟建柱（中共中央政治局委員）、副書記：郭聲琨（公安部部長）、委員：周強（最高人民法院院長）、曹建明（最高人民檢察院檢察長）、汪永清（國務院副秘書長）、耿惠昌（國家安全部部長）、吳愛英（女；司法部部長）、李東生（公安部副部長）、杜金才（中央紀委副書記，解放軍總政治部副主任兼中央軍委紀委書記、總政治部黨委副書記）、王建平（武警司令員）、陳訓秋（中央政法委副秘書長、中央綜治辦主任）、秘書長：汪永清（中央政法委員會秘書長、國務院副秘書長）、副秘書長：陳訓秋、王其江（中央政法委副秘書長）、姜偉（中央政法委副秘書長）。〈中央政法委報導集〉，2013年12月10日下載，《中國共產

且因中央政法委書記同為「中央綜治委」主任（孟建柱），
「中央綜治辦」之主任，僅出任中央政法委的委員與副祕
書長，加上中央政法委之任務，包含有「根據黨中央的路
線、方針、政策和部署，統一政法各部門的思想和行動；
協助黨中央研究制定政法工作的方針、政策，對一定時期
內的政法工作作出全局性部署，並督促貫徹落實；組織協
調指導維護社會穩定的工作；支持和監督政法各部門依法
行使職權，指導和協調政法各部門依法互相制約、密切配
合；督促、推動大要案的查處工作，研究和協調有爭議的
重大、疑難案件；組織推動社會治安綜合治理工作；組織
推動政法戰線的調查研究工作，推動政法工作改革；研
究、指導政法隊伍建設和政法各部門領導班子建設，協助
黨中央和中組部考察、管理中央和地方政法部門的有關領
導幹部；協助紀檢、監察部門查處政法部門領導幹部違法
犯罪的案件；指導地方政法委員會的工作；完成黨中央交
辦的其他任務」，[25] 而「中央社會治安綜合治理委員會」之
職能係「協助黨中央、國務院領導全國社會治安綜合治理
工作的常設機構。其主要任務是：貫徹執行黨的基本路
線、方針、政策和國家法律，根據國民經濟和社會發展的

黨新聞網》，http://cpc.people.com.cn/GB/64114/64135/；〈耿惠昌任國家安
全部部長〉，2013 年 12 月 10 日下載，《新華網》，http://news.xinhuanet.com/
politics/2007-08/30/content_6632172.htm；〈徐守盛在長沙會見武警部隊司
令員王建平一行〉，2013 年 9 月 5 日下載，《中華人民共和國中央政府》，
http://www.gov.cn/gzdt/2013-09/05/content_2481793.htm。

25 〈中共中央政法委員會簡介〉（2007 年 7 月 17 日），2013 年 12 月 10 日
下載，《中國共產黨新聞網》，http://cpc.people.com.cn/GB/64114/64135/
5994757.html。

總體規劃及社會治安形勢，指導和協調全國社會治安綜合治理工作。其主要職責是：根據全國社會治安狀況，研究提出社會治安綜合治理的方針、政策和重大措施，供黨中央、國務院決策；對一個時期全國社會治安綜合治理工作作出部署，並督促實施；指導、協調、推動各地區、各部門落實社會治安綜合治理的各項重大措施；總結推廣實踐經驗，表彰先進，組織有關部門加強社會治安綜合治理的理論研究，探索和逐步完善具有中國特色的維護社會治安的新路子；辦理黨中央、國務院交辦的有關事項」，[26]明顯將中央政法委的位階定於政策指導地位，中央綜治委甚至成為中央政法委推動工作的平臺。

（2） 中央維護穩定工作領導小組之高層組成成員，除過去的政治局常委周永康，及 2012 年中共「十八大」後的政治局委員孟建柱外，侷限於公安部門。[27]又有學者研究認為，中共中央組織變動極大，自七〇年代以降，將協調機構的「小組」前方加入「領導」兩字，明顯表示「不再涉及具體業務的執行」，[28]更顯示中央維護穩定工作領導小組的協

---

[26] 〈中央社會治安綜合治理委員會簡介〉(2007 年 7 月 17 日)，2014 年 7 月 7 日下載，《中國共產黨新聞網》，http://cpc.people.com.cn/GB/64114/64136/88838/5999186.html。

[27] 「中共中央維護穩定工作領導小組」組長曾是周永康(中央政治局常委、政法委書記)，副組長是孟建柱(國務委員，公安部部長、黨委書記)，辦公室主任為劉京(公安部黨委副書記、常務副部長，中共中央委員，正部級)組成。〈中國『維穩辦』曝光　習近平是『王儲』〉(2009 年 4 月 20 日)，2013 年 12 月 10 日下載，《Sina 新聞網》，http://dailynews.sina.com/gb/chn/chnnews/ausdaily/20090420/1521165427.html。

[28] 楊勝春，《中國最高領導班子的左右手——中共中央直屬機構檔案(1949-1998)》(臺北：永業出版社，2000 年)，頁 37。

調議事特性，更進一步說，以公安為基礎協調各單位進行維穩工作，就成為中央維護穩定工作領導小組及其所屬辦公室（簡稱「維穩辦」）的工作基調。若只侷限於公安部門，那麼其重要性當然不如政法委突出。

（3）「維穩辦」涵蓋大陸的各級政權和機構，醫院、學校等各種事業單位，乃至所有企業、農村、社區，中央要求，所有地方都要成立「維穩辦」，「維穩辦」設到農村的鄉一級，城市的街道一級，觸角一直伸向最基層。各省、市、區、鄉的「維護穩定工作領導小組」，多是由當地的黨委一把手擔任組長，其屬下的「維穩辦」，則多是由當地的政法委副書記或公安廳長（局長）擔任辦公室主任。而到了縣、鄉、街這一級，「維穩辦」往往與「綜治辦」合而為一，稱為「維穩綜治辦」。從某種意義上說，中央「維穩辦」的地位和作用，類似於美國的國家安全委員會。當然，美國的國家安全委員會主要是對外，著眼全球環境來制訂和修改美國的國家安全戰略；而中國大陸的「維穩辦」則主要是對內。不過隨著時間推移、情況變化：美國的國家安全也要越來越多地針對國內的挑戰，而大陸的維護穩定，也不能忽視來自國外的威脅。「維穩辦」的任務雖然包羅萬象，又可一言以蔽之：就是處理重大危機，「維穩辦」，就是「危機辦」。[29]

綜合起來，中央政法委的位階無從挑戰，中央綜治委的執行平臺也幾乎確定，而中央維護穩定工作領導小組是以公安為重要組成的協調平臺。不論此肩負社會秩序穩定的 3 個單位位階與關

---

[29] 〈中國『維穩辦』曝光　習近平是『王儲』〉。

係如何排列，或說除此 3 個單位外，其他單位是否對維持社會秩序穩定有其他重要貢獻，中共盡一切力量維持現有社會秩序卻是無庸置疑。

　　中共的「十六屆四中全會」通過的《中共中央關於加強黨的執政能力建設的決定》詳細闡述「維護社會穩定」的五個內容：一是「落實維護社會穩定的工作責任制」；二是「暢通社情民意反映渠道」，三是建立應急機制，「提高保障公共安全和處置突發事件的能力」；四是「發揮司法機關懲治犯罪、化解矛盾和維護穩定的職能作用」；五是「加強和完善社會治安綜合治理工作機制，依法打擊各種犯罪活動，保障人民生命財產安全」。其中，特別強調了「建立健全社會利益協調機制，引導群眾以理性合法的形式表達利益要求、解決利益矛盾，自覺維護安定團結」。而中共從「十七大」開始，「維穩」就逐漸被歸入「社會建設」方面的工作，例如「十七大」報告就直接將「完善社會管理，維護社會安定團結」放在一起論述，在「健全黨委領導、政府負責、社會協同、公眾參與的社會管理格局，健全基層社會管理體制」的基礎上，提出「妥善處理人民內部矛盾，完善信訪制度，健全黨和政府主導的維護群眾權益機制」的思路和要求。「維穩」已經跨越公安、信訪、民政、司法等若干不同領域，成為許多部門的共同工作內容。[30]於 2013 年 11 月召開攸關大陸未來 10 年發展的「十八屆三中全會」，更決議設立「國家安全委員會」，以「完善國家安全體制和國家安全戰略，確保國家安全」。[31]

---

[30]　容志，陳奇星，〈『穩定政治』：中國維穩困境的政治學思考〉（2012 年 3 月 30 日），2012 年 8 月 29 日下載，《求是理論網》，http://big5.qstheory.cn/zz/yjzy/201203/t20120330_148752.htm。

[31]　〈中國共產黨第十八屆中央委員會第三次全體會議公報〉（2013 年 11 月

若說維穩是跨越各單位的工作內容，那麼，廣義的維穩工作自然成為「跨領域（部會、部門）危機因應工作」，且是以建設社會為追求目標，故必然發展成以「防微杜漸」與「緊急應變」作為主軸相輔相成工作，其功能的擴大與必要性可想而知。

　　但進一步以相對狹義的角度檢測維穩成果與維穩工作的因果關係，則所謂維穩成果應該是指「維穩工作領導指導小組」或是「維穩辦」的成果，若此種指涉無誤，則搜尋近年來兩岸及海內外媒體，並未發現中共公告可供量測與檢驗的，完全歸功於「維穩辦」或「維穩工作領導指導小組」的成果，其宣傳的維穩成果，僅散見於個別事件，如鎮壓新疆、或大陸其他地區的動亂等。簡單說，「維穩工作領導指導小組」或「維穩辦」的具體運作成果並不易見，原因或許與「維穩工作領導指導小組」或「維穩辦」機制與社會穩定的因果關係，因各種機構的疊床架屋，致難以明確有關。如中共政法委系統由中央至地方，負責督導各相應層級的公、檢、法、司、國安、武警……等等單位。政法委與綜治委與「維穩工作領導指導小組」又合署辦公，三個單位的權責並不明確，又因為各階層維穩工作領導小組僅是協調議事單位，並不實際執行具體業務，實際維穩成果既然由各單位共同努力所促成，那麼實際執行具體業務的公、檢、法、司、國安、武警……等等單位必定爭取呈現其努力成果，因此，「維穩工作領導小組」或「維穩辦」就無法明確界定其具體成果，但若依中共實際執行維穩的結果看，中共總是有效鎮壓住境內的不穩定狀況，至少在諸多研究中認為「中國即將崩潰」[32]的結果始終沒有發生。也因

---

　　12 日），2013 年 11 月 13 日下載，《新華網》，http://news.xinhuanet.com/politics/2013-11/12/c_118113455.htm。

[32] 最具代表性的著作是，章家敦（Gordon G. Chang）著，侯思嘉、閻紀宇

此，若以政權是否仍運行不墜作為維穩成果的廣義衡量標準，那麼中共的作法至目前為止仍算成功。在社會日益多元，問題日漸複雜的今日中國大陸社會，以橫跨多個單位的整合機制作為維穩工作的平臺，確有其必要。更簡單說，維穩的黨國硬性鎮壓能力與成果，是結合大陸各相關執法單位統籌運用而獲得的成果，不能僅歸功於任何特定單一單位。

為維持現有威權統治，其中一個重要因素是國家機器具有可信賴的足以鎮壓反對勢力能力。以 2003 年的吉爾吉斯及喬治亞為例，其警察薪資太低甚至連基本裝備都欠缺，如何能要求政府強力鎮壓反對運動。[33]又因維穩工作龐雜，甚至可以推估出任何有關消除民怨的作為，都可以作為維穩工作的重要一環，連在網路上引導民意的「五毛黨」組成、刑釋解教人員安置幫教、打黃、打黑、排除上訪，甚至連為打擊法輪功等「邪教」而設立的 610 辦公室、社會保險都算，[34]也因此，維穩就必須花費大量金錢人力，如外傳每年必須花費數千億人民幣（2009 年外傳花費五千多億人民幣，2012 年外傳預算達七千多億元人民幣，甚至比國防預算多出三百十五億元）作為維穩工作就是一例。因維穩經費難以清晰界定，縱使有 2012 年七千億人民幣的花費，也不全是由維穩工作領導小組或維穩辦或公安或其他相關單位所動用，而是包含所有與維持社會穩定工作有關部門的花費在內，這種無法明確劃分權責的制度，自然也難以收到以權責量測維穩工作單位績效

譯，《中國即將崩潰》（臺北：雅言，2002 年）一書。

[33] Way, "Resistance to Contagion: Sources of Authoritarian Stability in the Former Soviet Union," pp. 232-233.

[34] 中央社，〈維穩　中國通過社會保險法〉（2010 年 10 月 28 日），2012 年 8 月 29 日下載，《sina 全球新聞》，http://dailynews.sina.com/bg/chn/chnoverseamedia/cna/20101028/02211947135.html。

的結果。又因為權責不明，故監督機制亦無從落實，經費花費就無從有效管理，故有大陸各級政府將「維穩工作」視同「維穩事業」，以增加地方財政收入的情形發生。因維穩工作的廣泛性、難以明確界定性，這些花費又有多少流入其他部門或成為貪瀆標的物，外界亦難瞭解。

　　這些維穩困境，卻可從維權人士陳光誠（案）為例，可獲一更清晰的理解：陳光誠（盲人維權者）曾於 2006 年至 2008 年入獄，之後和妻子、女兒一起被軟禁在家中，2012 年 4 月 22 日，他翻越家外的水泥牆，涉溪並穿過樹林，由北京傳知行社會經濟研究所所長郭玉閃、何培蓉接應，歷經 19 個小時逃至北京，並進入北京美國大使館尋求庇護。此前，為求脫逃，陳光誠甚至在家中嘗試過挖地道的方式，但被看守者發現，之後看守者在陳光誠住處四周舖設水泥，以防止脫逃。據聞，此次脫逃，係陳光誠騙過平時七、八十人，多時數百人，及往外擴達 7、8 層看守人員，並突破中共相關單位所架設的手機電訊阻斷設備等，才獲得成功，[35]山東沂南縣雙堠鎮東師古村這樣的基層，一個縣政法委的書記可以雇傭數百人，在幾千萬「維穩經費」的支持下長期看守一位盲人。這種「維穩」體制面臨的困境就是利用極高的成本，犧牲公義程序，憑藉完全不受約束的暴力，以利益和恐嚇來維持表面的「和諧」。這種作為最後卻激化矛盾，帶來更大問題，演變成更多層次的衝突，這就是早就被學者和社會觀察家提出的「越維越不穩」的困境。[36]

---

[35] 朱建陵，〈夜奔 19 小時　盲人律師陳光誠神遁〉，中國時報，2012 年 5 月 2 日，第 A1 版。

[36] 〈陳光誠撼動維穩規則〉（2012 年 5 月 7 日），2012 年 8 月 22 日下載，《多維新聞》，http://opinion.dwnews.com/big5/news/2012-05-07/58727018-all.html。

不論是否越維越不穩，中共威權體制所建構的社會秩序仍然持續運作卻是事實，而此不可否認的事實，也代表中共對於實體世界鎮壓的的「維穩」作為，已達到預期的效果。

2、虛擬領域鎮壓的「維穩」

　　相較於實體世界的維穩工作，在時空環境轉變後，對虛擬的網路世界，亦在中共強力維穩的範圍中。

　　大陸的國務院於 2011 年 5 月正式成立「國家網際網絡信息辦公室」，以便管理網路資訊，根據國務院辦公廳發出的通知，「國家網際網絡信息辦公室」的主要職責包括：針對網際網路信息，落實傳播方針政策、推動法制建設，指導、協調、督促有關部門加強內容管理，負責網路新聞業務及相關業務的審批和監管等；指導有關部門做好網路遊戲、視聽、出版等文化領域業務的布局規劃和實施，負責重點新聞網站的規劃建設，組織、協調網上宣傳；同時，依法查處違法違規網站，指導有關部門督促做好域名註冊、網址分配、網站備案等。前述職責看似相當繁複多元，其實主要重點只有兩條：第一、所有涉及網際網路信息的業務，由「國家網際網絡信息辦公室」統籌負責。第二、相關工作包括積極與消極面：在積極面，要加強建設由國家主導的網路產業；在消極面，要繼續落實管制合法、取締非法。「國家網際網絡信息辦公室」的成立，主要是針對網路時代的控制與宣傳作為，要總結過去經驗，並且統一事權。[37]

---

[37] 賴祥蔚，〈中國大陸設立國家網際網路信息辦公室之評析〉（2011 年 6 月 13 日），2013 年 12 月 11 日下載，《亞太和平研究基金會》，http://www.faps.org.tw/issues/subject.aspx?pk=199。

立志於監視國際間網路運行狀況的「開放網路促進會」
（OpenNet Initiative；ONI），[38]於 2012 年 8 月 9 日公布的最新監
控資料，認為大陸是世界上網路資訊被嚴格過濾與控制地區，雖
然大陸網際網路用戶持續增加，但大陸官方的過濾與控制也同步
增加。[39]

　　歷年來，中共對於網際網路控制絕無放鬆跡象，相關管理法
令舉其要者就已不勝枚舉，且不斷變動，[40]這些對於網路的管制

---

[38] "About ONI",last visited 2013/12/11, *OpenNet Initiative*, https://opennet.net/
about-oni。ONI 係由加拿大多倫多大學、美國哈佛大學及渥太華 SecDev
集團所組成。

[39] "China," (Published on 2012/08/09), last visited 2013/12/11, *OpenNet Initiative*,
https://opennet.net/research/profiles/china。China maintains one of the most
pervasive and sophisticated regimes of Internet filtering and information control
in the world. The community of Chinese Internet users continues to grow, while
the state simultaneously increases its capacity to restrict content that might
threaten social stability or state control through tight regulations on domestic
media, delegated liability for online content providers, just-in-time filtering,
and "cleanup" campaigns.

[40] 如：《全國人民代表大會常務委員會關於維護網際網絡安全的決定》（2000
年 12 月 28 日第九屆全國人民代表大會常務委員會第十九次會議通過）、
《網際網絡信息服務管理辦法》（2000 年 9 月 20 日國務院第 31 次常務
會議通過，2000 年 9 月 25 日實施）、《網際網絡電子公告服務管理規定》
（信息產業部 2000 年 10 月 8 日第 4 次部務會議通過）、《網際網絡站從
事登載新聞業務管理暫行規定》（2008 年 9 月 27 日，由國務院新聞辦公
室、資訊產業部發布）、《網際網絡出版管理暫行規定》（2001 年 12 月 24
日新聞出版總署第 20 次署務會和 2002 年 6 月 27 日信息產業部第 10 次
部務會審議通過，自 2002 年 8 月 1 日起施行）、《網際網絡文化管理暫行
規定》（2003 年 3 月 4 日文化部部務會議審議通過，自 2003 年 7 月 1 日
起施行）、《關於網絡遊戲發展和管理的若干意見》（文化部、資訊產業部，
2005 年 7 月 12 日發布）、《網際網絡 IP 位址備案管理辦法》（自 2005 年
3 月 20 日起實施）、《網際網絡著作權行政保護辦法》（國家版權局、信
息產業部於 2005 年 4 月 30 日公布，2005 年 5 月 30 日實施）、《電腦信
息網絡國際聯網保密管理規定》（國家保密局發布，自 2000 年 1 月 1 日

重點主要包括（以《網際網路新聞信息服務管理規定》第十九條規定為例）：

（1） 違反憲法確定的基本原則的；

（2） 危害國家安全，洩漏國家秘密，顛覆國家政權，破壞國家統一的；

（3） 損害國家榮譽和利益的；

（4） 煽動民族仇恨、民族歧視，破壞民族團結的；

（5） 破壞國家宗教政策，宣揚邪教和封建迷信的；

（6） 散布謠言，擾亂社會秩序，破壞社會穩定的；

（7） 散布淫穢、色情、賭博、暴力、恐怖或者教唆犯罪的；

（8） 侮辱或者誹謗他人，侵害他人合法權益的；

（9） 煽動非法集會、結社、遊行、示威、聚眾擾亂社會秩序的；

（10） 以非法民間組織名義活動的；

（11） 含有法律、行政法規禁止的其他內容的。[41]

其中「反對違反憲法確定的基本原則」，明指維護憲法中規定的中共一黨專政體制決不容許挑戰立場。

有論者更具體認為，在 2000 年第九屆「全國人大常委會」第 19 次會議審議通過的《關於維護互聯網安全的決定》，就對利

起施行）、《電腦信息系統安全保護條例》（1994 年 2 月 18 日實施）、《電腦信息網絡國際聯網管理暫行規定》（國務院於 1997 年 5 月 20 日發布，1997 年 5 月 20 日實施）、《電腦信息網絡國際聯網安全保護管理辦法》（公安部 1997 年 12 月 16 日發布，1997 年 12 月 30 日實施）、《網際網絡上網服務營業場所管理條例》（2002 年 8 月 14 日國務院第 62 次常務會議通過，自 2002 年 11 月 15 日起施行）、《關於網際網絡中文域名管理的通告》（信息產業部 2000 年 11 月 9 日公布）等等。

[41] 〈網際網路新聞信息服務管理規定〉（2005 年 9 月 25 日），2014 年 7 月 9 日下載，《新華網》，http://big5.home.news.cn/gate/big5/news.xinhuanet.com/newmedia/2005-09/25/content_3543326.htm。

用網路實施的各種違法犯罪如何依法追究法律責任作出系統規定，又根據大陸《刑法》和前述《決定》，對利用網路造謠傳謠，並對他人利益、公共利益或者國家利益造成特定程度損害者，可以依法追究刑事責任甚至依情節可依照《刑法》第 103 條和第 105 條規定，以煽動分裂國家罪或者煽動顛覆國家政權罪定罪處罰；或以第 291 條之一、第 221 條、第 225 條、第 246 條、第 274 條等規定處罰傳播虛假恐怖信、謠傳損害他人、侮辱他人、捏造事實誹謗他人、非法經營、敲詐勒索罪；亦可以依照有關民商事法律和行政法律法規處罰。致使，大陸目前打擊網路謠言及網路違法犯罪的法律法規基本上是管用和夠用，關鍵是執法、司法機關要會用和敢用。[42]

依據大陸現行法律制度，對網路謠言追責大致可以分為三個層面：一是民事責任，網路謠言侵犯了公民的合法權利，公民可以依據《民法》通則，向造謠者提起民事訴訟，要求民事賠償。但因個人舉證難度極大，且司法程式繁瑣，導致一些受害人不得不選擇隱忍。二是行政責任，依據《治安管理處罰法》，公安機關可以對造謠者給予拘留、罰款的處罰，這也是當前各地在打擊網路造謠傳謠過程中最常用的方式。這種方式簡便易行，但威懾力度有限。三是刑事責任，對網上造謠傳謠情節嚴重，構成犯罪的，可以追究當事人刑事責任。從當前公安機關破獲的網路製造傳播謠言違法犯罪案件來看，嫌疑人可能涉及到的罪名包括敲詐勒索、擾亂社會秩序、尋釁滋事、製造和傳播虛假恐怖資訊、非法經營等。[43]

[42] 胡雲騰，〈遏制網路謠言重在建設網路誠信〉，法制日報（北京），2013 年 8 月 29 日，第 9 版。
[43] 評論員，〈打擊網路謠言法律可以更有力〉，法制日報（北京），2013 年 8

縱使鎮壓規範網路世界秩序有各種各樣的困難，但在習近平接任中共中央總書記以來，中共似乎更積極的「強化網絡管理，加強輿論引導，淨化網絡環境，不給不法分子任何可趁之機」。大陸的「國家互聯網信息辦公室」[44]在 2013 年 5 月初宣布，將對網路新聞與訊息加強「整治」，並透過《新華社》，宣稱以「傳播謠言」為由暫停政法大學法學院副院長何兵新浪微博帳號。很顯然的，中國大陸網路言論管控明顯加強。[45]2013 年年中又以「嚴厲打擊網路有組織造謠傳謠專項行動」（專案行動）的方式，[46]不斷對網路世界進行鎮壓、箝制與整頓。依據大陸《中國互聯網絡發展狀況統計報告》，至 2012 年 12 月底，大陸網民規模達到 5.64 億，用戶達到 4.2 億。其中屬「微博」發展最為迅速，為加強掌握虛擬世界，2013 年 8 月 10 日，大陸「國家互聯網信息辦公室」

月 30 日，第 1 版。

[44] 〈本辦基本情況〉，2013 6 月 10 日下載，《中華人民共和國國務院新聞辦公室　國家互聯網新聞辦公室》，http://www.scio.gov.cn/xwbjs/。國家互聯網信息辦公室（簡稱國家互聯網信息辦）於 2011 年 5 月正式掛牌。國家互聯網信息辦公室不另設新的機構，在國務院新聞辦公室加掛國家互聯網信息辦公室牌子。國家互聯網信息辦公室職責是落實互聯網信息傳播方針政策和推動互聯網信息傳播法制建設。指導、協調、督促有關部門加強互聯網信息內容管理。負責網路新聞業務及其他相關業務的審批和日常監管。指導有關部門做好網路遊戲、網路視聽、網路出版等網絡文化領域業務布局規劃。協調有關部門做好網路文化陣地建設的規劃和實施工作。負責重點新聞網站的規劃建設。組織、協調網上宣傳工作。依法查處違法違規網站。指導有關部門督促電信運營企業、接入服務企業、域名註冊管理和服務機構等做好域名註冊、互聯網地址（IP 地址）分配、網站登記備案、接入等互聯網基礎管理工作。在職責範圍內指導各地互聯網有關部門開展工作。

[45] 中國國民黨中央政策會編印，〈中共加強意識形態管制措施的意涵〉，《大陸情勢雙週報》（臺北），1644 期（2013 年 5 月 22 日），頁 12。

[46] 評論員，〈網路謠言是危害社會的毒瘤〉，法制日報（北京），2013 年 8 月 23 日，第 1 版。

主任魯煒與紀連海、廖玒、陳裏、潘石屹、薛蠻子等十多位網路名人舉行座談交流，要求網路名人應堅守「七條底線」：即法律法規底線、社會主義制度底線、國家利益底線、公民合法權益底線、社會公共秩序底線、道德風尚底線和資訊真實性底線。[47]但同年 8 月底，卻以嫖娼逮捕具巨大影響力的網路作家「薛蠻子」，[48]另以製造謠言誹謗他人法辦傅學勝、[49]以恐嚇批捕「秦火火」、「立二拆四」等，[50]並大肆宣傳。[51]其結果是迫使「薛蠻子」在網路微博消失七個多月，直至 2014 年 4 月 16 日交保候傳，於 4 月 21 日重回網路微博發文，除向妻子與家人道歉外，還表示會汲取教訓，拒轉發、評論、傳播任何未經證實的消息，而其他網路重要意見領袖亦被「和諧」，致使在大陸網路引發寒蟬效應，微博也逐漸喪失其公民社會多元意見的活力。[52]

不僅如此，2013 年 9 月 9 日，大陸最高人民法院、最高人民檢察院公布《關於辦理利用信息網絡實施誹謗等刑事案件適用法律若干問題的解釋》，並自 2013 年 9 月 10 日起施行。其中重要條文包括：[53]

---

[47] 〈"全民網絡"時代為何要堅守"七條底線"〉，法制日報（北京），2013 年 8 月 19 日第 4 版。

[48] 〈"薛蠻子"高頻招嫖跌下"道德神壇"〉，法制日報（北京），2013 年 8 月 29 日，第 5 版。

[49] 〈傅學勝製造謠言誹謗他人被依法刑拘〉，法制日報（北京），2013 年 8 月 26 日，第 1 版。

[50] 〈周祿實網路爆料涉嫌敲詐勒索被批捕〉，法制日報（北京），2013 年 8 月 26 日，第 1 版。

[51] 李恩樹，〈且看"謠翻中國"者的劣行醜態〉，法制日報（北京），2013 年 8 月 22 日，第 1 版。

[52] 汪莉娟，〈薛蠻子微博發文 「老漢辜負你們」〉，聯合報，2014 年 4 月 20 日，第 A12 版。

[53] 〈"兩高"《關于辦理利用信息網絡實施誹謗等刑事案件適用法律若干

第二條　利用信息網絡誹謗他人，具有下列情形之一的，應當認定為刑法第二百四十六條第一款規定的「情節嚴重」：

（一）同一誹謗資訊實際被點擊、流覽次數達到五千次以上，或者被轉發次數達到五百次以上的；

（二）造成被害人或者其近親屬精神失常、自殘、自殺等嚴重後果的；

（三）二年內曾因誹謗受過行政處罰，又誹謗他人的；

（四）其他情節嚴重的情形。

根據此一標準，除誹謗訊息被轉發五百次實際被點擊、流覽次數達到五千次以上將遭受處罰外，規定中其他可被公訴的，包含有損害國家形象、造成社會惡劣影響等七種情節，因規定過於模糊，未來所有關於中共當局或政府官員的負面消息，都可能被羅織以罪，在網路上形成「白色恐怖」或文字獄。[54]

時至 2014 年 2 月 27 日，中共更進一步成立「中央網絡安全和信息化領導小組」，由習近平親任組長，李克強、劉雲山任副組長，並於北京召開了第一次會議。習近平在講話中指出，網絡安全和信息化是事關國家安全和國家發展、事關廣大人民群眾工作生活的重大戰略問題，要從國際國內大勢出發，總體布局，統籌各方，創新發展，努力把大陸建設成為網絡強國；習近平亦稱，做好網上輿論工作是一項長期任務，要創新改進網上宣傳，運用網絡傳播規律，弘揚主旋律，激發正能量，大力培育和踐行社會主義核心價值觀，把握好網上輿論引導的時、度、效，使網路空

問題的解釋》全文〉（2013 年 9 月 9 日），2013 年 9 月 10 日下載，《人民網》，http://legal.people.com.cn/n/2013/0909/c42510-22859612.html。

[54] 林克倫，〈陸網路謠言　被轉發 500 次可判刑〉，聯合報，2013 年 9 月 10 日，第 A17 版。

間清朗起來,更認為,沒有網路安全就沒有國家安全,沒有信息化就沒有現代化。第一次會議還審議通過了《中央網絡安全和信息化領導小組工作規則》、《中央網絡安全和信息化領導小組辦公室工作細則》、《中央網絡安全和信息化領導小組 2014 年重點工作》。[55]由主管意識形態工作的政治局常委劉雲山擔任副組長,可見中共對於網路控制,不僅重在網路犯罪的防制而已,更表現出對於意識形態領域工作的重視。

這些現象,正是大陸國家機器敢於鎮壓且有能力鎮壓網路世界「亂象」的證明。

3、鎮壓能力集中與提升

於 2013 年 11 月召開攸關大陸未來 10 年發展的「十八屆三中全會」,所通過之《中國共產黨第十八屆中央委員會第三次全體會議公報》》,於會議結束的 2013 年 11 月 12 日當天公布,其中提及:「創新社會治理,必須著眼於維護最廣大人民根本利益,最大限度增加和諧因素,增強社會發展活力,提高社會治理水準,維護國家安全,確保人民安居樂業、社會安定有序。要改進社會治理方式,激發社會組織活力,創新有效預防和化解社會矛盾體制,健全公共安全體系。設立國家安全委員會,完善國家安全體制和國家安全戰略,確保國家安全。」[56]被外界批評,國家安全委員可能超越公安、國安、中紀委,成為一極為特殊部門,其管制重點是意識形態和輿論。[57]隨後於 11 月 15 日,公布「十

---

[55] 〈中央網絡安全和信息化領導小組成立 習近平任組長〉(2014 年 2 月 28 日),2014 年 2 月 28 日下載,《人民網》,http://media.people.com.cn/BIG5/n/2014/0228/c40606-24488129.html。

[56] 〈中國共產黨第十八屆中央委員會第三次全體會議公報〉。

[57] 〈國安委新設 鞏固習權 習近平料同掌改革組〉(2013 年 11 月 13

八屆三中全會」會議通過之《中共中央關於全面深化改革若干重大問題的決定》（下簡稱《決定》）全文，將設立「國家安全委員會」部分寫在第十三部分「創新社會治理體制」項下，表明：「改進社會治理方式。堅持系統治理，加強黨委領導，發揮政府主導作用」、「加強對社會組織和在華境外非政府組織的管理」、「創新有效預防和化解社會矛盾體制」、「健全公共安全體系」、「堅持積極利用、科學發展、依法管理、確保安全的方針，加大依法管理網絡力度，加快完善互聯網管理領導體制，確保國家網絡和資訊安全」，因此必須「設立國家安全委員會，完善國家安全體制和國家安全戰略，確保國家安全」。[58]習近平於 11 月 16 日，更親自解釋《決定》稱：「全會決定提出堅持積極利用、科學發展、依法管理、確保安全的方針，加大依法管理網絡力度，完善網際網路管理領導體制。目的是整合相關機構職能，形成從技術到內容、從日常安全到打擊犯罪的網際網路管理合力，確保網絡正確運用和安全」、「關於設立國家安全委員會。國家安全和社會穩定是改革發展的前提。只有國家安全和社會穩定，改革發展才能不斷推進。當前，我國面臨對外維護國家主權、安全、發展利益，對內維護政治安全和社會穩定的雙重壓力，各種可以預見和難以預見的風險因素明顯增多。而我們的安全工作體制機制還不能適

日），2013 年 11 月 15 日下載，《MSN 新聞》，http://news.hk.msn.com/
highlight/%E5%9C%8B%E5%AE%89%E5%A7%94%E6%96%B0%E8%A
8%AD-%E9%9E%8F%E5%9B%BA%E7%BF%92%E6%AC%8A-%E7%B
F%92%E8%BF%91%E5%B9%B3%E6%96%99%E5%90%8C%E6%8E%8
C%E6%94%B9%E9%9D%A9%E7%B5%84。

[58] 〈中共中央關於全面深化改革若干重大問題的決定〉（2013 年 11 月 15
日），2013 年 11 月 16 日下載，《新華網》，http://news.xinhuanet.com/
politics/2013-11/15/c_118164235.htm。

應維護國家安全的需要，需要搭建一個強有力的平臺統籌國家安全工作。設立國家安全委員會，加強對國家安全工作的集中統一領導，已是當務之急。國家安全委員會主要職責是制定和實施國家安全戰略，推進國家安全法治建設，制定國家安全工作方針政策，研究解決國家安全工作中的重大問題」。[59]部分評論者對於《決定》宣示設立「國家安全委員會」的評價認為大陸「國家安全委員會」權力不僅大過美國的相關組織，更認為其具有特殊的意義：「首先，習近平強調國安委和改革的關係，意味著國安委的設立既是對過去改革經驗的總結，也是為了確保今後改革更加順暢的一個保障性機構。其次，國安委的職能雙向特定：對外維護主權安全，對內維護政治安全。……政治安全涵蓋的範圍包括政權安全、社會穩定、民族宗教政策的確保和戰略機遇期的維護等。……第三，……未知的風險在對外而言，很可能是外部勢力對中國主權挑戰風險加大，中國海外政治經濟利益可能受損；對內而言，社會不穩定因素增加，執政難度或將加大，網絡文化等公民社會建設的不確定性也將提高」。[60]致使，習近平所展現對於大陸內部的鎮壓統治力量，就呈現：「設立兩個新委員，一個是新的國家安全委員會，這可能增強他的影響力；另一個是改革領導小組，這也許會在經濟政策制定上賦予他更直接的發言權，而經濟政策一直趨向屬於總理的範疇」、「支持『新威權主義』的著名上海師範大學教歷史的蕭功秦則認為，『習近平代表著中國新

---

[59] 〈關於《中共中央關於全面深化改革若干重大問題的決定》的說明〉（2013 年 11 月 16 日），2013 年 11 月 16 日下載，《文匯報》，http://paper.wenweipo.com/2013/11/16/CH1311160007.htm。

[60] 木春山，〈習總親釋"國安委"職能　權力大過美國"國安委"〉（2013 年 11 月 16 日），2013 年 11 月 18 日下載，《大公網》，http://news.takungpao.com/world/exclusive/2013-11/2043077.html。

威權主義黃金時代的到來』、『現在集中權力很重要。這個時期需要一個強人，一個強有力的領導人，這個強有力的領導人必須既具有聲望，又具有得到制度保障的權力』」當然，提倡民主自由化的人士則認為習近平集中權力充滿不滿」。[61]

　　雖然，2014 年 1 月 7、8 兩日，習近平參加中共中央政法工作會議時發言強調：維護社會大局穩定是政法工作的基本任務，「要處理好維穩和維權的關係」，要解決好群眾合理合法的利益訴求，要實行「4 個絕不允許」，包括絕不允許對群眾的報警求助置之不理、絕不允許讓普通群眾打不起官司、絕不允許濫用權力侵犯群眾合法權益、絕不允許執法犯法造成冤假錯案，更要求政法工作要靠制度來保障，違反制度就要給予最嚴厲的處罰，構成犯罪的要依法追究刑事責任，也要求各級領導幹部要帶頭依法辦事，帶頭遵守法律。[62]

　　由種種跡象顯示，中共係以在共產黨領導下，因應社會多元的變化，以各種有形制度加強對內掌控與鎮壓能力，且這種趨勢，將隨著時空環境的改變而不斷改變其內涵與形式，但所有改變目的都在維持鎮壓能力或掌控能力的增加。這種趨勢，在習近平掌權的 10 年難以改變，至於習近平政權之後，在現有的資料證據上，亦難以看出其改變的可能。

[61] Chris Buckley, *"Xi, in 'Godfather' Mold, Looks Assertive and Even Imperial," (2013/11/16), last visited 2013/11/18, The New Times,* http://cn.nytimes.com/china/20131116/c16leader/en-us/ 。

[62] 〈習近平：處理好維穩維權關係〉（2014 年 1 月 8 日），2014 年 1 月 16 日下載，《中央社》，http://www.cna.com.tw/news/acn/201401080522-1.aspx。

二、軟性黨國鎮壓能力

維穩是中共為維持威權體制必須從事的重要工作，但也面臨諸多困難：

中共對於維穩工作研究，約略包含如下角度：一是「利益結構失衡論」，認為「維穩」壓力增大一方面是因為社會利益分化和結構失衡，造成利益衝突加劇；另一方面，現有「維穩」思路往往壓制正當利益表達，造成「花錢買太平」結果，所以逐漸陷入「越維穩越不穩」的困境。「維穩」並不能消除利益衝突，而是要為其設立規則，建立有效的利益表達和整合機制，保障社會利益均衡。二是「社會虛弱論」，認為「中國模式」雖然取得經濟奇蹟，但並沒有造就強大的「中產階級」或「中間階層」，社會穩定力量仍然不足，難以從根本上穩固社會秩序和平衡社會階層，若一味強調「維穩」，則會過度使用國家暴力機器，由此產生惡性循環。三是「維穩異化論」，認為維穩重心異化，重視事後處理，不重源頭預防，頭疼醫頭，腳疼醫腳，結果緣木求魚，歧路亡羊，甚至演變成對公民權利的侵犯。[63]

面對大陸當前行政體系的諸多弊病，已然沒有以革命方式將其打爛重建的可能，只能以逐漸理順其不合理狀態為解決方法，但現實卻是大陸這個社會主義國家要修訂其制度結構，如同韋伯（Max Weber）所主張的理性、規章制度、公正、專業、客觀（impersonal）的方法難以獲得。[64]簡單說，因為受限於中共一黨專政的威權統治影響，社會難以做澈底的變革，致使社會欠缺穩

---

[63] 容志，陳奇星，〈「穩定政治」：中國維穩困境的政治學思考〉。

[64] Frank N. Pieke, *The Good Communist* (New York: Cambridge University Press, 2009), p. 17.

定力量，又欠缺化解不穩定因素機制，故有以「便宜行事」方式推動各種維穩手段的必要，而無法從源頭解決不穩定因素，則維穩的效能與未來走向都遭受嚴重的挑戰。為緩和這些挑戰，就必須更倚賴以軟性的教育、疏導、宣傳等等，將可能的反抗異議力量化解，也成為鎮壓的必要工作。

而改善執政能力當然是有效化解這種異議力量的有效方法之一。強大的執政黨力量不僅可以支撐當權者的地位，同時也影響弱化反對者；[65]至於推動黨內民主以增強黨的團結是加強執政黨負責能力（accountability）與政治結構能力（structuring political competition）的重要工作，更進一步言，加強政黨支撐威權的統治的重要因素是，「幹部的堅強團結，縱使有短暫的爭吵，也不失對黨的忠誠，這其中牽涉及黨的組織、恩庇關係等因素」。[66]有學者更認為，黨內民主使共產黨的統治能力更強。[67]學者道爾（Robert A. Dahl）的研究則從另一角度認為，對政府的信心不外來自於政府的教化與其他政府表現的比較。[68]

依此，對於軟性的鎮壓能力就不外乎黨國本身具由足夠的執政能力，為人民創造福利讓人民信服，一方面卻也必須加強宣傳、教育、教化，讓政府能力的不足獲得掩飾、忽視。故軟性的鎮壓力量，就肩負起與硬性鎮壓力量幾乎相等的重要位置。

---

[65] Way, "Resistance to Contagion: Sources of Authoritarian Stability in the Former Soviet Union", p. 230.

[66] Way, "Resistance to Contagion: Sources of Authoritarian Stability in the Former Soviet Union", pp. 231-232.

[67] Elizabeth Freund Larus, *Politics and Society in Contemporary China* (Colorado: Lynne Rienner Publishers, 2012), p. 434.

[68] Robert A. Dahl, *Polyarchy* (New Haven: Yale University Press, 1971), p. 148.

（一）提升執政能力

　　在大陸黨國體制下，執政能力的提升，在相當程度上必須依賴黨執政能力的提升。有良好執政能力，自然可獲取更多人民支持。

　　為加強執政能力，於 2004 年 9 月 19 日在中國共產黨第十六屆中央委員會第四次全體會議通過《中共中央關於加強黨的執政能力建設的決定》，其內容強調：

1. 黨的執政能力，就是黨提出和運用正確的理論、路線、方針、政策和策略，領導制定和實施憲法和法律，採取科學的領導制度和領導方式，動員和組織人民依法管理國家和社會事務、經濟和文化事業，有效治黨治國治軍，建設社會主義現代化國家的本領。

2. 「必須堅持黨在指導思想上的與時俱進，用發展著的馬克思主義指導新的實踐」、「必須堅持科學執政、民主執政、依法執政，不斷完善黨的領導方式和執政方式」。

3. 當前和今後一個時期，加強黨的執政能力建設的主要任務是：按照推動社會主義物質文明、政治文明、精神文明協調發展的要求，不斷提高駕馭社會主義市場經濟的能力、發展社會主義民主政治的能力、建設社會主義先進文化的能力、構建社會主義和諧社會的能力、應對國際局勢和處理國際事務的能力。

4. 牢牢把握輿論導向，正確引導社會輿論。堅持黨管媒體的原則，增強引導輿論的本領，掌握輿論工作的主動權。[69]

---

[69]　〈中共中央關於加強黨的執政能力建設的決定〉（2004 年 9 月 27 日），

而所謂「黨的執政能力」，就是黨的執政本領。黨的執政能力包含三個層面：

1. 黨作為一個整體的執政能力。主要指黨在領導和支持人民當家作主，管理國家及社會事務中的本領。中共「十六屆四中全會」提出加強黨在「五個方面」的執政能力建設，即駕馭社會主義市場經濟的能力、發展社會主義民主政治的能力、建設社會主義先進文化的能力、構建社會主義和諧社會的能力、應對國際局勢和處理國際事務的能力。

2. 履行黨的執政職能的領導幹部的執政本領。「十六大」提出各級黨委和領導幹部要加強「五種能力」建設，即科學判斷形勢的能力、駕馭市場經濟的能力、應對複雜局面的能力、依法執政的能力、總攬全局的能力。

3. 廣大黨員的執政意識以及先鋒模範作用。黨是由全體黨員組成的，增強黨員的執政意識，發揮黨員的先鋒模範作用，才能提高黨的執政能力，更好地完成執政任務。[70]

　　黨的執政能力顯然以黨的統治能力作為觀察點，而這種能力在黨國一體的大陸，自然表現在對於整個大陸各層面的服務能力與掌控能力上。

　　2012 年底中共召開「十八大」會議，時任總書記胡錦濤於會中的報告稱：

　　「堅定不移高舉中國特色社會主義偉大旗幟⋯⋯中國特色社會主義道路，就是在中國共產黨領導下，立足基本國情，以經

2013 年 8 月 6 日下載，《新華網》，http://news.xinhuanet.com/zhengfu/2004-09/27/content_2027021.htm。

[70] 〈黨的執政能力〉，2013 年 8 月 5 日下載，《人民網》，http://dangshi.people.com.cn/GB/165617/173273/10415426.html。

濟建設為中心，堅持四項基本原則，……中國特色社會主義道路是實現途徑，中國特色社會主義理論體系是行動指南，中國特色社會主義制度是根本保障。……必須……加強和改善黨的領導，堅持黨總攬全局、協調各方的領導核心作用，保持黨的先進性和純潔性，增強黨的創造力、凝聚力、戰鬥力，提高黨科學執政、民主執政、依法執政水平」、「加強社會主義核心價值體系建設。……。要深入開展社會主義核心價值體系學習教育，用社會主義核心價值體系引領社會思潮、凝聚社會共識。……堅持不懈用中國特色社會主義理論體系武裝全黨、教育人民，……廣泛開展理想信念教育，把廣大人民團結凝聚在中國特色社會主義偉大旗幟之下。……深入開展愛國主義、集體主義、社會主義教育，豐富人民精神世界，增強人民精神力量。……牢牢掌握意識形態工作領導權和主導權，堅持正確導向，提高引導能力，壯大主流思想輿論」。更提及「全面提高黨的建設科學化水平」稱：「不斷提高黨的領導水平和執政水平……堅持黨要管黨、從嚴治黨，全面加強黨的思想建設、組織建設、作風建設、反腐倡廉建設、制度建設，增強自我淨化、自我完善、自我革新、自我提高能力，建設學習型、服務型、創新型的馬克思主義執政黨，確保黨始終成為中國特色社會主義事業的堅強領導核心」、「堅定理想信念，堅守共產黨人精神追求。……為中國特色社會主義共同理想而奮鬥」、「積極發展黨內民主，增強黨的創造活力。……擴大黨內基層民主，完善黨員定期評議基層黨組織領導班子等制度」、「優化領導班子配備和幹部隊伍結構，……拓寬社會優秀人才進入黨政幹部隊伍管道」、「堅持黨管人才原則，把各方面優秀人才集聚到黨和國家事業中來」、「創新基層黨建工作，夯實黨執政的組織基

礎」、「嚴明黨的紀律,自覺維護黨的集中統一。……。要堅決維護中央權威,在思想上政治上行動上同黨中央保持高度一致」。[71]

此種宣示,充分展現共產黨因應時空環境改變提升自我能力,以長久維持其唯一統治地位的決心。

2012 年 12 月 4 日,中共中央政治局召開會議,審議通過關於改進工作作風,密切聯繫群眾的「八項規定」。「規定」實施以來,獲得相當的成效,贏得大陸民眾的肯定,但也出現若干的缺失。為期能使此一關係中共執政形象,以及大陸社會風氣走向的政策具制度性的基礎,2013 年 6 月 18 日中共召開「黨的群眾路線教育實踐活動工作會議」,6 月 22 日至 25 日中共中央政治局召開專門會議,對照檢查中共中央「八項規定」落實情況、討論研究深化改進作風舉措,並決定從 2013 年下半年開始,用 1 年左右時間,在全黨自上而下分批開展黨的群眾路線教育實踐活動,[72]以為民、務實、清廉為主要內容,按照「照鏡子、正衣冠、洗洗澡、治治病」的總要求,自上而下在全黨深入開展。[73]活動的主要目的,是要致力於解決人民群眾反映最強烈的問題,把貫徹落實「八項規定」精神作為切入點,著力解決突出問題。至於活動的主要對象,則是以縣級以上領導機關、領導班子和領導幹部為重點,並要求以整風精神開展批評和自我批評,以此次活動

---

[71] 〈胡錦濤在中國共產黨第十八次全國代表大會上的報告〉(2012 年 11 月 17 日),2013 年 8 月 2 日下載,《新華網》,http://news.xinhuanet.com/18cpcnc/2012-11/17/c_113711665.htm。

[72] 中國國民黨中央政策會編印,〈中共開展群眾路線教育活動〉,《大陸情勢雙週報》(臺北),第 1647 期,(2013 年 7 月 10 日),頁 10。

[73] 〈黨的群眾路線教育實踐活動〉,2013 年 7 月 15 日下載,《新華網》,http://www.xinhuanet.com/politics/qzlx/。

為契機,制定新的制度,完善已有的制度,廢止不適用的制度,同時強調制度一經形成,就要嚴格遵守,執行制度沒有例外。[74]

依此,習近平於同年 7 月 11 日至 12 日在河北省調研指導「黨的群眾路線教育實踐活動」。並於該省西柏坡參訪時提出,必須學習領會毛澤東在 1949 年 3 月 5 日至 13 日在西柏坡召開「七屆二中中央委員會議」所提出的「兩個務必」(務必使同志們繼續保持謙虛謹慎、不驕不躁的作方,務必使同志們繼續保持艱苦奮鬥作風),要求共產黨黨員始終做到謙虛謹慎、艱苦奮鬥、實事求是、一心為民,繼續把人民對黨的「考試」,及黨正在經受和將要經受各種考驗的「考試」考好,使黨永遠不變質、紅色江山永遠不變色。[75]

所有的活動仍不脫維持紅色政權的本質。

習近平就任黨總書記後,又於 2013 年 6 月 28、29 日召開的中共「全國組織工作會議」上發表談話,充分表達對於黨的能力的重點包括:

1. 好幹部不會自然而然產生。成長為一個好幹部,一靠自身努力,二靠組織培養。

2. 成為好幹部,就要不斷改造主觀世界、加強黨性修養、加強品格陶冶,時刻用黨章、用共產黨員標準要求自己。

3. 黨要管黨,才能管好黨;從嚴治黨,才能治好黨。

---

[74] 中國國民黨中央政策會編印,〈中共開展群眾路線教育活動〉,頁 11。

[75] 〈習近平在河北省調研指導黨的群眾路線教育實踐活動〉(2013 年 7 月 12 日),2013 年 7 月 15 日下載,《新華網》,http://news.xinhuanet.com/politics/2013-07/12/c_116518771.htm;王銘義,〈反腐敗 習近平:不送禮還沒做到〉,中國時報,2013 年 7 月 15 日,第 A17 版。

4. 組織部門作為管黨治黨的重要職能部門，必須帶頭改進作風，繼承發揚組織部門優良傳統和作風，樹立和維護組織部門良好形象。

5. 恪守「四個堅持」、選好執政骨幹的思想，重心在基層、基層在服務的思想，強化制度約束、完善制度體系的思想，扎實推進組織工作各項任務落實。[76]

對於提升執政能力包含提振行政能力、政策規劃能力、政策執行能力……等方方面面，難以全面包括，但從中共領導菁英晉用高學歷者卻可凸顯中共提升執政能力的決心與趨勢。

在 2002 年頒布的《黨政領導幹部選拔任用工作條例》第六條規定：「一般應當具有大學專科以上文化程度，其中地（廳）、司（局）級以上領導幹部應當具有大學本科以上文化程度」，換言之，大專學歷已是中共幹部的必要條件之一。第十六屆中央委員會的 356 名委員當中，具有大專以上學歷程度的占 98.6%，比上屆提高 6.2%。可以想見，未來中央委員以上幹部，都必須具有大專以上程度，而具有碩士、博士學位的委員漸增，必然成為趨勢與風潮。[77]

又由 2012 年 11 月所召開的中共第十八屆黨代表大會所選出之中共中央委員之統計發現：扣除 41 位資料不完整或正規學歷較不足的軍幹，其餘 164 位中，具備博士學位或修完博士課程者計有 36 名（占 21.95%）、碩士學位 57 名（占 34.76%）、研究生

---

76 〈習近平出席全國組織工作會議並發表重要講話〉（2013 年 6 月 29 日），2013 年 7 月 15 日下載，《共產黨員網》，http://news.12371.cn/2013/06/29/ARTI1372512788465510.shtml。

77 郭瑞華，〈中共十六大之人事布局分析〉，《展望與探索》（新北），第 1 卷第 1 期（2003 年 1 月），頁 16。

CHAPTER 3　中共對威權維護作為　111

學歷 39 名（占 23.78%）、大學學歷 28 名（占 17.07%）、大專（含）以下學歷 4 名（占 2.44%），其中擁有研究所學歷者都已逾 8 成，另候補中委具博士學位者至少 44 位、占比 25.73%，凸顯高學歷趨勢；[78]至 2014 年 1 月 15 日中共又頒布《黨政領導幹部選拔任用工作條例》（與 2002 年所頒布條例名稱相同，並同時廢止 2002 年頒布的同名條例），其中第八條第四款規定：「一般應當具有大學專科以上文化程度，其中廳局級以上領導幹部一般應當具有大學本科以上文化程度」，[79]保存高學歷任用條件規定，致使進入中共菁英階層，具有高學歷已成為必備條件，也凸顯中共提升執政能力的趨向。

對於黨能力的提升，顯然並無外力的約束，而偏重在黨的自我砥礪，但其提升黨能力的需求也溢於言表，更是當前黨追求統治能力的保證。

（二）宣傳教育工作

依西方馬克斯主義者葛蘭西（Antonio Gramsci）所主張的文化霸權（culture hegemony）、運動戰（the war of maneuver）、陣地戰（the war of position）等觀點，[80]在民眾接受資本主義不應當存在的認知後，可有助於推翻資本主義體制的存在，同理，這些觀點的運用，亦可以轉變民眾的認知，作為打擊反對威權體制的

---

[78] 吳仁傑，〈中共 18 屆中央委員會選拔與結構分析〉，《展望與探索》（新北），第 10 卷 12 期（2013 年 12 月），頁 49。

[79] 〈黨政領導幹部選拔任用工作條例〉，（2014 年 1 月 16 日），2014 年 6 月 23 日下載，《人民網》，http://politics.people.com.cn/n/2014/0116/c1001-24131759.html。

[80] 詹・約爾著，黃丘隆譯，《葛蘭西「西方馬克斯主義」的鼻祖》（臺北：結構群，1989 年），頁 96、100。

112　中共威權政治的強國體制

力量，故對於文化霸權的爭奪，中共威權體制國家機器絕無放手的可能。

　　若對軟性的鎮壓能力已然定調，除提升黨的執政能力外，對一般民眾實際作法又可概略分為對一般人民的教化工作，與對學校學生的教育工作，而前者其實就是宣傳與掌控輿論，後者是對學校教育內容的掌控，此檢視兩大領域，又呈現如下景象：

1、教化工作

　　部分研究者認為，媒體是後共產主義社會變遷發展的先鋒和主要動力。[81]第貳章亦曾提及嚴家祺認為中共可維持威權統治的四個環節中，包含有「中國共產黨對新聞與傳播媒介的控制」。媒體所代表的當然是輿論的形塑。

　　姑且不論當前社會主義中國是否貧富差距擴大、太子黨橫行，被統治的人民是否覺得其遭受不平等待遇，必須推翻造成現有不平等待遇的威權體制，才是造成中國大陸反威權的動力。中共威權體制不論如何作為，只要大陸多數民眾認為其合理、合法甚至有利可圖，就足以讓威權體制度長存，而人民認為其威權統治合理、合法甚至有利可圖當然與被統治者所處客觀環境與本身內在的主觀認定有關，而人民「認為」當前大陸的政體是否具有統治合法性，則以民意反應最為具體。

　　民意反映卻又以人民對於政體運作的總體效能反映為依歸，對於政體運作的反應卻又不脫輿論，而輿論直接與媒體的報導有關，故控制媒體就可控制輿論。依據 2003 年喬治亞共和國所發生的玫瑰革命經驗，媒體是該革命成功重要關鍵因素之一，

---

[81] 李英明，《文化意識型態的危機》（臺北：時報出版，1992），頁 56。

若媒體能發揮創造輿論、引導輿論並結合反對勢力的作用，則可使革命作為事半功倍。[82]在媒體與政權屬性相互結合的脈絡下，有研究顯示，認為大陸在 1989 年天安門事件後，中共執政合法性問題遭受巨大挑戰，為吸納社會的分歧意見，中共甚至放鬆對媒體的部分管制，並鼓勵媒體商業化，讓媒體從業者的收入除政府的津貼外，一部分必須取決於媒體的營收，致使媒體逐漸迎合市場需求，但中共卻始終不放棄對媒體意識形態必須堅守的底線，若媒體跨越中共設定的「紅線」，則開始對媒體管制緊縮，媒體為求生存，只能在市場與意識形態間尋求妥協，以「擦邊球」姿態在市場與意識形態管制間遊走，[83]甚或有部分學者研究認為，大陸媒體在中共宣傳部規定下，只能報導 20%的壞消息，80%必須是好消息。[84]其過程凸顯中共對於媒體管制，在意識形態面絕不放鬆的基本態勢，對中共而言則是多一分操控輿論與操控民意力量，使民意更加接受中共持續威權統治。故部分研究直指，目前大陸民眾普遍仍支持共產黨的統治模式，而其支持態度的表現，無法排除宣傳的塑造因素。[85]

可見未來，大陸對於新聞自由的逐漸緊縮箝制，在體制面上亦有跡可尋，如：根據「十二屆人大會議」上宣布的國務院機構改革方案，新聞出版總署與廣電總局將整合成為「新聞出版廣播

82 Cory Welt, "George's Rose Revolution: From Regime Weakness to Regime Collapse," in Valerie Bunce, Michael Mcfaul and Kathryn Stoner-Weiss, eds., *Democracy and Authoritarianism in the Postcommunist World* (New York: Cambridge University Press, 2010), pp. 173-175.

83 Larus, *Politics and Society in Contemporary China*, pp. 222-223.

84 Larus, *Politics and Society in Contemporary China*, p. 236.

85 Baogang Guo, "China's Peaceful Development, Regime Stability and Political Legitimacy," in Sujian Guo, ed., *China's "Peaceful Rise" in the 21st Century* (Burlington: Ashgate, 2006), p. 54.

電影電視總局」。意味著大陸最主要的傳統媒體平臺包括報刊雜誌、書籍出版、廣播、電視和電影的監管將首次集中在單一監管機構上。另一方面，近年來大陸新媒體發展迅速，網絡媒體及移動媒體的產業規模和社會影響力與日俱增，而這些新興媒體的監管目前分別由工信部和國務院信息辦公室掌握。而此次的機構改革，也只整合傳統媒體監管架構，並未將新媒體監管納入。因此，此次改革只是一個過渡階段，日後必隨大陸目前正在進行的文化體制改革，走向「大文化部」的體制，使新聞出版廣播電影電視總局最終與文化部合併。[86]讓中共對於新聞傳媒的管制更加專一。

---

[86] 〈中國傳統媒體監管走向一體化〉（2013 年 3 月 10 日），2013 年 3 月 11 日下載，《BBC 中文網》，http://www.bbc.co.uk/zhongwen/trad/china/2013/03/130310_china_media_reform.shtml。廣電總局的全稱是「國家廣播電影電視總局」，其前身是 1949 年 6 月成立的中國廣播事業管理處，當時隸屬於中共中央宣傳部，首任處長是廖承志。後又改名為廣播事業局，成為國務院的前身政務院的下屬部門，但宣傳職能則仍歸中宣部領導。1982 年 5 月 4 日，廣播事業局改為廣播電視部。1986 年 1 月 20 日廣播電視部與文化部電影局又合併為廣播電影電視部，直到 1998 年 3 月，廣播電影電視部再改為國家廣播電影電視總局。新聞出版總署的前身是成立於 1949 年 2 月的中共中央宣傳部出版委員會。1949 年 11 月成立出版總署，但 5 年之後又在機構重整中遭撤消。1985 年，國務院決定將文化部原出版局改建為國家出版局，並同時掛國家版權局的牌子，成為一個機構兩塊牌子，由邊春光出任首任國家出版局局長並兼任國家版權局局長。1987 年 1 月，國家出版局又被撤消，並由新聞出版署取代，成為國務院直屬機構，並且保留國家版權局，繼續保持一個機構兩塊牌子的形式。2001 年，新聞出版署改名為更名為新聞出版總署，並升格為正部級機構，仍與國家版權局一個機構兩塊牌子。廣電總局和新聞出版總署雖然在行政職能上隸屬國務院，但在實際運作上更聽從於中共中央宣傳部的領導，而且一直被廣泛認為是中共控制媒體的重要工具。此外，除了不斷向大陸境內各級新聞媒體機構發出行政指令，掌控大陸境內輿論動向和進行言論審查外，這兩個機構也擔負著嚴控外來媒體進入大陸的渠道。例如，所有外來廣電媒體要進入大陸落地或與大陸媒體進行內容合作，事先都要經過廣電總局的審批通過，而境外雜誌在大陸境內的

在實際執行面上，對輿論的控制亦毫不放鬆，如，2014 年 1 月 21 日，美國獨立新聞組織「國際調查記者同盟」（ICIJ）與跨國媒體合作，號稱經過兩年調查，揭露大陸、香港等地的高官、富豪利用設於加勒比海英屬維京群島、薩摩亞等地的境外公司避稅或轉移鉅額財富，涉案人包括習近平姊夫鄧家貴、前任國家主席胡錦濤堂姪胡翼時、已故中共元老鄧小平，以及前國務院總理溫家寶之子溫雲松、女婿劉春航、前國務院總理李鵬之女李小琳，鄧小平女婿吳建常、前中國人民銀行行長戴相龍的女婿車峰，中共元老王震之子王之、王軍、孫女王京京，前全國人大常委會委員長葉劍英侄子葉選基等，另有至少 15 名大陸富豪，如騰訊集團創辦人馬化騰、女首富楊惠妍等，在英屬維京群島（BVI）和庫克群島等離岸金融中心開設境外公司藏錢海外；發生多起貪腐醜聞的中石油、中石化和中海油等大陸三大石油國營企業，也和這些數十家境外公司有關。據估計，2000 年以來大陸與前述案件相關的境外資金轉移達 1 兆到 4 兆美元（約新臺幣三十兆至一百二十一兆元）之譜，[87]隨後《紐約時報》跟進報導，[88]但數天後，在 2014 年春節前夕的 1 月 30 日，北京的《紐約時報》駐大陸記者王霜舟（Austin Ramzy），就遭北京當局以不符居留簽證規定為由，被迫離開大陸轉往臺北滯留；在王霜舟被逐出前，美國副總統拜登於 2013 年 12 月訪問大陸時，還特別表達關切美國

出版發行，也需要得到新聞出版總署的首肯才能成事。
[87] 管淑平，〈中國高官　海外藏鉅款〉（2014 年 1 月 23 日），2014 年 1 月 23 日下載，《自由電子報》，http://www.libertytimes.com.tw/2014/new/jan/23/today-t1.htm?Slots=Live。
[88] 〈中國權貴離案公司隱藏鉅額財富〉（2014 年 1 月 23 日），2014 年 6 月 27 日下載，《紐約時報中文網》，http://cn.nytimes.com/china/20140123/c23offshore/。

新聞媒體記者面臨被大陸逐出境的威脅，但大陸當局沒有理會拜登的關切。對於王霜舟被迫離開大陸的原因，依據《紐約時報》北京分社代理主任黃安偉（Edward Wong）的說法是：「中國意圖透過拒發簽證給記者和關閉全球網站來影響新聞報導」。[89]雖然大陸當局澄清驅逐王霜舟，是因其工作轉換未依規定申報所致；但外界卻認為，《紐約時報》和其他媒體報導中共高層家族持有大量資產，導致王霜舟無法獲發簽證。[90]連相對較自由的香港，也自 2013 年 11 月開始，以抽廣告等方式壓迫香港免費報紙《am73》不准批評中共。[91]2014 年 2 月 26 日，遭撤換的香港《明報》前總編輯劉進圖遭當街刺殺生命垂危；外界認為劉進圖是因堅守香港言論自由，大篇幅報導香港電視拿不到執照問題，引發北京不悅而遭撤換，在遭刺殺後也引發香港輿論界對於媒體不自由的疑慮。[92]由這些事件，就可推論大陸內地更加不自由的輿論環境。因不自由，故無法產生不利於中共威權統治的輿論。

---

[89] 編譯中心，〈王霜舟迫離北京　首位駐台紐時記者〉（2014 年 1 月 30 日），2014 年 2 月 1 日下載，《世界新聞網》，http://www.worldjournal.com/view/full_van/24486842/article-%E7%8E%8B%E9%9C%9C%E8%88%9F%E8%BF%AB%E9%9B%A2%E5%8C%97%E4%BA%AC-%E9%A6%96%E4%BD%8D%E9%A7%90%E5%8F%B0%E7%B4%90%E6%99%82%E8%A8%98%E8%80%85?instance=bc_bull_left1。

[90] 廖漢原，〈王霜舟未獲陸簽　白宮聲明失望〉（2014 年 1 月 31 日），2014 年 2 月 1 日下載，《中央通訊社》，http://www.cna.com.tw/news/aopl/201401310007-1.aspx。

[91] 〈施永青：中資抽《am730》廣告　稱料京收緊輿論　將成被「整頓」傳媒〉（2014 年 1 月 15 日），2014 年 1 月 16 日下載，《明鏡新聞》，http://www.mirrorbooks.com/MIB/news/news.aspx?ID=N000015947。

[92] 李春，〈國際關注　港媒「反滅聲」〉，聯合報，2014 年 2 月 27 日，第 A2 版；林克倫，〈劉進圖　總編輯職　上月才遭撤〉，聯合報，2014 年 2 月 27 日，第 A2 版。

中共不僅對內控制宣傳，也對外界進行說服，如對於外界所關注，直接與威權政體作為相關的人權狀況，則於 2013 年 5 月 14 日，由國務院新聞辦公室透過媒體宣傳稱：

　　「進入二十一世紀以來，中國共產黨和中國政府帶領全國人民在建設中國特色社會主義的偉大征程上，不斷將中國人權事業的發展向前推進」。自稱大陸在下列幾方面進行人權建設：（一）經濟建設中的人權保障；（二）政治建設中的人權保障；（三）文化建設中的人權保障；（四）社會建設中的人權保障；（五）生態文明建設中的人權保障；（六）人權領域的對外交流與合作。而其中對於「政治建設中的人權保障」重點包括：「中國特色社會主義政治發展道路，是公民權利和政治權利在中國得到實現的根本保障。近年來，中國堅持積極穩妥推進政治體制改革，擴大社會主義民主，加快建設社會主義法治國家，發展社會主義政治文明」、「建立中國特色社會主義法律體系，依法保障人權，是中國人權事業發展的重要基礎」、「集中體現中國共產黨和中國人民意志，以憲法為統帥，以憲法相關法、民法商法、行政法、經濟法、社會法、刑法、訴訟與非訴訟程序法等多個法律部門的法律為主幹，包括行政法規、地方性法規等多個層次的法律法規構成的中國特色社會主義法律體系已經形成」。[93]其目的明顯在為其內部威權統治對人權危害的辯護，也藉此防堵外國勢力煽動境內反對勢力興起。

　　不僅對傳統媒體的掌握不見放鬆，對網路、微博……等新興媒體的掌握亦復如此。

---

[93]　〈2012 年中國人權事業的進展〉（2013 年 5 月 14 日），2013 年 6 月 14 日下載，《新華新聞》，http://news.xinhuanet.com/politics/2013-05/14/c_115758619.htm。

面對威權體制的抗爭工作，並不僅限於有形的、表面化的尖銳相互鬥爭形態，更有潛在的對抗能力，而潛在的對抗能力更存在於謠言、耳語、笑話、歌謠、社會禮俗等等形式之中，[94]而這些足以構成對抗威權體制的能力，顯然若能配合輿論將更可以傳播，因此中共威權政體對於與輿論息息相關的媒體自然進行強有力的控制，才足以維持其威權體制的長存。這種掌握就是中共對一般民眾的教化工作掌握。

　　在習近平接任大陸領導人後，對於大陸新聞自由的箝制卻也被經常提出，如，國際人權組織「自由之家」在發表的 2013 年度世界新聞自由報告中，把大陸列為「完全不自由國家」連網路亦是「完全不自由國家」；[95]至 2014 年「自由之家」的調查資料顯示，這種新聞自由與網路自由的狀況仍是「完全不自由國家」未見改善。[96]

　　在胡溫體制下的 2005 年，無國界記者組織，曾宣稱大陸為「世界最大記者監獄」（the world's largest prison for journalists）；[97] 8 年後的 2013 年 1 月，無國界記者組織公布世界新聞自由排行榜，在 179 個國家中，中國大陸排名 173 位。在亞洲國家中，排位僅高於北韓（位居倒數第二）。而無國界記者組織 2013 年 5 月 3 日世界新聞自由日之際，公布新聞自由「公敵名單」，有 39

---

[94] Holger Albrecht, "Introduction: Contentious Political, Political Opposition, and Authoritarianism," in Holger Albrecht, ed., *Contentious Politics in the Middle East* (Florida: The University Press of Florida, 2010), p. 3.

[95] "China" (2013), last visited 2014/5/14, *Freedom House*, http://freedomhouse. org/country/china。

[96] "China" (2014), last visited 2014/5/14, *Freedom House*, http://freedomhouse. org/country/china。

[97] C. Fred Bergsten, Bates Gill, Nicolas R. Lardy, Derek Mitchell, *China: The Balance Sheet* (New York: PublicAffairs, 2006), p. 64.

人和組織被列入其中，包含朝鮮領導人金正恩、越南共產黨總書記阮富仲、津巴布韋總統穆加貝、伊朗總統艾哈邁迪－內賈德、俄羅斯總統普丁等人。習近平則取代胡錦濤，與敘利亞聖戰組織努斯拉陣線（Jabhat Al-Nosra）、埃及穆斯林兄弟成員和支持者、巴基斯坦武裝組織俾路支（Baloch）及馬爾代夫的宗教極端分子成為新進入名單的 5 名個人和組織之一。「無國界記者」在聲明中說，習近平接替胡錦濤後，大陸（對言論自由）的打壓並沒有因為國家主席的改變而有所變化。[98]

　　雖然無國界記者接受美國國家民主基金會的資助，也接受法國政府等其他政府的撥款，使該組織的一些項目計劃帶有政治關聯，因此有人質疑該組織的中立性及政治目的，[99]但若以帶領全球自由、民主、法治發展的角度觀察該組織，則該組織卻又負起傳播民主、自由、法治的功能，因此，對於該組織指大陸新聞自由遭打壓，自由程度不足，顯然也有其依據，故不能否決其對中國大陸不民主、不自由的評斷結果。

　　2013 年 8 月 19 習近平在北京召開的「全國宣傳思想工作會議」上致詞強調：

（1）　經濟建設是黨的中心工作，意識形態工作是黨的一項極端重要的工作。……。只要國內外大勢沒有發生根本變化，堅持以經濟建設為中心就不能也不應該改變。這是堅持黨的基本路線 100 年不動搖的根本要求，也是解決當代中國一切問題的根本要求。

98　〈無國界記者將習近平列入新聞自由公敵榜〉（2013 年 5 月 3 日），2013
　　年 5 月 11 日下載，《BBC 中文網》，http://www.bbc.co.uk/zhongwen/trad/
　　china/2013/05/130503_press_freedom_rsf.shtml。
99　〈無國界記者將習近平列入新聞自由公敵榜〉。

（2） 宣傳思想工作就是要鞏固馬克思主義在意識形態領域的指導地位，鞏固全黨全國人民團結奮鬥的共同思想基礎。黨員、幹部要堅定馬克思主義、共產主義信仰，腳踏實地為實現黨在現階段的基本綱領而不懈努力，扎扎實實做好每一項工作，取得「接力賽」中我們這一棒的優異成績。領導幹部特別是高級幹部要把系統掌握馬克思主義基本理論作為看家本領，老老實實、原原本本學習馬克思列寧主義、毛澤東思想特別是鄧小平理論、「三個代表」重要思想、科學發展觀。黨校、幹部學院、社會科學院、高校、理論學習中心組等都要把馬克思主義作為必修課，成為馬克思主義學習、研究、宣傳的重要陣地。

（3） 要深入開展中國特色社會主義宣傳教育，把全國各族人民團結和凝聚在中國特色社會主義偉大旗幟之下。要加強社會主義核心價值體系建設，積極培育和踐行社會主義核心價值觀。

（4） 堅持黨性，核心就是堅持正確政治方向，站穩政治立場，堅定宣傳黨的理論和路線方針政策，堅定宣傳中央重大工作部署，堅定宣傳中央關於形勢的重大分析判斷，堅決同黨中央保持高度一致，堅決維護中央權威。[100]

進一步言，西方式的新聞自由觀點，與中共官方的新聞觀點完全不同，中共中央主辦機關刊物《求是》雜誌社社長李寶善，於 2013 年 8 月 16 日出刊之《求是》雜誌發表〈自覺堅持馬克思主義新聞觀〉一文就提出具體的反對意見，認為：「新聞觀是關

---

[100] 〈習近平：意識形態工作是黨的一項極端重要的工作〉（2013 年 8 月 20 日），2013 年 8 月 22 日下載，《新華網》，http://news.xinhuanet.com/politics/2013-08/20/c_117021464_3.htm。

於新聞現象、新聞活動的總體看法和根本觀點。我們黨主張用馬克思主義新聞觀指導新聞工作實踐，這在當前有很強的現實針對性」，該文其他重要內容包括：

（1） 新聞具有雙重屬性：一是新聞傳播屬性，二是意識形態屬性。前者是一般屬性，後者是特殊屬性。西方新聞觀刻意強調新聞的一般屬性，竭力掩蓋新聞的意識形態屬性。馬克思主義新聞觀則從來不隱瞞自己的政治立場和傾向，強調新聞的黨性。

（2） 西方批評中國的新聞體制，很重要的一點就是批評中國沒有獨立媒體。「獨立媒體」反映的正是西方資本主義新聞體制的要害。……「獨立媒體」可以獨立於政府、獨立於政黨，卻不可能獨立於資本。……私人辦媒體，只能是資本壟斷、金錢壟斷。社會主義國家不會允許新聞媒體私有化，這是與資本主義新聞體制的根本區別。……中國共產黨是一個代表最廣大人民利益的黨，為人民服務、對人民負責，是我們黨至高無上的理念。……所以，黨管媒體更有利於媒體維護國家和人民利益。

（3） 新聞自由度問題……現階段的中國，承受不了輿論失控的後果。……各級政府機關的管理水準和幹部隊伍的整體素質還不高，很難適應輿論過度開放帶來的挑戰，輿論的過度批評會損害政府威信、妨害政府施政；境內外敵對勢力搞亂中國、西化分化中國的圖謀始終沒有改變。在這樣的情況下，如果放任輿論環境過度開放，將不可避免地帶來嚴重後果。……，隨著國家的發展進步，隨著各方面制度的逐步完善、成熟和定型，中國新聞媒體的自由度將不斷擴大。事實上，這個進程一直在發展。

（4） 新聞報導方針問題

我們黨要求新聞媒體堅持正面宣傳為主的方針，有些人對此不以為然，甚至有抵觸情緒。……為什麼我們的媒體要以正面宣傳為主？那是因為，積極、正面的事物是我們社會的主流，消極、負面的東西是支流，堅持正面宣傳為主才能真實反映我們這個社會的本質和全貌。這就是我們的新聞觀，是一種實事求是的新聞觀。……這是馬克思主義新聞觀在新聞真實性問題上的基本觀點、基本要求。[101]

諸多大陸學者亦為大陸現有媒體不若西方自由的狀況辯護，如：

中國外國語大學新聞與傳播系主任展江認為，自從改革開放以來，大陸媒體還是獲得了報導經濟、文化、社會、科技和一些政治問題的空間，雖有突破，但也還有很多問題，對於大陸新聞自由問題，認為：「不能僅用西方的傳統的『自由還是控制』的簡單分析」、「中國的新聞管制體系是複雜的。中國的權力不像西方人想像那樣掌握在一個領導人手中，他就可以決定各方面的政策」，所以，展江明確表示反對把習近平列為壓制新聞自由國家領導人。展江認為，主要的問題在兩個方面，一是改革開放三十多年來法制雖有很多進步，但這種進步還沒有體現在媒體方面。另外，不同的官員對於媒體有不同的態度，特別是地方官員對媒體控制過於嚴格。展江認為，大陸的問題的確很多，但現在包括微博在內的網絡媒體發揮很大作用，實際上存在著比過去越來越大的言論自由，傳統媒體雖然受到控制，但也在包括揭露腐

---

[101] 李寶善，〈自覺堅持馬克思主義新聞觀〉（2013 年 8 月 16 日），2013 年 8 月 19 日下載，《求是理論網》，http://www.qstheory.cn/zxdk/2013/201316/201308/t20130813_259118.htm。

敗和社會事件方面發揮了更大的作用。中國人民大學新聞研究所所長喻國明則認為：「中國的新聞自由、言論表達自由實際上在不斷的發展和提高過程中，這個過程有曲折和徘徊，但總趨勢是在提高。原因來自體制上的、市場上的和技術上」、「評價中國新聞自由不應該和評價西方新聞自由使用同一個標準」，因為西方社會和大陸社會面臨的問題完全不同，判斷大陸的新聞自由，需要考慮大陸的實際狀況，特別是有關的自由是否有利於大陸社會的穩定和發展。喻國明更認為，微博、社交媒體和傳統媒體都比過去更加開放，對於言論自由表達的限制總趨勢越來越少，並強調，中國人和西方人追求民主自由的願望和普世價值沒有不同，但可能改變的速度、方式等卻有不同，如果過激的變革造成的衝擊中國社會無法接受、導致動盪，對中國和西方都不利。[102]

雖然外界對於中共對於媒體輿論的箝制多所指控，但依中共官方與學界對大陸媒體不自由的批評，均引經據典加以批駁來看，中共加緊輿論的掌握，不僅在實做上絕不放鬆，且在理論層面上亦取得足以說服其內部的有利基礎。中共對於媒體或輿論的掌控，並利用媒體對內進行教化工作，顯然不會輕易放棄。

2、教育工作

學校教育對象主要針對在校學生。依據《中華人民共和國教育法》第三條規定：「國家堅持以馬克思列寧主義、毛澤東思想和建設有中國特色社會主義理論為指導，遵循憲法確定的基本原

---

[102] 〈十八大後新聞自由「不能簡單化分析」〉（2013 年 5 月 3 日），2013年 5 月 11 日下載，《BBC 中文網》，http://www.bbc.co.uk/zhongwen/trad/china/2013/05/130503_china_pressfreedom_scholars.shtml。

則，發展社會主義的教育事業」；[103]《中華人民共和國義務教育法》第三條規定：「義務教育必須貫徹國家的教育方針，實施素質教育，提高教育品質，使適齡兒童、少年在品德、智力、體質等方面全面發展，為培養有理想、有道德、有文化、有紀律的社會主義建設者和接班人奠定基礎」；[104]《中華人民共和國高等教育法》第三條規定：「國家堅持以馬克思列寧主義、毛澤東思想、鄧小平理論為指導，遵循憲法確定的基本原則，發展社會主義的高等教育事業」。[105]《中華人民共和國民辦教育促進法》第三條規定：「民辦教育事業屬於公益性事業，是社會主義教育事業的組成部分……」。[106]相關法令將大陸公辦與民辦教育全部納入管理，明顯的所有教育體系，都將保衛現有社會主義制度及當前共產黨理論思想為教育的宗旨，其所有教育作為當然必須以此為圭臬。尤其《中華人民共和國義務教育法》更在總則中，明文規定教育最重要目地是為「社會主義建設者和接班人奠定基礎」，使其教育宗旨為社會主義及現有制度服務的總目標極其明顯。

---

[103] 〈中華人民共和國教育法〉，2014 年 6 月 30 日下載，《新華網》，http://big5.xinhuanet.com/gate/big5/news.xinhuanet.com/ziliao/2005-03/16/content_2704067.htm。

[104] 〈中華人民共和國義務教育法〉（2005 年 5 月 25 日），2014 年 6 月 30 日下載，《中華人民共和國中央政府》，http://big5.gov.cn/gate/big5/www.gov.cn/banshi/2005-05/25/content_920.htm。

[105] 〈中華人民共和國高等教育法〉，（2005 年 5 月 25 日），2014 年 6 月 30 日下載，《中華人民共和國中央人民政府》，http://big5.gov.cn/gate/big5/www.gov.cn/banshi/2005-05/25/content_927.htm。

[106] 〈中華人民共和國民辦教育促進法〉（2013 年 12 月 6 日），2014 年 7 月 1 日下載，《法制網》，http://www.legalinfo.gov.cn/zhuanti/content/2013-12/06/content_5081578.htm?node=56749。（2002 年 12 月 28 日第九屆全國人民代表大會常務委員會第三十一次會議通過　根據 2013 年 6 月 29 日第十二屆全國人民代表大會常務委員會第三次會議《關於修改〈中華人民共和國文物保護法〉等十二部法律的決定》修正）。

除依前述法令執行學校教育外，在習近平出任黨、國領導人後，對學校教育政策，提出較突出作法包括：

（1）　在習近平於 2013 年接任國家領導人不久，大陸就傳聞中共中央辦公廳印發了《關於當前意識形態領域情況的通報》的通知（「中辦發「2013」9 號」）新一波對學生思想教育的箝制作為，其中有「七不講」的推動，即中共對各大學推出「七個不要講」，要求教師不要與學生討論「普世價值、新聞自由、公民社會、公民權利、黨的歷史錯誤、權貴資產階級、司法獨立」話題。[107]論者甚至認為，「七不講」其實是「兩個凡是」的發展。[108]也就是維持中共既有統治秩序絕不改變的政策保證。但亦有許多輿論認為，

---

[107] 程嘉文，〈中共封口令　大學上課「七不講」〉，聯合報，2013 年 5 月 12 日，第 A13 版。香港明報報導，署名「新常識二〇一六」的網友在微博披露：「各高校（大學）已向每位教師傳達了『七個不要講』的精神。發文者並宣稱，願意與官方對質，還批評：「如此直接地干預教師的教學自由，如此明確具體地限制教師的教學內容，近年來尚屬首次。但是，連新聞自由、公民權利都不能談，這還是大學嗎？」不久之後，「新常識二〇一六」帳號就遭封鎖，留言也全數被刪除。中國勞動關係學院教授王江松也在微博證實，該校也傳達了中央的七點指示精神。教育界知情人士表示，曾聽到校內領導口頭傳達，北京政治評論員章立凡也表示聽過該禁令，並批評這種思想控制手段太陳舊落後。

[108] 中國國民黨中央政策會編印，〈中共加強意識形態管制措施的意涵〉，頁 11-13。1977 年 2 月 7 日，在前中共中央副主席、主管宣傳系統的汪東興主導下，兩報一刊（《人民日報》、《解放軍報》、《紅旗》雜誌）發表社論〈學好文件抓住綱〉提出「兩個凡是」：「凡是毛主席做出的決策，我們都堅決維護；凡是毛主席的指示，我們都始終不渝地遵循」。習近平於 2013 年 1 月 5 日對中共中央委員的講話，提出「兩個不能否定」「不能用改革開放後的歷史時期否定改革開放前的歷史時期，也不能用改革開放前的歷史時期否定改革開放的歷史時期」。從此一角度來看，習近平顯然正為中國大陸未來的發展道路，提出各方可接受的闡述和解決途徑，這是提出「7 不講」的重要原因。

中共不可能如此箝制大學生的教育，也不可能下達如此愚蠢的政令，因此，「七不講」顯然是謠言，並呼籲中共當局嚴查。[109]但至今未見中共嚴查，但卻見大陸諸多學術界工作者認為確有其事，但因為通知下發層級高，一般學術工作者不易接觸，但從各級領導幹的要求中，證明「七不講」確實存在。[110]

（2）在高等教育體系積極進行黨的掌握工作，其中以至 2103 年 5 月 28 日，中共突然透過各官方媒體宣布，並由中組部、中宣部、教育部黨組聯合頒布《關於加強和改進高校青年教師思想政治工作的若干意見》，下發各省、自治區、直轄市黨委組織部、宣傳部、教育工作部門、教育廳（教委），新疆生產建設兵團黨委組織部、宣傳部、教育局，有關部門（單位）教育司（局），教育部直屬各高等學校黨委最具代表性。該《意見》總計包含 16 條條文，重在加強和改進高校青年教師思想政治工作，重點包括：

甲、高度重視青年教師思想政治工作

青年教師是高校教師隊伍的重要組成部分，是推動高等教育事業科學發展、辦好人民滿意高等教育的重要力量。青年教師與學生年齡接近，與學生接觸較多，對學生的思想行為影響更直接，他們的思想政治素質和道德情操對學生的健康成長具有重要

---

[109] 〈網民對「七不講」存疑並憂慮「文革再來」〉（2013 年 5 月 11 日），2013 年 5 月 11 日下載，《BBS 中文網》，http://www.bbc.co.uk/zhongwen/trad/china/2013/05/130511_china_weibo_orders.shtml。

[110] 2013 年下半年，筆者與諸多大陸學者及臺灣的大陸問題專家接觸中，都持「雖未親見相關文件，但確實存在」的說法。

的示範引導作用。加強和改進高校青年教師思想政治工作，對於全面貫徹黨的教育方針、確保高校堅持社會主義辦學方向、培養德智體美全面發展的社會主義建設者和接班人，具有重大而深遠的意義。

乙、切實加強青年教師思想教育引導

A、強化政治理論學習。深入開展馬克思列寧主義、毛澤東思想、中國特色社會主義理論體系教育，深入學習實踐科學發展觀。

B、開展形勢政策教育。結合國際國內形勢發展變化、黨和國家重大政策措施的出臺，宣傳我國各項事業的新進展新成就，分析經濟社會發展面臨的機遇和挑戰，講解中央和上級黨委的決策部署，幫助青年教師準確瞭解國情、正確把握形勢。

C、豐富政治理論學習方式。充分運用高校學科和人才優勢，發揮馬克思主義理論研究和建設工程的作用，健全青年教師政治理論學習制度，……。建立青年教師思想狀況定期調查分析制度，準確把握青年教師思想動態和學習需求，不斷提高政治理論學習效果。

丙、推進青年教師師德師風建設

D、強化青年教師職業理想和職業道德教育。……杜絕有損國家利益和不利於學生健康成長的言行。

E、完善青年教師師德考核機制。……實行師德「一票否決制」。完善師德評價內容和方法，健全學術不端行為預防查處機制，探索構建學校、教師、學生、社會參與的師德監督體系。

丁、加大青年教師黨員隊伍建設力度

F、做好青年教師黨員教育管理和服務工作。以增強黨性、提高素質為目標，制訂青年教師黨員培訓規劃，發揮黨校主渠道作用，構建多層次、多渠道的黨員教育培訓體系，每年面向青年教師黨員開展的黨員集中教育應不少於 24 小時。

G、提高青年教師發展黨員質量。

H、發揮教師黨支部在青年教師思想政治工作中的作用。

戊、拓寬青年教師思想政治工作途徑

I、開展青年教師社會實踐活動。……積極選派青年教師掛職鍛煉，鼓勵青年教師參與產學研結合項目，深入基層參加生產勞動，開展調查研究、學習考察、志願服務，進一步了解國情、社情、民情，正確認識國家前途命運，正確認識自身社會責任。

J、組織青年教師參與學生思想政治教育工作。

K、創新青年教師網絡思想政治工作。

己、著力解決青年教師實際問題

L、……。

M、……。

N、……。

庚、強化青年教師思想政治工作的組織領導

O、構建齊抓共管工作機制。各地黨委組織、宣傳和教育工作部門要加強對青年教師思想政治工作的統籌協調和檢查督促。建立健全高校黨委統一領導，黨政齊抓共管的工作格局，構

建黨委宣傳部門牽頭，組織、人事、教務、工會等部門協同配合，院（系）級單位黨組織具體實施，廣大幹部師生共同參與的領導體制和工作機制，努力形成青年教師思想政治工作合力。高校黨委要定期聽取青年教師思想政治工作情況匯報，研究和落實相關政策及工作要求，創造性地做好青年教師思想政治工作。

P、落實工作基礎保障。切實保障青年教師思想政治工作經費投入，根據工作需要配備青年教師思想政治工作專兼職工作人員，充分發揮學科帶頭人及離退休老同志作用。加強全局性、前瞻性問題研究，把握青年教師思想政治工作規律，為做好工作提供理論支持和決策依據。定期開展青年教師思想政治工作督促檢查，形成長效機制，全面提高高校青年教師思想政治工作科學化水平。[111]

中共加強掌握高等教育教師政治思想，再透過教師影響學生的態度極為明確。至於教育體系中相對特別的各級黨校，不僅具有傳統訓練忠於共產黨人才的作為，但為加強黨的力量，各級黨校的訓練內涵明顯轉變；在黨國體制的限制下，政府與黨的劃分不易，甚至兩者對社會的控制力量是一而二，二而一根本就無法劃分，連訓練黨幹部的各級黨校的定位都難以劃分清楚。其中中央黨校雖然被中共定位為「黨中央直屬事業單位」，[112]中共「中央黨校」其自我定位則係：「輪訓培訓黨的高中級領導幹部和馬克思主義理論幹部的最高學府，是黨中央直屬的重要部門，是學習、研究、宣傳馬列主義、毛澤東思想和中國特色社會主義理論體系

---

[111] 〈加強和改進高校青年教師思想政治工作 16 條意見出台〉（2013 年 5 月 28 日），2013 年 5 月 28 日下載，《中國共產黨新聞網》，http://cpc.people. com.cn/BIG5/n/2013/0528/c164113-21645326.html。

[112] 〈中共中央直屬機關〉，2013 年 8 月 1 日下載，《中國共產黨新聞網》，http://cpc.people.com.cn/GB/64114/。

的重要陣地和幹部加強黨性鍛煉的熔爐，是黨的哲學社會科學研究機構」。[113]但學者卻認為黨校在大陸是被視為行政機關的一部分，而不僅僅是「學校」或「事業單位」，[114]比單純的「學校」更負有維護共產黨威權統治的任務。雖因為時空環境的改變，中共各級黨校逐步由意識形態的訓練，轉換成公共管理或商業行政的管理技巧訓練以吸引更多的學生，更以公共管理或公共行政作為包裝，以迴避政治敏感並因應市場力量，更可能因此協助市民社會或民主的發展，[115]但在堅持共產黨為唯一統治政黨的脈絡中，其真正目的仍然在配合共產黨於現代化難以避免情況下對國家進行積極有效管理。由前述《關於加強和改進高校青年教師思想政治工作的若干意見》第 F、「……以增強黨性、提高素質為目標，制訂青年教師黨員培訓規劃，發揮黨校主渠道作用，構建多層次、多渠道的黨員教育培訓體系，每年面向青年教師黨員開展的黨員集中教育應不少於 24 小時」之規定，更可明確各級黨校在負責對教育領域進行思想塑造之不可取代功能，凸顯共產黨對於整個國家社會控制的企圖心與有計劃的培養控制人才作為。

這些作為僅是中共當前諸多相類似作為之一小部分，但依其各類作為內涵顯示，對意識形態和言論的管制仍是中共當前的主要工作方向，所有作為均不脫離維護共產黨統治的核心，所有作為都在維護當前既存的政治秩序，或說都在維護當前的威權統治。換言之，習李體制對於訓練年輕一輩學生，對過去中共所秉

---

[113] 〈中共中央黨校概況〉（2012 年 5 月 3 日），2013 年 8 月 5 日下載，《中共中央黨校》，http://www.ccps.gov.cn/ccps_overview/201207/t20120720_18914.html。

[114] Pieke, *The Good Communist*, p. 45.

[115] Pieke, *The Good Communist*, pp. 92-93.

持的威權絕不放鬆的定位，已然被外界所認定。而此種作為，與前述的鎮壓方式一般，必隨時空環境的改變而不斷的推陳出新，但維持共產黨的威權統治卻始終是其軸心。

第三節　國家對經濟任意掌控能力

　　有趣的是，前述表 3-1 有關「執政黨力量」、「國家鎮壓力量」、「國家對經濟任意掌控能力」3 個支柱的分析，發現竟沒有一個國家 3 個支柱都表現出「高」的現象，也代表各國可能都有各自被民主化突破的特定缺口，如白俄羅斯的低度黨控制能力，可能因內部事件引發黨內部菁英的叛逃，摩爾多瓦的低國家控制力，則可能連中等的群眾抗議事件都無法應對；俄羅斯的普丁則以獨立候選人身分於 2000、2004 年代表參選總統，其政治盟友梅德耶夫（Dmitry Medvedev）亦於 2008 年以獨立候選人方式參選總統，致使普丁與梅德耶夫雖都是執政黨「統一俄羅斯黨」（United Russia）成員，卻與執政地位維持特殊關係，甚至因為自葉爾欽至普丁與梅德耶夫所形塑出的國會、內閣與黨的權力互動關係，讓內閣成員僅效忠於總統而不效忠黨，對特定人忠誠高於對黨忠誠的結果，進一步促成該黨的凝聚力僅能維持中等，使得俄羅斯可能在經濟收益（尤其是俄羅斯的石油收益）下挫及內部民眾大規模抗議活動中失控。[116]

---

[116] Way, "Resistance to Contagion: Sources of Authoritarian Stability in the

綜合而言，統治者的控制力量中「執政黨力量」及「國家鎮壓力量」，（或本書所綜合提出的「黨國鎮壓能力」）固然重要，但實質支撐前兩種力量的經濟控制能力，更不能忽視。

中國大陸近年因經濟建設發展迅猛，且可相對於民主國家更加獨斷的控制經濟發展方向與內涵時，中共不僅可以將經濟發展成果分享予一般民眾讓其轉化為支持共產黨持續威權統治的力量，更可將經濟發展成果轉化為豢養鎮壓武力，作為鎮壓內部反威權活動，讓威權統治得以持續。事實上，當國家掌控關鍵資源，個人與團體有依賴國家以為生的需求時，對於當前威權統治現況都有不敢推翻的顧忌，這種狀況在許多國家中出現如：突尼西亞（1960年代－1990年代）、敘利亞（1970年代迄今）、巴西（1960年代－1980年代）、新加坡（1960年代迄今）、印尼（1950年代－1900年代）、南韓（1960年代－1990年代）、墨西哥（1940年代－1990年代）、委內瑞拉（1940年代－1980年代）、秘魯（1940年代－1980年代）；而歷史經驗也證明，只有在社會經濟不依賴國家時才會逼迫國家走向民主的結果，如1700年代-1800年代初期的英國、1980年代中期私營企業大量出現的南韓、1980年末期的智利工人組織、1980年代尚比亞的工人組織、1960年代-1980年代的工人與專業人士活動、1950年代-1990年代的臺灣私有企業與專業人士活動等等。[117]大陸在改（變）革開放前對於經濟領域的控制不在話下，在改（變）革開放後，不僅大陸城市，連大

Former Soviet Union," p. 252. Kathryn Stoner-Wesis, "Comparing Oranges and Apples: The internal and External Dimensions of Russia's Turn away from Democracy," in Bunce, McFaul and Stoner-Weiss, eds., *Democracy and Authoritarianism in the Postcommunist World,* pp. 259-260.

[117] Teresa Wright, *Accepting Authoritarianism: State-Society Relations in China's Reform Era*（California: Stanford University Press, 2010）, p. 175.

陸農村也逐漸不受制於地方幹部，表面上似乎相對較為自由，但在經濟層面上，中共卻依然透過金融等工具更加嚴密控制農村的經濟，農村經濟的自主空間亦未見擴充。[118]農村以外的經濟活動，更是中共所關切的領域。

中共前領導人胡錦濤於 2012 年 11 月 17 日的中共「十八大」會議上報告稱：「毫不動搖鼓勵、支持、引導非公有制經濟發展，保證各種所有制經濟依法平等使用生產要素、公平參與市場競爭、同等受到法律保護」。[119]若依據胡錦濤的宣示，大陸的經濟發展必然是公有制度與私有制度並進，雖主張公有制度為主軸，但對私有經濟亦給予保護；但至 2013 年 11 月，大陸由官方支持設立至今官股仍占多數，資產達近兩千億人民幣的著名企業「聯想控股公司」創辦人與董事長柳傳志，在中共於 2013 年 11 月 9 日至 12 日中共召開與未來經濟發展有密切關係的「十八屆三中全會」期間，接受中共官方媒體《新華社》所屬於 2013 年 11 月 9 日出版的《瞭望》雜誌專訪，對「十八屆三中全會」提出建言，仍表示：「對於民營企業而言，最大的改革紅利，就是政府能夠給企業發展創造一個非常透明、公平合理的競爭環境」、「對於民營企業家自身來說，最希望的就是政府減少對微觀經濟的干預，最明顯的就是減少審批，給企業創造一個非常透明、公平合理的競爭環境。」、對《瞭望》記者提出：「對於民營企業家自身利益的公正體現和公平保障，你希望這次改革應該作那些制度保障?」的問題，柳傳志露骨的稱：「我認為，首先應該給民營企業家一個明確的政治身分，是社會財富的創造者，是擁護共產黨、擁護

---

[118] Rey-Ching Lu, *Chinese Democracy and Elite Thinking* (New York: Palgrave Macmillan, 2011), p. 12.

[119] 〈胡錦濤在中國共產黨第十八次全國代表大會上的報告〉。

社會主義道路的一群人。第二就是私有財產的保護。據我瞭解，近年來資金外流、企業家移民比較多，一個很重要的原因可能就是大家看不清楚，不知道往那個方向走。第三是通過市場化機制減少審批，用市場規則確定經濟的發展，讓企業完全按照平等透明的規則辦事」。[120]由柳傳志的的談話正好反證：

一、胡錦濤於「十八大」中的「毫不動搖鼓勵、支持、引導非公有制經濟發展，保證各種所有制經濟依法平等使用生產要素、公平參與市場競爭、同等受到法律保護」宣示，顯然無法迎合大陸民營企業的需求，反而證實公有企業仍占有絕對的優勢。

二、由柳傳志的談話更明白表示中共介入民營企業的深入與不當，甚至對民營企業慎加防範，致使民營企業積極要求「一個明確的政治身分」，為保證不反對共產黨，尚且保證民營企業是「社會財富的創造者，是擁護共產黨、擁護社會主義道路的一群人」，若無法獲得這些保障，並使營業環境透明，則民營企業將因沒有方向而將資金外流。凸顯中共對於經濟任意掌控的力道。

依慣例，中共各屆「三中全會」多半集中於討論經濟議題，[121]於 2013 年 11 月 9 日至 12 日在北京召開的「第十八屆三

---

[120] 王健君，尚前名，〈釋放中國企業時代活力——專訪聯想控股董事長、聯想集團創始人柳傳志〉（2013 年 11 月 11 日），2013 年 11 月 12 日下載，《瞭望觀察網》，http://www.lwgcw.com/NewsShow.aspx?newsId=33530&page=1。

[121] 汪莉絹，〈歷屆三中全會　多聚焦經改〉，聯合報，2013 年 10 月 30 日，第 A13 版。依照中國共產黨行事慣例，每五年一次的全國代表大會選舉新一屆中央委員會後，第一次中央委員會全體會議（一中全會）主要在於選出中共黨內的領導層，二中全會主要安排政府領導人，三中全會大多聚焦於深化經濟改革和重要政策。而在中共黨史中，中共自十一屆三

中全會」，果然也以經濟議題作為會議主軸，且為未來 10 年大陸經濟、政治的發展方向提出了規範，依此規範亦可蠡測「國家對經濟任意掌控能力」程度。

「十八屆三中全會」通過之《中國共產黨第十八屆中央委員會第三次全體會議公報》（下稱《公報》），表示「十八屆三中全會」有關經濟議題的重點包括：[122]

一、「全面深化改革，必須立足於我國長期處於社會主義初級階段這個最大實際，堅持發展仍是解決我國所有問題的關鍵這個重大戰略判斷，以經濟建設為中心，發揮經濟體制改革牽引作用，推動生產關係同生產力、上層建築同經濟基礎相適應，推動經濟社會持續健康發展」。

二、「公有制為主體、多種所有制經濟共同發展的基本經濟制度，是中國特色社會主義制度的重要支柱，也是社會主義市場經濟體制的根基。公有制經濟和非公有制經濟都是社會主義市場經濟的重要組成部分，都是我國經濟社會發展的重要基礎。必須毫不動搖鞏固和發展公有制經濟，堅持公有制主體地位，發揮國有經濟主導作用，不斷增強國有經濟活力、

中全會以來，七次三中全會中有五次討論和提出具重大轉折和深化經濟體制改革的政策，另有兩次則提出農村改革工作及有關議題。其中 1978 年十一屆三中全會確立大陸的改革開放方針。1984 年十二屆三中全會，討論通過《中共中央關於經濟體制改革的決定》，提出社會主義經濟是以公有制為基礎有計畫的商品經濟。1993 年十四屆三中全會審議並通過《中共中央關於建立社會主義市場經濟體制若干問題的決定》，激底擺脫市場經濟是姓社或資的干擾，明確建立社會主義市場經濟的藍圖與方針。2003 年十六屆三中全會則審議通過《中共中央關於完善社會主義市場經濟體制若干問題的決定》，進一步深化和完善社會主義市場經濟體制改革的內容。十五屆和十七屆兩次三中全會則聚焦於深化農村改革與發展。
[122] 〈中國共產黨第十八屆中央委員會第三次全體會議公報〉。

控制力、影響力。必須毫不動搖鼓勵、支持、引導非公有制經濟發展，激發非公有制經濟活力和創造力。要完善產權保護制度，積極發展混合所有制經濟，推動國有企業完善現代企業制度，支援非公有制經濟健康發展」。

除經濟議題外，當然不可忽視其改（變）革前提為共產黨的教條維護。依據《中國共產黨第十八屆中央委員會第三次全體會議公報」》總論部分明確宣示：「全面深化改革，必須高舉中國特色社會主義偉大旗幟，以馬克思列寧主義、毛澤東思想、鄧小平理論、『三個代表』重要思想、科學發展觀為指導，堅定信心，凝聚共識，統籌謀劃，協同推進，堅持社會主義市場經濟改革方向」。[123]因此，依《公報》所公布內容，充分表達中共對於未來經濟發展除一般的要求成果與民眾共享等道德性宣示外，其最重要的軸心是：

一、仍抱持馬、列、毛、鄧、江、胡思想，換言之，以社會主義作為經濟的規劃基底絕不放鬆。且充分顯示，習近平對於必須藉助推崇前任領導人，搶得「嫡傳」地位，以補充其統治合法性的意圖明顯。

二、仍認定目前中國大陸為社會主義初級階段。

三、堅持公有制主體地位，要求發揮國有經濟主導作用，以引導民營經濟作為公有經濟的補充。

因為強調公有制經濟，自然必須維持相當程度的國有企業於政府的掌控之下。面對「十八屆三中」經改大方向，被外界寄望甚深的國企改革未被視為首要任務，讓諸多學者批為「三中遺

---

[123] 請參閱〈中國共產黨第十八屆中央委員會第三次全體會議公報〉「總論」部分。

珠」，盛傳此結果是遭既得利益橫刀阻礙。但不可否認的是，假設「十八屆三中」宣告對國企大動作變革，勢必引發既得利益的強烈反彈，可能造成未解決矛盾反製造矛盾，甚或賠上政治資本的結果，致使大陸領導層投鼠忌器。不過，有樂觀者預期，國企改革非低調緩進不足成事，並認為總理李克強改革國企手段是以打破市場壟斷「倒逼」國企改革。[124]更有評論認為：「大陸行政權力對市場的干預無所不在，政府職能轉變推動了二十多年，但進展有限，嚴重阻礙了市場作用。習李政府強調簡政放權，中共「十八屆二中全會」通過『國務院機構改革和職能轉變方案』到目前，取消和調整了兩千五百多項審批項目。迄今大陸國務院各部門仍有一千五百多項審批項目，地方政府層面的審批項目更多達 1.7 萬項。能否保持改革的連續性和有效性，考驗改革的持續力。」[125]顯然對於中共所稱的「改革」並無法令外界十足的確信。

中共對於公有制經濟制度的期待，於 2007 年中共「十七大」，時任總書記胡錦濤於工作報告中強調：「深化國有企業公司制股分制改革，健全現代企業制度，優化國有經濟布局和結構，增強國有經濟活力、控制力、影響力」。[126]「十八屆三中全會」所通過的《公報》，不僅照抄「增強國有經濟活力、控制力、影響力」的主張，更在第二部分「堅持和完善基本經濟制度」中表明：「公有制為主體、多種所有制經濟共同發展的基本經濟制度，是中國特色社會主義制度的重要支柱，也是社會主義市場經濟體制的根

---

[124] 高行，〈三中遺珠國企改革宜緩進〉，旺報，2013 年 11 月 14 日，第 A6 版。

[125] 中國國民黨中央政策會編印，〈中共 18 屆 3 中全會啟動新經濟改革〉，《大陸情勢雙週報》（臺北），第 1655 期（2013 年 11 月 13 日），頁 2。

[126] 〈胡錦濤在中國共產黨第十七次全國代表大會上的報告〉（2007 年 10 月 24 日），2013 年 10 月 26 日下載，《新華網》，http://news.xinhuanet.com/newscenter/2007-10/24/content_6938568.htm。

基。公有制經濟和非公有制經濟都是社會主義市場經濟的重要組成部分，都是我國經濟社會發展的重要基礎。必須毫不動搖鞏固和發展公有制經濟，堅持公有制主體地位，發揮國有經濟主導作用，不斷增強國有經濟活力、控制力、影響力」。[127]習近平對於《公報》決策的說明，則表示：「發展社會主義市場經濟，既要發揮市場作用，也要發揮政府作用，但市場作用和政府作用的職能是不同的。全會決定對更好發揮政府作用提出了明確要求，強調科學的宏觀調控，有效的政府治理，是發揮社會主義市場經濟體制優勢的內在要求」、「關於堅持和完善基本經濟制度。堅持和完善公有制為主體、多種所有制經濟共同發展的基本經濟制度，關係鞏固和發展中國特色社會主義制度的重要支柱」、「積極發展混合所有制經濟。國有資本、集體資本、非公有資本等交叉持股、相互融合的混合所有制經濟，是基本經濟制度的重要實現形式，有利於國有資本放大功能、保值增值、提高競爭力，有利於各種所有制資本取長補短、相互促進、共同發展。允許更多國有經濟和其他所有制經濟發展成為混合所有制經濟。國有資本投資專案允許非國有資本參股。允許混合所有制經濟實行企業員工持股，形成資本所有者和勞動者利益共同體」、「完善國有資本經營預算制度，提高國有資本收益上繳公共財政比例，二○二○年提到百分之三十」。[128]連續兩任領導者都強調公有與私有經濟相輔相成，但以公有經濟為主軸的特色。

　　若將國有企業作為大陸公有體制的指標，可以發現大陸經過數十年的國企改革，對大陸經濟的實際影響力呈現如下的狀況：

---

[127] 〈中共中央關於全面深化改革若干重大問題的決定〉。
[128] 〈關於《中共中央關於全面深化改革若干重大問題的決定》的說明〉。

表 3-2　大陸國企主要經濟指標與發展（1978-2007）

指標	1978	2007	增加比例%	每年增加比例%
國企數量	170,087	119,254	-32.3	-1.3
國企價值 （人民幣／10億）	723.39	29,011.61	4,804.9	14.4
國企總資產 （人民幣／10億）	4,893.5	97,624.3	2,274.6	11.5
淨資產	4,852.2	122,209.8	2,364.2	11.7
經營收益 （人民幣／10億）	662.92	16,196.93	2,929.4	12.5
總利潤 （人民幣／10億）	66.54	1224.20	2548.8	12.0
繳交稅金 （人民幣／10億）	58.77	1428.31	2909.8	12.5
雇用人員（百萬）	46.362	36.123	-23.4	-0.9

資料來源：Zhang Delin, "Reform and development of State-owned enterprises,"
in Wang Mengkui, ed., *Thirty Years of China's Reform* (New York:
Routledge, 2012), p. 236.

　　由此表明顯看出，1978 年起，國企資產效率不斷提高，規模
不斷擴大，國企總數量與雇用人數雖然減少，但對經濟的影響力
卻逐年增加。

　　至 2012 年初，美國華爾街日報稱，依據世界銀行的報告顯
示，大陸國有企業產值占該國經濟總量的比例達到 45%左右。報
告更稱，現在大陸國有企業產值占全大陸經濟總量的比重在逐漸
下降，但預計未來一段時期內，大陸國有企業仍將擁有巨大的影
響力。且現實情況是，大陸經濟已經持續繁榮數十年，國有企業
的國際影響力也不斷擴大。2011 年的財富全球 500 強名單中有
61 家大陸企業上榜，幾乎都是國有企業。[129]換言之，截至 2012

---

[129] 王進雨、實習生、高小娟，〈世行報告稱中國國企占經濟總量 45%應縮減

年止，大陸經濟總量的幾乎一半必須依賴國有企業，那麼政府與共產黨對於大陸經濟活動具有絕對的影響與控制力量就不容置疑。若進一步檢視大陸對於企業性質的分類尚且指稱，「國有企業」是指企業全部資產歸國家所有，並按《中華人民共和國企業法人登記管理條例》規定登記註冊的非公司制的經濟組織，不包括有限責任公司中的國有獨資公司。[130]依此，若加上「不包括有限責任公司中的國有獨資公司」，則國有企業的影響力絕不僅有45%。另外，大陸又依不同的性質將企業性質另分出「集體企業」、「聯營企業」、「行政機關、事業單位和社會團體」等等類別，[131]研究顯示，這些有國家股份在內的企業亦可被政府強力干涉與主導；[132]更進一步說，在威權體制下，縱使黨或政府在企業中只持有非常少的股份，甚至根本不持有股份，都可以利用威權體制的滲透力量影響企業的運作，那麼大陸政府或共產黨對企業活動的影響力，決不僅僅是「超過45%」而已，可能大到難以想像的地步。

不僅如此，於 2008 年金融海嘯所引發的「國進民退」[133]問題至今仍爭論不休，甚至有論者於 2013 年 1 月間公開認為，「國進民退」的形態特徵，主要表現為三種：

規模〉（2012 年 2 月 24 日），2014 年 5 月 20 日下載，《SINA 新浪財經》，http://finance.sina.com.cn/china/20120224/151211448532.shtml。

[130] 中華人民共和國國家統計局編，《2012 中國統計年鑑》（北京：中國統計出版社，2012 年），頁 36。

[131] 中華人民共和國國家統計局編，《2012 中國統計年鑑》，頁 36-37。

[132] Roman Tomasic, "Looking at corporate governance in China's large companies: is the glass half full or half empty?" in Guanghua Yu, ed., *The Development of the Chinese Legal System* (New York: Routledge, 2011), p. 185.

[133] 指國企資產實增加，民企資產減少之意。

一、資源壟斷性國進民退。2009 年大陸國有資本在資源、能源領域中大規模躍進的景象極為明顯，在鋼鐵、煤炭、航空、金融等資源領域中，明顯出現民營資本的「（被）擠出現象」；在四萬億振興計劃中，國有資本幾乎得到了所有的重要政府訂單；大量中央企業成批次地進入到地產領域，成為「地王現象」的締造者；在一向由民營資本掌控的網際網路領域，也出現了國有企業加速進入和購併清洗的景象。

二、「楚河漢界」式「國進民退」。「國進民退」並不發生在所有的行業，國有企業集團聚集在少數上游產業，逐漸形成寡頭壟斷，營利能力迅猛增加；數量巨大的民營資本被限定在下游產業，當它們試圖向上游進擊的時候，必然遭到政策性的打擊。

三、「玻璃門」式「國進民退」。一些行業和領域在準入政策上雖無公開限制，但實際進入條件限制頗多，主要是對進入資格設置過高門檻。看著門是敞開的，但實際無法進入。[134]

再以公有資金是否投入基礎建設為例，至今不僅法令規範不明確，且公有資金往往投入有利可圖項目，[135]不僅可占據關鍵產業領域與民爭利，更可能促成民營企業進一步俯首聽命的結果。當然以銀行為資金重要來源的大陸，其公有資金也可能聽命於黨國體制的命令，而投入利潤相對不高的國營企業，縱使虧損亦在所不惜，甚至可以政治力量打消國企的不良貸款（nonperfoming

---

[134] 冷兆松，〈"國進民退"主要分歧綜述〉（2013 年 1 月 11 日），2013 年 12 月 16 日下載，《新華網》，http://big5.xinhuanet.com/gate/big5/news.xinhuanet.com/theory/2013-01/11/c_124217958.htm。

[135] Han Wenxiu, "Building basic infrastructure in China," Wang Mengkui, ed., *Thirty Years of China's Reform* (New York: Routledge, 2012), p. 469.

loans）（僅 2000 年一年就達美金 1700 億元；人民幣 1.4 兆。中
共又以財政穩定為名，要求人民銀行打消截至 2005 年止的 3000
億人民幣不良貸款），而更有訊息認為，近年來公有的、在世界
上早已舉足輕重的銀行資金背負每年全大陸 GDP 成長的 8%配
額，[136]在此環境下，公有經濟體與民爭利，甚至以民脂民膏補貼
公有經濟體以占有一定的經濟地位，顯然難以避免。

縱使各家說法認為，若依據現有公、私有經濟比重數據，要
簡單說成大陸國有資產不斷加大其對大陸經濟力量的掌控，實有
失公允，但不可否認的是，大陸對於國有企業變革所保持的「抓
大放小」策略，讓國有企業掌握關鍵，放開其他小型企業，縱使
中小型企業數量上占多數，亦難撼動國有企業的主導地位。實際
產業研究也發現國企集中掌握戰略性的產業，且有越來越強趨
勢，這些產業絕不隨意讓私營產業進入的趨勢顯著。[137]民營企業
不僅無法撼動國有企業地位，民營不敵公營甚至到達縱使反對國
企獨強者也不敢認為「民進國退」，僅能主張「國進民也進」的
地步；大陸著名經濟學者胡鞍鋼甚至於 2013 年底，公開認為「從
私營企業與國有企業的各自優勢來看，以規模以上工業企業為
例，2012 年私營企業的就業比例為 32.8%，國有企業的就業比例
為 19.9%；私營企業的稅金及附加比例為 13.0%，國有企業為
70.3%。顯然，私營企業的主要貢獻是創造就業，而國有企業的
主要貢獻是創造稅收」。[138]雖說國有企業單位數量較少，卻可以

[136] Carl E. Walter and Fraser J. T. Howie, *Red Capitalism: The Fragile Financial Foundation of China's Extraordinary Rise* (Singapore: Jonn Wiley and Sons (Asia) Pte. Ltd, 2011), pp. 43-44, 48, 56-57, 68.

[137] Chen Xiaohong, "Private enterprises, and the growth of small and medium-sized enterprises," in Wang Mengkui, ed., *Thirty Years of China's Reform*, p. 301.

[138] 胡鞍鋼，〈"國進民退"是偽命題（望海樓）〉，人民日報（海外版），2013

創造絕大部分稅收，其前提顯然具有極大的利基，而私營企業雖有較大的數量，但卻只能創造就業而不創造稅收，正好說明民營企業「蠅頭小利」的經營模式，也說明民營企業難以與國營企業匹敵的現實。

對於「十八屆三中全會」決議維持公有制經濟為未來中共經濟發展方向的主導地位，大陸著名經濟學者胡祖六公開表示：

一、「歷史與國際經驗證明，國企不管什麼情況下、在什麼樣的經濟週期下都不如私營企業有效率，我想中國不可能例外。那些堅持『中國模式』的人覺得強勢政府加上國企就是中國的獨特優勢，其實是自欺欺人、罔顧現實的一種幻想」。

二、「從第一次工業革命以來，從英國到歐洲大陸到美國，到日本、東亞四小龍，沒有一個國家是靠國企實現現代化的，無一例外都是靠私營企業。那為什麼中國就非得靠國企不可呢？」

三、「如果把國企當成一種政策的或者政治的工具，就會導致很多的利益衝突，導致它官不官，商不商，效果很差。」

四、「至於說沒有國企就不是社會主義，這也是一種非常機械狹隘的認識，這種人可能根本沒讀懂馬克思主義，也根本不懂什麼叫社會主義。……社會主義的真正精髓是社會正義，實現社會的公平，保障機會的平等、以及最基本的社會服務的普及-養老、醫療健康、基本教育、食品安全等。如果老百姓連吃東西都是不安全的，沒有最基本的養老保障，最基本的醫療保險，這叫什麼社會主義？」

年11月5日，第1版。

五、「我們看到其實（中共）中央一直在口頭上一直表示支援民營企業，比如兩個 36 條雖然先後推出來了，但是一直實行的不好。」

六、「強制民營企業家都要愛黨，這是一個不切實際的苛求，我覺得民營企業家首先是中華人民共和國公民，這是他們最大的身分確認，他們創業的才能，創業的價值，創造的就業，創造的稅收，對國家和社會主義做出的最大貢獻，就要得到認可、尊重和保護。」

七、「（很多年以來，很多民營企業家總是想戴『紅帽子』）那就是因為這個改革不充分的環境中，政府過於強勢，缺乏法制，財產權利保障不健全，民營企業家有不安全感。」

八、「權力尋租和收入分配不平等，就是因為改革不澈底導致的結果，很多沒有充分競爭的領域、不透明的領域，加上政府的權力過大，就會導致權力濫用，導致貪汙腐敗，導致機會不平等，這都是改革不澈底造成的。」[139]

公有經濟為主體與國有企業改革牛步化，讓中國大陸的經濟自由度排名落後，就是其無法避免的結果。依據美國智庫傳統基金會與「華爾街日報」以法治制度、監管效率、政府行政狀況和市場自由度四大範疇，衡量經濟體自由度，於 2013 年 1 月 10 日公布的《2013 年經濟自由指數》（2013 Index of Economic Freedom）顯示，大陸在全球 177 個經濟體中排名第 136 名。報告指明大陸「由於缺乏有效運作的法律框架機制，長期經濟發展基礎依然脆

---

[139] 李磊，〈胡祖六：十八屆三中全會影響可與 35 年前相媲美〉（2013 年 11 月 13 日），2013 年 11 月 15 日下載，《鳳凰網》，http://finance.ifeng.com/news/special/gmzhsaqhh/index.shtml。

弱。以市場為導向的改革進程參差不齊,且當前的政治利益經常讓改革進程倒退。」(同分報告顯示臺灣排名第 20)[140]

　　相對的 2013 年 10 月 17 日,反腐敗組織「透明國際」(Transparency International)公布的一分有關新興國家市場的調查報告資料,對大陸企業不透明的業務操作方式提出告誡。根據該報告,大陸在所謂的金磚五國(BRICS,指巴西、俄羅斯、印度、大陸和南非)中排名最差,這表明,大陸及其所屬的公司應該立即採取行動,提高其治理標準,這個研究報告也表明,大約 60%受測評的公司不公開它們用於政治捐獻的資訊。「透明國際」認為新興市場國家的政府也應該通過新的立法,要求公司承擔義務報告其對所在運營國家政府的各種支付繳納資訊。「透明國際」主席拉貝勒強調:「人們有權知道跨國公司給他們政府提供了多少好處,他們繳納了多少稅收」。[141]不透明的財務是否代表著中國大陸當權者,對外可以透過威權的運用,使財務流向其所支持的政權,對內則流向其所關愛的特定對象,而特定的對向是否又關係對其是否支持?簡單說,對內中共可利用其威權體制,操縱財務流向特定對象換取對威權體制的支持,若由此觀點,則中共的威權體制當然不應致力於讓財務透明,若讓財務透明就無法以賺取財務的特權換得支持,那麼不透明的狀況將成為其威權的指標之一。(大陸的不透明程度,根據國際透明組織在 2012 年公布

---

[140] 張詠晴,〈台灣經濟自由度　全球第 20〉(2013 年 1 月 10 日),2013 年 10 月 25 日下載,《中央社》,www.cna.com.tw/News/FirstNews/201301100038-1.aspx。

[141] 〈新興市場國家的公司開展反腐敗恰逢其時〉(2013 年 10 月 17 日),2013 年 10 月 25 日下載,《Transparency International》,http://www.transparency.org/news/pressrelease/time_has_come_for_emerging_market_companies_to_fight_corruption_CN。

的資料顯示，其排名在全球 176 個國家中占第 80 位，臺灣占 37 位。）[142]

　　若前述胡祖六所認定社會主義的基礎不在於國有企業或公有經濟的堅持，而是社會公平正義的實現，但國有企業或公有經濟的堅持，卻造成社會不公不義的橫行，那麼中共何以在攸關未來 10 年發展的「十八屆三中全會」中仍堅持公有，連帶讓國有企業的改革牛步化？是中共的理論家不懂得追求社會公平正義才是社會主義的本質？或是中共堅持公有經濟有其無法扭轉的政治現實考量？顯然中共絕不欠缺理論家，而是對政治現實的考量比其他的考量要重要所致。而政治現實的考量中，以公有制經濟為主體或國有企業政府可充分掌控的特性，讓支持共產黨持續威權統治的己方力量，以尋租等不受法律拘束的手段獲得「滋養」，同時「餓死」異議勢力考量，自然無法排除。其他威權體制以此模式獲取異議團體支持亦所在多有，[143]顯示，中共以此方式維持其威權統治亦屬合理作為。

　　經濟發展高可能引發民主化如：烏克蘭；而經濟發展低亦可能引發民主化。因此，威權政體是否存續，絕不單單取決於經濟發展的表現，更可能取決於執政黨有無堅定的意識形態、組織，足以抵抗外部的抗爭，及政府或國家是否有足夠的力量與決心進

---

[142] "CORRUPTION BY COUNTRY/TERRITORY (TAIWAN)," last visited 2013/12/1, *TRANSPERANCY INTERNATIONAL*, HTTP://WWW.TRANSPARENCY.ORG/COUNTRY#TWN；
"CORRUPTION BY COUNTRY/TERRITORY (TAIWAN)," last visited 2013/12/1, *TRANSPERANCY INTERNATIONAL* (CHINA), HTTP://WWW.TRANSPARENCY.ORG/COUNTRY#CHN。

[143] Agnieszka Paczynska, "The Discreet Appeal of Authoritarianism: Political Bargains and Stability of Liberal Authritarian Regimes in the Middle East," in Holger Albrecht, ed., *Contentious Politics in the Middle East*, p. 44.

行毫不遲疑且有效的鎮壓，[144]在本書中已將此兩項因素，因應中共的實際情形而統合為「黨國鎮壓能力」一項加以討論如前，而經濟的發展與執政者可以任意的控制，則可讓執政者得到經濟上的奧援，並壟斷經濟資源不讓其支援反對者，如烏克蘭執政者無法控制經濟，致使無堅強的聯盟作為其威權執政的奧援，反之普丁主政下的俄羅斯卻不讓資金流向反對陣營，達到「餓死」反對陣營的目的，強有力的威權統治者，進一步更可讓經濟力量轉化為誘使鎮壓武力（軍隊與警察）為執政者所用，反之，如烏克蘭、喬治亞、吉爾吉斯等國，或無法發放警察薪水，或連警察必須自購裝備的窘境，自然無法讓鎮壓武力得以隨心所欲的運用。[145]

若由「十八屆三中全會」習近平所體現在馬、列、毛、鄧、江、胡一貫共產黨專政思維下，對於經濟公有制的堅持及一方面提高執政能力，且增設「國家安全委員會」加強調和統一對內的鎮壓力量，竟然完全符合本章對於威權體制續存所必須擁有的「黨國鎮壓能力」與「國家對經濟任意掌控能力」的各項指標設定，這種結果的出現，不僅讓筆者深感訝異於威權體制續存手段東西方國家的驚人相同，更顯現這兩種方法對中共維持威權統治之必要。

---

[144] Way, "Resistance to Contagion: Sources of Authoritarian Stability in the Former Soviet Union," p. 236.

[145] Way, "Resistance to Contagion: Sources of Authoritarian Stability in the Former Soviet Union," pp. 236-250.

CHAPTER 4
共黨權力更迭與威權保障

黎安友（Andrew J. Nathan）認為諸多支持中共威權體制將持續的學者，極關注中共政權繼承問題，認為政權繼承問題是威權政權中的一大危機，而中共也無法例外，但依據中共自江澤民以降的政治權力更迭，卻異常的順遂，致使其威權得以延續。[1]有研究中東地區威權的學者認為，統治者將擁有靈活的適應能力（flexible adaptation）做為在中東地區維持威權體制的特性之一，而靈活的適應能力卻常表現為不制訂固定不變的規則，以彌補威權體制不能如民主國家以選舉更換權力繼承者與調整政策的缺陷，那麼中共權力更迭的狀況就攸關中共威權體制是否持續的重要關鍵，也是本書必須專章討論其權力更迭的依據所在。

　　延續對杭廷頓（Samuel p. Huntington）名著《第三波》的討論，諸多政治學者認為，第三波所言並無法統一政治發展的理論，更認為民主化受文化、制度、主政者與要求改革者相互妥協、隔絕群眾參與、不同陣營菁英對話、不損及既得利益者（如國王、布爾喬亞階級）財產等等因素的影響，[2]更進一步，被部分學者認為是第四波民主化的後共產主義民主化過程，其領導菁英的行動才是民主化或威權化的關鍵，而不是後共產主義的政體結構，[3]亦有學者從中國傳統文化的角度研析大陸政治發展方向認為，在中國傳統中，菁英向來占有由上而下教育影響一般民眾的重要地

---

[1] Andrew J. Nathan 著，何大明譯，《中國政治變遷之路》（臺北；巨流，2007年），頁 128。

[2] Michael McFaul, "The Missing Variable: The "International System" as the Link between Third and Fourth Wave Molds of Democratization," in Valerie Bunce, Michael Mcfaul and Kathryn Stoner-Weiss, eds., *Democracy and Authoritarianism in the Postcommunist World* (New York: Cambridge University Press, 2010), pp. 4-9.

[3] McFaul, "The Missing Variable: The "International System" as the Link between Third and Fourth Wave Molds of Democratization," p. 9.

位，中國大陸的政治發展，也有極大一部分由上層菁英決定其方向。[4]甚至於有學者認為，後共產主義國家中的後共產黨多半由政治菁英主宰，權力有集中化趨勢，[5]黨的動向不僅非黨員無法左右，甚至認定極權主義政權極強調幹部與黨員資產，相對的輕視其他人員或物資資產，極權整體的領導者認為失敗不是戰爭失利、經濟挫敗等有形的損失，真的失敗是其菁英組織的解體。[6]若這些論述正確，那麼處於威權體制階段的大陸是否由威權轉向民主，或說威權的長久維持，其領導菁英的動向就占有舉足輕重的地位，而領導菁英的動向當然與菁英的產生有極為密切的關係。

在威權是否得以延續的問題上，中共領導菁英，尤指政治局常委、政治局委員及中央委員的更迭就成為必須詳加研究的問題。

第一節　權力更迭制度化的提出及不足

中共自毛澤東用破壞制度手段以利意識形態的彰顯，到鄧小平主政以非制度的手段建構制度，再到江澤民持續透過制度內的

---

[4] Rey-Ching Lu, *Chinese Democracy and Elite Thinking* (New York: Palgrave Macmillan, 2011), p. 5.

[5] Zsolt Enyedi, "Party Politics in Post-communist Transition," in Richard S. Katz and William Crotty, eds., *Handbook of Party Politics* (California: SAGE Publications Ltd, 2006), p. 234.

[6] Hannah Arendt, *Totalitarianism* (New York: Harcourt, Brace and World, 1968), p. 116.

管道建構制度，意圖維持中國大陸的成長與穩定，[7]後經胡錦濤、習近平的順利接班，中共權力更迭方式似有由無制度而逐漸制度化的趨勢。制度建立，自可收「依法辦事」穩定人心的效果，但相對的，卻可能面臨相對僵化無力應變的結果，故為尋找有利於威權統治延續人選，權力更迭的制度化或不制度化，就具有關鍵地位。近年中共權力更迭由江澤民而胡錦濤而習近平，權力核心與領導菁英集中的治局常務委員、政治局委員與中央委員的更替，是否已經制度化？或已逐漸制度化？

　　過去學術界對中共政治菁英權力更迭的研究，認為已「逐漸制度化」似已成為學界的主流意見，甚至在經歷「十八大」後，有部分學者直接主張已「制度化」。但真的已「逐漸制度化」？甚至因「逐漸制度化」轉變成「制度化」？若真的已「逐漸制度化」甚至已達某種程度的「制度化」，則中共政治菁英權力更迭，只要照過去慣例或以制度化的白紙黑字規定進行即可，不僅中共權力更迭可相對穩妥有序，也不至於每逢中共黨代表換屆大會權力更迭時，都引發全球關注者不斷蠡測其權力繼承人選與過程，如：2012年中共「第十八屆全國代表大會開會」前夕，對於新任政治局常委是否維持 9 人，或減為 7 人，甚或擴充為 11 人，又推測各派系相關人士是否因牟私利，「勸進」胡錦濤效法江澤民「扶上馬送一程」策略，留任軍委會主席等等，[8]顯然，中共政治菁英權力更迭模式，有諸多無法釐清的空間。因此，若在中共

---

[7]　Zhiyue Bo, "The Institutionalization of Elite Management in China," in Barry J. NauGhton and Dali L. Yang, eds., *Holding China Together: Diversity and National Integration in the Post-Deng Era* (UK: Cambridge University Press, 2004), p. 71.

[8]　忱博，〈中共十八大有望兌現領導交接班制度〉，2012 年 12 月 13 日下載，《北美時報》，http://www.naweeklytimes.com/shishi/shishi456_2.html。

的政治菁英權力更迭未有明文規定條件的「明規則」狀況下，宣稱中共政治菁英權力更迭已制度化，似有商榷餘地。另一方面，若僅承認中共政治菁英的更迭未制度化，僅是「逐漸制度化」而已，則其運作與對於權力更迭的約制程度如何又成為問題。

中共菁英權力的更迭「已制度化」或「逐漸制度化」或「未制度化」都與中共是否可以長久推動與維繫威權統治有密切關係。

早在 2002 年中共「十六大」時，就曾傳出「無知少女」[9]的選拔幹部依據，2007 年「十七大」除共青團外，對於幹部的提拔亦傳以「無知少女」做為重要選拔標準，但落實程度有限。[10]雖然「無知少女」的說法主要是指大陸政府部門幹部選任，非指黨部門的幹部選任，但在某種程度上也顯示大陸黨政幹部選拔條件逐漸條件化或制度化的趨向。「十七大」前夕，《中國青年報》前「冰點」週刊主編李大同就曾公開表示，中共領導人接班已經愈來愈取決於制度，不再取決於領導人個人的威望和資歷。[11]故有論者認為，至「十八大」，胡錦濤按期交出黨的總書記一職，經過江澤民、胡錦濤的權力更迭，總書記最多任兩屆、最長 10 年獲得進一步確認，加上胡錦濤「裸退」，[12]至今雖中國共產黨黨章對權力更迭方式並無白紙黑字的規定（「明規則」），但因中共向以「潛規則」行事特性，令以後歷任總書記的權力交接必然難以違反此形式，而隨著人事交接制度的固化，預計在「十九大」上，黨章

---

[9]　所謂「無知少女」，即無黨派人士、知識分子、少數民族和女性。

[10]　汪莉絹，〈無、知、少、女　北京政壇超新星〉，聯合報，2007 年 1 月 11 日，第 A14 版。

[11]　〈中共十七大首要任務　培養接班梯隊〉（2007 年 10 月 6 日），2012 年 12 月 20 日下載，《大紀元》，http://www.epochtimes.com/b5/7/10/6/n1858483p.htm。

[12]　指不依鄧小平、江澤民例保有黨中央軍委主席職位。

修改會加上總書記和政治局任期制的規定。對於制度性缺失嚴重的中共來說，意義非凡。[13]「十八大」代表、清華大學公共管理學院教授胡鞍鋼更認為，「十八大」已實現新老交替的制度化、規範化、程序化，把由毛澤東奠基、鄧小平開闢、江澤民和胡錦濤所繼承、堅持和發展的新老交替「中國之路」順利往下傳遞。[14]

國內學者對於中共領導菁英的權力更迭一般抱持逐漸制度化的認知，如林中斌認為，胡錦濤「裸退」，代表著多重意義，其中包含：「中共接班規範化：中共精英政體（meritocracy）權力交接將進入軌道穩定運轉，甚至不遜於歐美民主政體紛亂耗錢的選舉。」[15]學者包淳亮對於「十八大」的權力更迭研究認為：外界對於胡錦濤是否「裸退」問題有「錯誤預估，偏重人事鬥爭傳聞而忽視制度化成果的研究角度似乎應有所修正」、[16]對國務院總理「候選人」李克強，在政治局常委中排名第二，是自「十五大」以來的「異例」，理應將「人大」委員長排名第二才對中共政治穩定有所幫助，[17]依據包淳亮的研究顯示「雖然一些輿論批評中共接班過程是黑箱作業，或元老干政，但整體來說其權力繼承的制度化是顯著的」。[18]

---

[13] 〈尤可夫：十八大初具分水嶺意味〉（2012 年 11 月 19 日），2012 年 12 月 20 日下載，《新世紀新聞網》，http://www.newcenturynews.com/Article/gd/201211/20121119112845.html。

[14] 莫豐齊，〈胡鞍鋼：十八大實現新老交替制度化〉（2012 年 11 月 22 日），2012 年 12 月 20 日下載，《文匯報》，http://paper.wenweipo.com/2012/11/22/CH1211220015.htm。

[15] 林中斌，〈胡錦濤裸退　照亮其成」，聯合報，2012 年 11 月 16 日，第 A31 版。

[16] 包淳亮，〈中共「十八大」後中央政治局重組及對未來影響〉，《展望與探索》（新北），第 10 卷第 12 期（2012 年 12 月），頁 30。

[17] 包淳亮，〈中共『十八大』後中央政治局重組及對未來影響〉，頁 34-35。

[18] 包淳亮，〈中共『十八大』後中央政治局重組及對未來影響〉，頁 38。

更有論者認為,在中共過去的歷史中,長存老人政治的干擾,中共政治權利更迭體現的盡是長老意志,既算不上理性更無制度。及至「十八大」,胡錦濤按期交出黨的總書記一職,透過江、胡交接和胡、習傳承,總書記最多任兩屆、最長 10 年任期得到進一步確認。儘管黨章中欠缺「明規則」的規定,但以中共遵循「潛規則」的行事模式,往後繼任情況想要有所突破必難上加難。[19]香港《大公報》更表明:「十八大上人事交接的順利進行,標誌着中央最高領導人的新老交替已經步入制度化、規範化和程序化軌道。這對於推進中國民主政治進程,具有符號性的意義。」[20]、「(十八大的權力順利交接)是繼中共十六大以來,中央高層第二次實現權力和平更替。如果說,十六大開始的高層人事換班,首次以和平方式集體交接,開創了中共權力轉換的新模式,那麼,十八大上人事交接的順利進行,則標誌著中央最高領導人的新老交替已經步入制度化、規範化和程序化軌道。」[21]

國內研究中共政治菁英權力更迭的學者寇健文也認為,在中共菁英的權力更迭模式確實有制度化趨勢。寇健文認為,初期係因鄧小平在文革的廢墟中,為振衰起敝,逐步建立幹部四化標準、梯隊接班部署、建立幹部離退等等制度,其核心在於鞏固共黨政權,也為未來中共政治菁英權力更迭奠下演變途徑。並將此制度化的趨勢緣由與歷程劃分為:

---

[19] 尤可夫,〈十八大——中共黨史分水嶺〉(2012 年 11 月 19 日),2012 年 12 月 13 日下載,《多維新聞》,http://opinion.dwnews.com/big5/news/2012-11-19/58968795.html。

[20] 鄭曼玲,〈制度化的進程〉,大公報(香港),2012 年 11 月 15 日,第 1 版。

[21] 〈北京觀察:中共建政後第二次有序權力交接〉(2012 年 11 月 15 日),2012 年 12 月 13 日下載,《大公網》,http://www.takungpao.com.hk/news/content/2012-11/15/content_1379407.htm。

一、「制度建立」階段。1979 年至 1985 年期間，在幹部制度方
　　面建立幹部四化的選拔標準，建立省級以下幹部的退休制
　　度，並進行大規模的新老幹部交替，且成果豐碩。但此制度
　　建立在 1980 年代中期，後因黨內「改革開放」與「四個堅
　　持」的衝擊，致使制度化建設停滯。
二、「制度深化」階段。1990 年代中期以後，因中共元老的逐漸
　　凋零，領導人逐步由過去依靠個人魅力統領的權力：「魅力
　　權力」，轉變成因個人的職位擁有的權力：「職位權力」，致
　　使 1990 年代中期後，中共政治菁英的權力更迭逐漸朝領導
　　人層級發展，這種發展或許是權力鬥爭下的產物，但卻對政
　　治菁英的權力更迭具有約束性的效果。[22]

　　寇健文於「十八大」前，研究預判中共「十八大」政治菁英
權力更迭的可能狀況與人選，並稱自 1990 年代後，因中共革命
元老陸續凋零，江澤民、胡錦濤等權力基礎不及鄧小平，故必須
更仰賴制度性協商，政治局及其常委與中央書記處，逐漸按黨章
及黨內法規運作，且高層人事愈來愈穩定。[23]連歐盟安全研究中
心（Institute for Security Studies）對於中共政治菁英權力更迭的
研究，都持已逐漸制度化的看法。[24]

---

[22] 寇健文，《中共菁英政治的演變：制度化與權力轉移 1978-2004》（臺北：
　　五南，2005 年），頁 261-266。
[23] 寇健文、蔡文軒，《瞄準十八大》（臺北：博雅書屋，2012 年 8 月），頁
　　17。
[24] Zhengxu Wang, Anastas Vangeli, "China's leadership succession: new faces
　　and new rules of the game," (2012/8/2), last visited 2012/12/26, *European
　　Union Institute for Security Studies*, http://www.iss.europa.eu/publications/
　　detail/article/chinas-leadership-succession-new-faces-and-new-rules-of-the-g
　　ame/。

對於中共權力更迭規則，更有「七上八下」的說法（67歲以下可當政治局常委，68歲以上則不能當政治局常委），及依據「七上八下」的規則，推論在 2017 年「十九大」時，現任政治局常委將有 5 人因年齡關係必須去職等等說法。[25]一時之間，中共領導菁英權力更迭「制度化」似乎已超越「逐漸制度化」，而成為中共研究領域的主流論述。

　　然而，在「十八大」召開（2012 年 11 月 8 日至 14 日）後 4 天的 11 月 18 日，由「中國共產黨第十八次全國代表大會秘書處負責人」為名，所召開具有濃厚宣傳「十八大」意味的記者會中，藉由記者訪問對答明確宣示中共「十八大」黨章修改的重點，其中包括：

一、「現行黨章是 1982 年 9 月黨的十二大修改制定的。根據形勢和任務發展變化，1987 年 11 月，黨的十三大對條文作了部分修改；1992 年 10 月，黨的十四大對總綱和條文作了部分修改；1997 年 9 月，黨的十五大對總綱作了個別修改；2002 年 11 月，黨的十六大對總綱和條文作了部分修改；2007 年 10 月，黨的十七大對總綱和條文作了部分修改。」

二、「第三十三條增寫了幹部選拔監督的內容，第一款強調選拔幹部要堅持德才兼備、以德為先的原則，堅持五湖四海、任人唯賢；第二款增寫了黨重視監督幹部的內容。充實這方面的內容，有利於更好樹立正確用人導向、堅持公道正派的用

---

[25] 〈中共 7 常委　5 名年齡屬『七上八下』〉（2012 年 11 月 15 日），2012 年 12 月 19 日下載，《新唐人電視臺》，http://www.ntdtv.com/xtr/b5/2012/11/15/a797815.html.-%E4%B8%AD%E5%85%B17%E5%B8%B8%E5%A7%94-5%E5%90%8D%E5%B9%B4%E9%BD%A1%E5%B1%86%E3%80%8C%E4%B8%8A%E4%B8%8A%E5%85%AB%E4%B8%8B%E3%80%8D.html。

人作風、提高選人用人公信度，強化幹部監督，促進幹部健康成長，建設高素質幹部隊伍。第三十四條第五項增寫了黨的各級領導幹部必須具備的基本條件的內容，強調黨的各級領導幹部要堅持原則，講黨性、重品行、作表率。充實這方面的內容，有利於促進全黨特別是黨的各級領導幹部堅持黨性原則、加強道德修養、更好發揮表率作用。」[26]

若比較中國共產黨自 1982 年第「十二大」以來黨章有關黨的幹部任用，都規定在第六章「黨的幹部」中，檢視發現其中第「十二大」、「十三大」黨章的第三十六、三十七條與第「十四大」、「十五大」、「十六大」、「十七大」及「十八大」黨章的第三十五、三十六條條文一字未改，分別是：三十六條（「十三大」起至「十八大」通過的黨章為第三十五條）：「黨員幹部要善於同非黨幹部合作共事，尊重他們，虛心學習他們的長處。黨的各級組織要善於發現和推薦有真才實學的非黨幹部擔任領導工作，保證他們有職有權，充分發揮他們的作用。」三十七條（「十三大」起至「十八大」通過的黨章為第三十六條）：「黨的各級領導幹部，無論是由民主選舉產生的，或是由領導機關任命的，他們的職務都不是終身的，都可以變動或解除。年齡和健康狀況不適宜於繼續擔任工作的幹部，應當按照國家的規定，或者離職休養，或者退休。」若扣除未曾更動的此兩條條文，其餘條文也僅作些許的修訂，將其臚列如後附表 4-2。

再就前述黨章修訂所更動的條文都僅是宣示性的規定，並無積極的任職條件如年齡、性別、學歷、經歷等等「明規則」的載

---

[26] 〈解讀：十八大通過的《中國共產黨章程（修正案）》〉（2012 年 11 月 18 日），2012 年 11 月 30 日下載，《中華人民共和國中央人民政府》，http://www.gov.cn/jrzg/2012-11/18/content_2269247.htm。

明。在實際執行面上，1995年中共頒布《黨政領導幹部選拔任用工作暫行條例》於實行7年後廢止，並於2002年在其基礎上修改頒布《黨政領導幹部選拔任用工作條例》，又於2006年頒布《黨政領導幹部職務任期暫行規定》，該兩法令雖都言明均可適用於中央領導幹部，[27]但以前述「明規則」規範中共中央領導菁英的選拔仍付之闕如。至2014年1月15日又頒布《黨政領導幹部選拔任用工作條例》（與2002年所頒布條例名稱相同，並同時廢止2002年頒布的同名條例），第四條規定：「本條例適用於選拔任用中共中央、全國人大常委會、國務院、全國政協、中央紀律檢查委員會工作部門或者機關內設機構領導成員，最高人民法院、最高人民檢察院領導成員（不含正職）和內設機構領導成員；縣級以上地方各級黨委、人大常委會、政府、政協、紀委、人民法院、人民檢察院及其工作部門或者機關內設機構領導成員；上列工作部門內設機構領導成員。」[28]對中共中央領導菁英選拔的「明規則」同樣付之闕如。

　　或有論者認為，中共政治菁英的權力更迭，不能以黨章或已公布的典章作為唯一標準，甚至主張其權力更迭制度可能依據外界無從掌握與瞭解的「明規則」辦理，這些論點雖不無可能，但就學術研究必須依據確切資料特性，且至目前為止，無任何跡象

---

[27] 〈黨政領導幹部選拔任用工作條例〉（2002年7月23日），2012年12月25日下載，《人民網》，http://www.people.com.cn/GB/shizheng/16/20020723/782504.html；〈黨政領導幹部職務任期暫行規定〉（2006年8月7日），2012年12月25日下載，《中國共產黨新聞》，http://cpc.people.com.cn/GB/64093/64387/4671315.html。

[28] 〈黨政領導幹部選拔任用工作條例〉（2014年1月16日），2014年6月23日下載，《人民網》，http://politics.people.com.cn/n/2014/0116/c1001-24131759.html。

可證明此「明規則」的存在，故只能暫時排除，並依據現有資料認定中共政治菁英的更迭係依據黨章及其他相關已公布於世的規定運作。

國外對後共產主義政黨的走向研究發現，其由領導者行極權領導卻不重視黨員的傾向依舊，其原因包含有：「黨經費並非由黨員支付，而是由國家給予」、「黨領導者視黨員為其挑戰者」等原因，[29]若將此研究結果做為標準，檢視現行中共的黨組織，也發現有共同的特質。若中共領導者視其所屬黨員為挑戰者，且黨員對於中共領導者的箝制力不足，中共領導階層何以甘於設立理論上必須經由全體黨員認可的「明規則」以限定自我權力取得？相反的，中共菁英是否更有享受不受「明規則」限制，同時可隨時改變「潛規則」之意圖？

面對中共權力更迭是否已經制度化的問題，筆者以為必須回到何者為「制度」，才足以釐清。

制度一方面限制個體的行為，進而降低交易的成本，另一方面其運作的核心機制，是為制度對行為具有限制與調控的作用。且組織從制度架構中發展出來，提供各行為者互動的平臺，組織內的行為者因某種共同的目標而結合。組織的出現及其演變，是受到制度架構的影響，而組織在制度提供的機會下，降低成本促成交易。[30]簡單說，制度是在提供行為者行為準則，而制度內成員相互遵行行為準則互動，以政治學的角度，則是創造出政治運

---

29 Zsolt Enyedi, "Party Politics in Post-Communist Transition," in Katz and Crotty, eds., *Handbook of Party Politics*, p. 234.

30 詹中原，〈全球治理下國家公共政策的影響指標：理性選擇制度論的觀點〉（2007 年 5 月 31 日），2012 年 12 月 4 日下載，《財團法人國家政策研究基金會》，http://www.npf.org.tw/post/2/2417。

作的內涵；因此，長久以來制度的研究便在政治學領域占有極高的分量。但在 20 世紀的 50、60 年代卻因為行為主義的興起，使政治學領域的研究，逐漸由依據制度的研析偏移向以行為為依據研析，至 70 年代後又再度注重制度在政治行為上的研析，甚至因此發展出「新制度主義」。[31]新制度主義雖然又可區分為規範制度主義、理性選擇制度主義、歷史制度主義、經驗制度主義、社會學制度主義、利益代表制度主義和國際制度主義等等，[32]但新制度主義的共通特點是包含正式的與非正式的安排，其中非正式的安排甚至包括了符號系統、認知規定與道德規範。[33]更簡單一點說，過去對於政治權力運作的研究，是依據白紙黑字的典章制度（即本文所稱的「明規則」）做為研究對象，依據典章制度規定描繪、解釋及預測政治權力的運作，此種研究方式稱為制度主義（或與新制度主義相對稱為「舊制度主義」）。但因為（舊）制度主義不足以完全說明所有政治權力的活動，因此有行為主義的興起，意圖在典章制度中加入人的主體能動性，但卻又因行為主義也欠缺完整說明、描繪與預測人類政治權力運作的能力，因此，有新制度主義將典章制度加上人的行為做為共同解釋人類政治行為的理論依據。故所謂「制度」就必須對以典章制度為研究依據的舊制度主義，或是典章制度加上人類自主行為能力的新制度主義的制度加以區別對待的必要。

---

[31] 陳家剛，〈前言：全球化時代的新制度主義〉，薛曉源、陳家剛主編，《全球化與新制度主義》（北京：社會科學文獻出版社，2004 年），頁 2-3。

[32] Peter A. Hall and Rosemary C. R. Taylor, "Political Science and the Three New Institutionalism," *Political Studies* (1996), XLIV, pp. 936-957.轉註自陳家剛，〈前言：全球化時代的新制度主義〉，頁 4。

[33] 陳家剛，〈前言：全球化時代的新制度主義〉，頁 9-10。

若依據新制度主義的觀點，影響人類政治行為的因素除正式的組織外，其他包含非正式組織的價值觀、道德、文化、輿論壓力……等等，都算是組織的一環，當然也因此，讓所謂制度的界線變成模糊，甚至可變成包含一切態樣，其結果雖可擴大解釋的涵蓋面，但卻不易建立因果關係，對於以精準為目標的學術研究而言，顯然是其缺陷。因此，新制度主義自承具有概念測量與驗證問題，更存在著不同程度「無法證偽」的可能性，及當制度還沒有被遵行時，新制度主義往往辯稱，那是因為制度還沒有完全發展或說任何制度都允許某種程度的偏離。[34]

　　新制度主義來自於對舊制度主義的修訂，而舊制度主義有以下特徵：一、法律主義：法律是任何憲政國家的核心要素，乃政治活動之基本規範；正式制度的核心就是法律規範；二、結構主義：假設個人的政治行為是受既定的制度結構所決定；三、整體主義：強調正式法制，對整套憲政制度進行比較；四、歷史主義：關注當前的政治制度是如何被歷史、社會經濟與文化現實所鑲嵌（embedded），欲理解特定國家的政治運作，研究者必須了解該國政治制度得以產生的歷史發展模式；五、規範分析：表現強烈的規範性因素，經常描述「好政府」的型態。[35]

　　若依據前述中共黨章及前述《黨政領導幹部選拔任用工作條例》、《黨政領導幹部職務任期暫行規定》，其內容顯然並未對中共領導菁英具有「明規則」的任用標準，若以舊制度主義的角度

---

[34] 陳家剛，〈前言：全球化時代的新制度主義〉，頁 16。

[35] 蔡相廷，〈歷史制度主義的興起與研究取向——政治學研究途徑的探討〉，《臺北市立教育大學學報——人文社會類》（臺北），第 41 卷第 2 期（2010 年），頁 41 註釋 3。2012 年 12 月 19 日下載，http://163.21.236.197/~publish3/journal/412h&s/03.pdf。

看中共的權力更迭，根本就無制度可言。目前中共政治菁英權力更迭的「潛規則」又充其量僅能算是社會學中的「規範（norm）」，而規範只能算是「約定俗成的規矩」，對於參與中共權力更迭的政治菁英而言，縱使有其約束力量，但比起正式的「明規則」，其約束力當然相對易於變動，甚至因為其中主、客觀因素的改變，如強人的出現，或是發生對外戰爭或面對境內重大的天災地變，必須藉助擁有特殊能力的特定人選時，都可快速加以否定或改變。

再以學者鄭永年的觀點認為，權力繼承的問題是中共黨所強調的一個重要政治問題，而權力繼承問題至少體現在兩個方面：一、權力從老一代政治人物轉移到新一代手中；二、如何轉移的問題；而轉移的不成功，將導致政治的不穩定。在江澤民時代，為應付權力繼承問題，其舉措包括：一、鞏固江澤民的權力地位；二、重建黨的意識形態；三、錄用新類型的菁英進入黨的領導集團；四、建立年老領導人的政治出口（political exit）；四、黨軍關係的制度化。[36]這些問題，由江澤民經胡錦濤到習近平，縱使因老人凋零及黨軍關係平穩過渡，可能不再困擾中共的領導階層運作，但如何保有並鞏固最高領導階層的權力，仍是中共所必須面對的現實，若所有作為都必須以保有中共領導權力為核心，權力更迭就必須隨時依據時空環境改變而做出調整，若然，則如何能將目前中共的權力更迭中可隨時因應時空環境調整的「潛規則」認定為已經制度化？

而「潛規則」，更可用社會學的功能論角度加以解釋。社會學的功能論（functionalism）認為：所謂功能（function）是指：

---

[36] 鄭永年，《政治漸進主義》（臺北：吉虹文化，2000 年 2 月），頁 60、64。

一、有用的活動；二、適當的活動；三、維持體系均衡的活動。[37]功能論更著重認為不論社會如何變遷，最終都是朝向尋求均衡狀態。[38]若從功能論的角度看，中共的權力更迭依據黨內各派系勢力所接受的「潛規則」辦理，意旨是在維護共產黨威權的整合與均衡穩定，為此，就是在時空環境改變時，可以迅速改變以為因應，較之以明文規定的「門檻」變更更為快速有效，尤其是中共仍自詡為革命政黨時更具有其必要性。

　　趙建民教授曾在研究立法機關的制度化中，依據外國學者波士比（Nelson W. Polsby）與凱能（David T. Canon）的著作，整理出立法機關的制度化包含有：一、清楚的周界（Well-Bounded），使其成員彼此辨認，領導階層專職化，由內部拔擢，鮮少外力介入，成員構成要件嚴明，不得任意去留，離職率低。二、組織內部逐漸複雜化（internal complexity），委員會的數目增加，自主性提升，議會黨團的領導趨於專業化，以及立法機關周邊的輔助性措施增加，三、基於普世的（universalistic）而非特定的（particularistic）的規則運作，四、機構有持續性等特性。[39]

　　若以中共中央政治局常委的組成與權力更迭為例，雖其並不等同於立法機關，但若將前述的特點，加以借用比對，卻發現中共中央政治局具有：一、符合「清楚的周邊」界定：政治局常委的組織與身分賦予極為明確。二、不符合「組織內部逐漸複雜化」的界定：就政治局常委數量，十八大的政治局常委人數（7人）竟然比「十七大」（9人）少；而被外界關注的中

<hr>

37　蔡文輝，《社會學理論》（臺北：三民，1994 年），頁 191-192。
38　蔡文輝，《社會學理論》，頁 198。
39　趙建民，〈中共黨國體制下立法機關的制度化〉，《中國大陸研究》（臺北），第 45 卷第 5 期（民國 91 年 9、10 月），頁 88。

央政法委書記也從「十七大」政治局常務委員擔任（周永康），降為政治局委員擔任（孟建柱），就其內部複雜化的特點而言，此轉變方向卻具有簡單化走向的意義，顯然對制度化構成一定程度的損失；三、政治局委員的運作規則是否為普世的而非特定的運作，至今雖不易釐清，但以中共依「潛規則」行事的特質，其依特定規則而非普世的規則運作，卻也可以想像；四、具有持續特性無庸置疑。在四個特點中，竟有至少第二、三項兩個不相符合，依此標準，若宣稱中共政治菁英的權力更迭已經制度化，顯然不無疑問。

第二節　權力更迭未制度化的反證

諸多學者也發現中共政治權力的更迭有「偏離」制度化的現象，如：學者楊開煌在「十八大」召開前認為，從制度歸納法觀察中共人事，無需假設中共黨內政治運作已經制度化，只是從以往的習慣性整理出某些脈絡，以為觀察、預測的依據；然而，歸納法本身無法因應未來的變化，所以，如果「十八大」的政治局常委由9人轉為7人，自然就超出了過去歸納法的研究；不過歸納法仍不失為研究中共黨內人事布局的有效工具，只是必須加入新的變數：第一、中共高層在換屆之際，對現行制度運作的反省。第二、當代中共中央領導集體對未來的形勢判斷。前者是中共黨內在革命時代，就一直存在的傳統，也就是在某一個政策實行一段時間之後，會對政策執行的優劣成敗，作出嚴肅的「總結」，

以供下一步行動的參考；如政治局常委是 9 人或 7 人，必須依是
否符合當代及未來的需要而定。其次是中共中央對未來大陸的總
體環境的研判，做出因應。楊開煌對於「十八大」的政治菁英權
力交接後的觀察則認為：「從這一次的常委人選來看，彰顯了中
共在黨與國家領導人的晉升方面，是以『制度建設』與『派系運
作』雙軌並用的途徑，來決定領導階層的人士，以便求取權力轉
移的平衡和穩定」、「如果從派系運作的角度，以一般話語來說：
政治局常委是派系運作的痕跡比較明顯，因為我們很難以同一的
標準來衡量，同一條件的政治局委員可否『入常』」、「從制度建
設的角度而言，則此次人事是一種既讓人有失望也讓人有期待的
布局」，如：依據李源潮的年齡、學歷、經歷、政績，特別是他
的出身，幾乎找不到出局的理由，但卻沒有「入常」；是否「入
常」，派系的因素比較重要，如俞正聲、劉延東年齡均為 1945 年
生，但是俞正聲上，而劉延東不動，在資歷上，則似乎就沒有嚴
格的指標，如劉雲山、劉延東都完全沒有地方一把手的經驗，但
是「入常」的是劉雲山而非劉延東，看來這一部分主要是非制度
的因素決定；郭金龍、范長龍均以 65 歲高齡由部級躍升政治局，
自然也看到派系運作的因素。[40]李源朝以政治局委員而非常委身
分擔任國家副主席、周小川續任人行行長、李克強排名在全國人
大委員長張德江之前（第 15、16、17 屆政治局常委都是人大委
員長排名在總理之前），新上海市長楊雄的任命等，都與近年所
建立的「制度」或慣例不同。[41]

[40] 楊開煌，〈中共十八大觀察——派系運作已取代派系鬥爭〉（2012 年 11
    月 17 日），2012 年 12 月 13 日下載，《中時電子報》，http://news.
    chinatimes.com/forum/11051404/112012111700450.html。
[41] 趙建民，《中國決策：領導人、結構、機制、過程》（臺北：五南，2014

相同的道理，不能因為中共領導菁英沒有二十歲者出任，就推論出中共的領導菁英的接任不能是二十歲的年輕人為其制度，其實際狀況顯然是二十歲的年輕人，在資歷上尚不足以擔重任；同樣的必須經過一定程度的歷練，才足以在共產黨以人治為基礎的環境中出任領導者，因此，為求能領導群倫，領導者自然必須比被領導者更多的資歷才能勝任（「罩得住」）。依此推論，資歷也僅能算是出任領導者的必要條件或更確切的說是「歷練」之一，與制度化與否似乎並不相同，充其量僅能成為「潛規則」，與真正的制度化相距何以道里計。進一步說，目前主張中共權力更迭已制度化或逐漸制度化的學者，所最常用的以七十歲作為制度化的論證基礎，顯然證據力並不十分令人折服，若有突破七十歲者擔任中共領導菁英，不僅在實務上與黨章規定上可行，也將引發進一步中共是否「七十劃線」的制度化爭論與推翻。另一方面，以「七十劃線」是否也是因防止接任人選過於老化及具備相當「歷練」下的產物而已，與制度化亦無必然關係。

　　「未達七十歲」僅是要件之一，且無法在黨章中找出「超過七十歲」不得出任政治局常委的規定，因此，「七十劃線」就成為出任政治局常委的指標之一，非唯一，且也難說其具有決定性的影響力，故「七十劃線」也僅能成為「潛規則」或說「慣例」的指標之一而已。更何況幾歲畫線與權力鬥爭糾葛難以劃清界線，如 1997 年江澤民要求政治局 70 歲劃線，而江澤民的政治對手喬石正好 70 歲，江澤民卻至 76 歲才退位，2002 年政治局改以 68 歲劃線，該年江澤民另一對手李瑞環正好 68 歲。[42]

　　年），頁 119、128。

[42] 趙建民，《中國決策：領導人、結構、機制、過程》，頁 128。

當然更有論者認為，中共的權力取得方式，既不再有「槍桿子出政權」或政治強人拍板定案模式，也無民主選舉的合法性，唯有依靠鬥爭取得，[43]故這種「偏離」，也不應被視為太過意外，充分顯示中共政治菁英更迭中非正式範疇的巨大影響力。外國的研究，也顯示中共政治菁英權力更迭，雖有逐漸制度化趨勢但卻無法擺脫因時空環境需要必須屈就滿足「潛規則」的現象。[44]

國內另一研究中共領導階層權力更迭的學者吳仁傑，在最新研究中共「十八大」的權力更迭中，也歸納出其意涵如下：

一、具備條件微調，差額比例續升

中央委員會選舉主要分兩階段進行，首先是各代表團預選（差額），其次為大會正式選舉（等額）。16 屆中央委員、候補中委差額比例分別為 5.1%（差額數目 10 名）、5.7%（差額數目 9 名），17 屆分別增為 8.3%（差額數目 17 名）、9.6%（差額數目 16 名），本屆再各略增至 9.3%、11.1%（差額數目均為 19 名），雖呈增長趨勢，但增幅縮減。

---

[43] 葉橋，《諸侯瞄準十八大》（臺北：領袖出版社，2012 年 8 月），頁 19。

[44] Alice L. Miller, "The 18th Central Committee Politburo: A Quixotic, Foolhardy, Rashly Speculative, but Nonetheless Ruthlessly Reasoned Projection," (2011/2/16), last visited 2012/12/25, *China Elections and Governance*, http://chinaelectionsblog. net/?p=12409。

二、成員數目微幅成長，女性與民族成員數量均減

中共中央委員會成員數目自 13 屆起隨黨員數量的增加呈逐屆增長趨勢，但增幅除 17 屆較 16 屆略高外，其餘各屆均逐步減少；本屆僅增長 1.35% 最低。

年來中共雖持續要求加大培養女性和少數民族幹部，且 13-17 屆中央委員會中此兩方面成員數目多呈增長趨勢，但主要增加的均是權力相對較小的候補中委部分，本屆雖首度選出兩位女性中央政治局委員（劉延東、孫春蘭），但中央委員會中女性、少數民族成員總數均較上屆減少，其中中央委員分較上屆減少 3 名、6 名，且女性候補中委數量首次出現縮減情況（詳 4-1 表），顯示女性、少數民族幹部在副省部級（含）以上層級升遷仍面臨嚴重停滯現象。

表 4-1　13-18 屆中央委員會女性、少數民族成員數目統計

區分		13屆	14屆	15屆	16屆	17屆	18屆
女性	中央委員	10	12	8	5	13	10
	候補中委	12	12	17	22	24	23
	合計	22	24	25	27	37	33
少數民族	中央委員	16	14	14	15	16	10
	候補中委	16	20	24	20	24	29
	合計	32	34	38	35	40	39

資料來源：吳仁傑，〈中共 18 屆中央委員會選拔與結構分析〉，《展望與探索》（新北），第 10 卷 12 期（2012 年 12 月），頁 50。

三、高學歷成為任用趨勢

四、不成文制度化存在彈性作法

上屆正省部級和大軍區級正職中央委員選任年齡上限為 63 歲（黨和國家領導人放寬至 68 歲以下），並以 7 月「劃線」，即出生於 1944 年上半年者不列入，1944 年下半年出生者納入（但 1944 年 10 月出生的國務院「三峽辦」主任汪嘯風未獲選）。本屆選任規範亦同，即 1949 年 7 月（含）後出生者列入（惟同為 1950 年出生的副總參謀長侯樹森、蘭州軍區政委李長才均未獲選入中央委員會），但 6 月（含）以前出生者全數不再納入（黨和國家領導人仍以 68 歲以下為限）。

再者，中共上屆在省級黨委換屆及新一屆中央委員候選名單考察工作基本完成的 2007 年 6 月下旬，舉行首次新任中央政治局委員人選民主推薦；本（18）屆提前至 2012 年 5 月間舉行，且首次同時就新任中央政治局常委候選人選進行民主推薦，證諸 1947 年 7 月出生、已屆 65 歲退下年齡的趙洪祝 6 月初連任浙江省委書記（後升任中央書記處書記）、郭金龍 7 月初升任北京市委書記（後出任中央政治局委員），且共軍未如以往在 7 月初調整屆齡退休大軍區級正職將領（1947 年 1-6 月出生者應在 7 月屆滿 65 歲退下）；結合胡錦濤開創先例同時交卸黨權與軍權、首度同時提拔兩位隔代接班人選進入中央政治局歷練、中央政治局常委會席次由 9 席回復 7 席、新任中央政治局委員年齡上限從上屆 63 歲以下改為不超過 65 歲等情況，凸顯中共權力繼承機制雖有制度化趨勢，但因多為非成文規範，故部分可能順應情勢發展需要調整。[45]

---

[45] 吳仁傑，〈中共 18 屆中央委員會選拔與結構分析〉，《展望與探索》（新

連最主張中共政治菁英權力更迭已制度化的學者寇健文，於「十八大」之後，對於中共菁英政治權利更迭是否已經制度化的看法都認為：

　　雖然年齡限制、職務臺階、交流經驗等制度框架仍在，但受到非正式政治的衝擊，出現微幅妥協（放寬年齡限制、越級晉升）的情況。例外者絕大多數都是因為年齡放寬所產生的遺漏，可見制度規範對最後人事異動仍有相當大的影響力。不過，制度的大體穩定不能掩蓋政治角力的事實，特別是路線分歧。產生路線分歧的主因是「三差問題」（城鄉差距、貧富差距、東西差距）過於嚴重，激起社會不滿情緒，世代交替又把前述兩種問題複雜化，使得人事安排相對棘手。[46]

　　顯然中共政治菁英的權力更迭，在制度化的形塑中，仍遭受不成文「潛規則」的重大影響。故有學者認為，中共政治菁英甄補規範化與制度化的道路，仍面臨著個人權威、政治關係網絡或政治血緣背景的干擾，加上甄補標準的可操作性、民主滯後和法治不足等問題，都容易形成甄補制度化的阻礙。[47]

　　若將制度侷限於更精準的舊制度主義，且是舊制度主義中的「法律主義」角度，則必須具有明確的「明規則」規定才算是制度。而法律學者哈特（H. L. A. Hart）的名著《法律的概念》（The

---

北），第 10 卷 12 期（2012 年 12 月），頁 49-52。

[46] 寇健文，「美中新政局下美中臺三邊形勢座談會」引言稿，發表於「美中新政局下美中臺三邊形勢」座談會（臺北：臺北論壇，2012 年 11 月 19 日），頁 1-5，2012 年 11 月 23 日下載，《臺北論壇》，http://140.119.184.164/taipeiforum/file/005.pdf。

[47] 林琳文，〈後文革時代中共政治菁英甄補標準的演變與發展〉，《展望與探索》（新北），第 9 卷第 4 期（2011 年 4 月），頁 40；郭瑞華，〈中共『18大』中央政治局常委、委員人選蠡測〉，《展望與探索》（新北），第 9 卷第 4 期（2011 年 4 月），頁 55。

Concept of Law）譯者，在該書中譯本的導讀中，更精彩說明了此種觀點。譯者認為哈特的核心為「規則」，而「規則」概念最重要的突破，就在於哈特區分了規則的「內在面向」（internal aspect of rules）與「外在面向」（external aspect of rules）兩類。內在面向乃是參與者以「批判反思的態度」（critical reflective attitude），「接受」（acceptance）規則，並以之作為衡量自己和他人之行為的標準。規則的外在面向，則是觀察者從外在的觀點，觀察規則所存在的社群行為之規律性。單單注重外在面向的極端外在觀點，無法合理解釋以規則做為批判標準的內在面向社群成員。在兼顧規則之內在與外在面向的「規則理論」的基礎上，哈特提出了對概念的理論說明，也就是「初級規則與次級規則的結合」（the union of primary rule and secondary rule）。他先從想像一個沒有立法機構也沒有政府官員的原始社會開始。在這個社會中，只有以習俗形式存在著這些規則直接規範著人們的行為（規則的內在面向）。可是這種社會控制的形式只能存在於成員關係十分緊密、多半有血緣的連帶關係、或者是共享堅強的信仰或傳統的社會裡面，而且這個社會必須處於相當穩定的環境當中。一旦這些條件發生改變，社會控制形式的問題就會產生。這些缺陷主要有三個。第一，「不確定性」（uncertainty）。在這種原始社會中，成員有著同一套世界觀、信仰、價值觀，因此對於規範內容到底是什麼，乃是建立在某種共識之上，然而如果共識慢慢不復存在時，成員們開始就會對規範到底是什麼產生爭議。而爭議發生時並沒有共同的標準可以訴求，只能各說各話。第二，是「靜止性」（static）。在這種社會中，規則的成長或改變是自發的、緩慢的。一旦社會面臨變動而成員必須迅速做出調整與反應時，缺乏迅速調整機制的原始社會就會面臨極大的困難。第三，是用以維護規

則之社會壓力的「無效率性」（inefficiency）。因為，這個社會缺乏一個專門的機關來最後確定是否違反規則，並對違規者實施懲罰。在複雜的，大型的社會中，必須要有一種法律制度來消除上面三種缺點。為此，需要有三種次級規則來補充初級規則，其中每一種補充，都意味著從「前法律世界」走向「法律世界」的一步。這三種次級規則分別是「承認規則」（rule of recognition）、「變遷規則」（rule of change）與「裁判規則」（rule of adjudication）。「承認規則」是任何其他的規則如果具備某些特徵，就能成為以此社會團體之壓力為後盾之規則。承認規則提供了社會決定何為其共同遵守之規則的標準。透過承認規則，讓社會控制之「不確定性」得到彌補。「變遷規則」是授權個人或團體制定新的初級規則，使特定個人或團體獲得制定、廢棄初級規則之權利。成員們彼此之間，也會以變遷規則來衡量某項初級規則而做出修正。如此則「靜止性」就不復存在。至於「裁判規則」則是授權給個人或機關在一定情況下，就某一初級規則是否已被違反，以及應處以何種制裁，做出權威性的決定。裁判規則決定誰有權審判以及審判的程序。[48]將前述複雜的過程簡化，就是不具正式約束力的「潛規則」，在經過必要處置後成為「明規則」的法律，更簡單說，「潛規則」只能做為制定法律或「明規則」的前奏或基礎。

因此，若依據舊制度主義中的法律主義觀點，結合前述哈特的論述，則可將非正式的「潛規則」與正式的「明規則」關係，以圖形呈現如下：

---

[48] 李冠宜、許家馨，〈導讀〉，H. L. A. Hart 著，李冠宜、許家馨譯，《法律的概念》（臺北：商周文化，2010 年），頁 xxxiii-xxxiv。

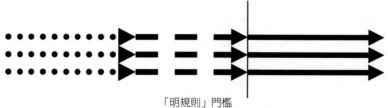

「明規則」門檻

圖 4-1　非正式向正式制度過渡關係圖

資料來源：作者自行製作
說　　明：由「點線箭頭」，逐步濃密到「虛線箭頭」，再濃密成「實線箭頭」。

　　依此圖形，外界對於目前中共政治菁英權力更迭所研析出的特性，因無中共黨章的明文規定，就算違反過去所遵循的規則或規範，亦因欠缺哈特觀點中的「裁判規則」，致使組織內、外部都無法加以制裁，故中共權力更迭的未成文規範，只能算是成為黨章明文規定前的「潛規則」。更進一步說，在當前學界對於中共政治菁英權力更迭的研究，持「已制度化」觀點，是將「潛規則」也視為制度的一環，顯然是以新制度主義的角度看待中共政治菁英權力更迭問題，但依據前述，若新制度主義本身都承認「無法證偽」的嚴重方法論缺陷，那麼若依據新制度主義的內涵研究中共政治菁英的權力更迭，甚至用以預測中共的權力更迭方向，並稱其更迭已制度化，顯然有商榷空間。縱使抱持「逐漸制度化」觀點，也暗示這些「潛規則」最終將越過「明規則」門檻發展成為「明規則」，真的是如此發展？

　　檢視後附表 4-2 內容，發現自第「十二大」至「十八大」所通過黨章中，第六章有關「黨的幹部」的規定，扣除完全不曾修改的部分，就修改部分研析，除部分條文修訂以符合當時的政治

訴求，及對於黨幹部的資格規定以宣示性的用語外，其他資格規定付之闕如。而依據前述「十八大」記者會的說法，時至 2012 年的「十八大」會議所通過黨章，對於黨幹部的規定，更明確呈現如下現象：

一、現行中共黨章係 1982 年奠定相關基礎，經過數屆黨代表大會，每一屆黨代表大會都經過部分修改，至 2012 年的「十八大」時序長達 30 年共 6 次修訂，但對於黨的各級領導幹部條件卻未有明文規定其資格。顯然其理由不是中共領導階層忽視領導幹部任命資格之重要，而可能是根本排斥將任用資格明文寫入黨章之中，以保留權力更迭的操作空間。

二、明確幹部任命資格條件的限制，將無法因應當時環境，啟用最適當人選做為黨的領袖，當然因為其無明確的規定，也可能造成黨幹部的啟用，成為各種勢力妥協的產物。

再進一步說，中共幹部的拔擢至今並沒有發現一套一體適用的規定，各地方對於幹部的評比標準也並不相同，甚至同一地區的評比標準相互衝突，如要求一地的生產效率必須提高，同時也要求一地方的政治秩序必須平穩，致使地方幹部為求生產效率高就必須辭退各機關、企業的冗員，而辭退冗員卻有可能造成地方政治情勢的不穩定，[49]若地方幹部的拔擢，在實際操作上尚且爭論處處，那麼逐級上至領導階層，其拔擢標準又怎能提供可被各方接受的一體適用標準？從另一個角度看，若權力承接人的各項特質呈現歷練不足，實無法承擔中共最高領導階層的重責大任。

---

[49] Susan H. Whiting, "The Cadre Evaluation System at the Grass Roots: The Paradox of Party Rule," in Barry J. Naughton and Dali L. Yang, eds., *Holding China Together: Diversity and National Integration in the Post-Deng Era,* p. 116.

反之，具資格競爭政治領導階層者，必然是具有大致雷同的資歷，因此若將相同的資歷視為「制度」也似有過度解讀之虞。

西方部分學者認為，當前的政治學知識，似乎不足以解釋非民主體制的政治體制變革與權力更迭現象，而中共於 1978 年以後的權力更迭，在《憲法》與黨章以外的非正式規定更具有極大的影響力；而中共基於過去的混亂及俄共的慘痛鬥爭經驗，終於在 1982 年的「十二大」開始依據黨章進行每 5 年一次的黨代表大會，同時也頒訂 1982《憲法》，[50]但顯然中共有法不依的現象仍然盛行。

若以中共第十三屆政治局常務委員會至第十八屆政治局常務委員會的人數安排，分別為人數 5 人、7 人、7 人、9 人、9 人、7 人。以制度化觀點檢視，在逐漸脫離強人影響而必須以制度駕馭政治菁英的趨勢中，因第「十六大」與第「十七大」分別為 9 位政治局常委，在制度上理應占有一定的強制力量，但卻在 2012 年年底的第「十八大一中全會」中，變成 7 人為政治局常務委員會委員，顯然與「制度化」的想像不同。再證諸鄧小平與江澤民連續兩位領導人不「裸退」卻也難成慣例或「潛規則」，致使根本難以推估出胡錦濤會「裸退」的事實，甚至是政治局常委排名不依慣例的變動（「十八大」國務院總理排名在人大委員長之前，與「十五」、「十六」、「十七大」由人大委員長排名在國務院總理之前不同），亦有異曲同工之處。

學者寇健文亦表明，所謂制度化是一個動態的、演變的過程，這個概念並不等同於「已經制度化」的概念，因為「已經制

---

[50] Joseph Fewsmith, "Elite Politics: The Struggle for Normality," in Joseph Fewsmith, ed., *China Today, China Tomorrow* (Maryland: Rowman & Littlefield Publishers, 2010), pp. 150-151.

度化」係代表著制度化過程已經通過某些特定指標的門檻，不易發生逆轉現象。同時，制度化只是限制非正式關係在政治運作中的影響，但無法完全去除它的存在，[51]而制度化的建立必須經過「制度建立」與「制度深化」的階段，且制度化具有可逆轉特性，因此，制度化的開始並不代表它的持續，故必須深化才能成為一個穩定的發展方向，而制度化的建立階段，卻必須先解決集體利益（制度建立）與個人利益（私人權位）的矛盾，這種矛盾必須首先依賴建立者的專斷大權，才能推動建立新的制度，但卻又不能在保留大權、不受制度約束的情形下鞏固新制度。[52]在中共領導階層政治權力更迭的制度建構過程中，以鄧小平的地位與功績最符合這些可專斷大權卻不保留大權的特色，但經過 30 年及 6 次的修改，且期間鄧小平大權在握十數年（鄧小平卒於 1997 年），卻未見鄧小平建構明確的制度轉換條件，是鄧小平無力推動或有其不得不的作為？中共的權力更迭遊戲規則，不僅位高權重的鄧小平無法完成相關制度化深化的建制，連其後續的繼承者：趙紫陽、江澤民、胡錦濤也都無法完成。更弔詭的是鄧小平建構制度，卻是因為鄧小平根本就是跳脫出制度的約制才足以憑藉其身分地位建構制度，甚或說，鄧小平也不是在建構制度，而僅是在建立權力的平衡以支持其改革開放政策，才不得不借重於正式與非正式的規範，以形塑權力更迭模式，而這種正式與非正式權力更迭模式的運用，可讓權力更迭模式有充分因需要而迴旋的空間。[53]凸顯非制度化，在中共權力更迭過程中的重要地位。外國研究者更斷言中國大陸的政治過程充斥著 4 項特質：一、共識；

---

[51] 寇健文，《中共菁英政治的演變：制度化與權力轉移 1978-2004》，頁 58。
[52] 寇健文，《中共菁英政治的演變：制度化與權力轉移 1978-2004》，頁 5-6。
[53] Fewsmith, "Elite Politics: The Struggle for Normality," pp. 154,162.

二、討價還價；三、關係；及四、維護面子，[54]因此，不寫成白紙黑字的「潛規則」在協助政治運作順暢中，成為不可獲缺的重要元素。

在經過多年後，甚至已無如毛澤東、鄧小平等可依靠本身身分地位操作政治權力，而必須依照制度才足以操作政治權力更迭的多位後繼者，但至今中共都仍未能突破下列3個瓶頸：一、最高領導人欠缺明確的年齡限制或任期限制；二、如何選任新領導人；及三、如何定位新舊領導人的權力關係。[55]造成中共領導菁英權力更迭，無法完成「制度深化」的原因不論為何，其凸顯中共領導菁英有極其堅決不在黨章明確化權力更迭規定的決心，則決不應被外界質疑。

更重要的是，縱使前述學者哈特認為「潛規則」是「明規則」的基礎，但現有研究並不敢保證非正式的權力更迭規範，一定會越過「明規則」門檻，轉成正式的權力更迭規定，換言之，非正式的權力更迭規範不一定是正式權力更迭規定的前奏。[56]若依此，則中共權力更迭的狀態與圖 4-1 並不相同，而是呈現如圖 4-2 現象。

---

[54] John Bryan Starr, *Understanding China* (New York: Hill and Wang, 2001), p.69. cited from Ming Xia, *The People's Congresses and Governance in China* (New York: Routledge, 2008), p. 13.

[55] 寇健文，《中共菁英政治的演變：制度化與權力轉移 1978-2004》，頁 7。

[56] Fewsmith, "Elite Politics: The Struggle for Normality," p. 162.

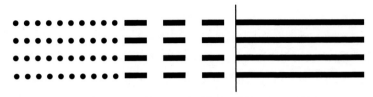

「潛規則」與「明規則」界線

圖 4-2　非正式與正式制度關係圖

資料來源：作者自行繪製
說　　明：代表「潛規則」的虛線，縱使由較稀鬆的「點線」逐漸至較濃密的「虛線」，也不表示可進入代表「明規則」的「實線」。

　　依此，現階段對於中共政治菁英權力的更迭所做出的研究，尤其是經由政治菁英接替者的特殊個人特質與條件，歸納出的相通條件，能否最終能越過「明規則」門檻，成為「明規則」就成為問題。因此，非正式與正式制度之間的區隔就不是「門檻」，而是「界線」，且此界線似乎並不易跨越。

　　進一步說，若無法成為確定的制度，那麼其變動性必然巨大，而每 5 年逢中共領導菁英政權更迭時，外界依據歷屆中共政權更迭所呈現的非正式安排條件，積極對下一屆中共領導菁英人事推估，其成功機率自然不高。以 2012 年中共「十八大」所做的事先推算，連最基本的中共中央政治常委會委員是 7 位、9 位或 11 位都爭論不休，若要精準推測何人繼任必是難上加難；相對的若中共政治菁英權力更迭已制度化，那麼推測的空間相對縮小，甚至只要「照章行事」根本沒有必要推測。因此，若每逢 5 年仍要經由各方推測權力更迭的過程與結果，正好反證中共權力更迭尚未制度化的現實。

　　再從另一角度看，縱使將非正式的「潛規則」視為制度的一部分，但依據功能論的觀點，或實證的研究都顯示，制度的轉型

必然受以下幾種動力的影響：一、經濟發展快速；二、政治制度變遷；三、社會變遷，[57]若中國大陸因時空環境的改變而改變其非正式的「潛規則」，那麼，以新制度主義為論述主軸而支持當前中共菁英權力更迭已制度化的觀點，是否又必須再歸納出相關的特質為自己辯護？更何況，任何決策必然要滿足於組織與組織所在環境的需求，當時空環境改變，對於人事更迭的決策也必然要跟隨組織與當時的環境改變；[58]中共以中央委員、政治局委員及政治局常委組織做為最高權力機關的形態短期內無改變的跡象，而能改變的當然就是挑選符合當時環境的繼任人選，因此，權力更迭的「潛規則」跟隨改變似乎也無法避免。若然，則連中共政治菁英的權力更迭「已逐漸制度化」的論述基礎都將動搖。

第三節　權力更迭不制度化對威權政體的保障

　　早年白魯迅（Lucian Pye）對中國大陸政治的觀察，認為具菁英政治特色的中共，政治制度本身並不重要，相反的，個人的重要性往往因政治掛帥，超過制度與法律，在菁英體制之下，政

---

[57] 許源派、許文西，〈大陸制度發展的本質性面向與兩岸交流中的制度性困境分析〉，《展望與探索》（新北），第 9 卷第 11 期（2011 年 11 月），頁 52。

[58] Paul M. Hirsch, "Organization Effectiveness and the Institutional Environment," in John Van Maanen, ed., *Qualitative Studies of Organization* (London: SAGE, 1998), p. 265.

治領袖一手抓住「制度」，再把他們加以修改以為己用，致使制度可以輕易的改來改去。[59]而長期觀察中共的香港《明報》集團稱，中共權力更迭連「明規則」也可能推翻，何況是心照不宣的「潛規則」？[60]當中共黨章中連權力承接者「門檻」的「明規則」都付之闕如，政治領袖當然更加可以隨意更動規則，因此，將中共隨時可加以改變的政治菁英權力更迭「潛規則」當作「制度化」或「逐漸制度化」理解，顯然有失精準。

在科層化（bureaucracy）的研究中，韋伯（Wax Weber）認為制度的確立，在其中運作的人員權力將因此遭受「法律限制」、「集體領導稀釋」或「依法分權」等因素而受到約制，但相對的為抵抗階層化對於官僚體系運作能力的限制，常以領導階層為突破口，韋伯更進一步引用德國俾斯麥時期的狀況稱，政治菁英自被招募起，就不斷被訓練成為專業政客，以強化政黨及國會力量用於抵擋官僚體系的統治支配（official dominance）壓力，[61]官僚體系制度化對於權力的制約可見一斑，也凸顯制度化官僚體系對菁英分子權力的限縮情況嚴重，故政治菁英分子必須加以駕馭，凸顯出政治菁英只准制度被自己所用，不被制度箝制的企圖。在政黨制度（party systems）的研究中也發現，政黨發展的趨勢有政黨意識形態日漸低落，而政治菁英的重要性日漸加重，也就是日漸美國化現象（Americanization）。[62]對中東北非威權體制研

[59] Lucian Pye 著，胡祖慶譯，《中國政治的變與常》（臺北：五南，1989），頁 83。

[60] 金申，〈誰擬定了十八大政治局候選人名單〉，大事件編輯部編，《十八大政治局之選》（香港：明報出版社，2011 年 3 月），頁 6。

[61] Edward C. Page, *Political Authority and Bureaucratic Power* (Sussex: Wheatsheaf Books Ltd, 1985), pp. 11-12.

[62] Peter Mair, "Party System Change," in Katz and Crotty, eds., *Handbook of*

究，也有學者提出觀點認為，維持威權體制的 4 個重要特色：一、行政範圍擴大（extensive executivism），以特定的強人或一小群人獨攬權力，在相關憲法等法令中都無分權的設計；二、獨特的反應（exclusive responsiveness），以控制的方式接受反對意見化解反對力量，同時更密切結合社會脈動；三、合法性的個人化（personalized legitimation）：統治合法性依據係來自於個人特質而不是法律，在阿拉伯國家是以個人能力、成就、魅力而非以民主的方式獲得統治合法地位；四、彈性的適應（flexible adaptation），以隨時可變的方法而不是以固定不變的制度規範權力的取得與維持，如此有利於當權者隨時改變規則以維持威權體制。[63]

　　中共領導菁英隨時間與歷練逐步往上晉升是慣例，因此，省部級官員的歷練就成為中共領導菁英的必要條件（有論者認為進入政治局常委必須經過兩個省或一個省一個部的歷練），而省部級的官員的出任必須經由下列的程序：

一、中央有此需求（如換屆或其他原因出缺），由中央委員會對省部級黨組織發出相關通知，並列明所需人才教育、經歷等條件。

二、省部級黨組派人至北京向黨中央回報預定人選。

三、中央組織部依據回報名單研議升遷、維持職位與解職可能人選（通常一個職位有 3-4 位候選人）。

Party Politics, p. 70.

[63] Holger Albrecht, "Introduction: Contentious Politics, Political Opposition, and Authoritarianism," in Holger Albrecht, ed., *Contentious Politics in the Middle East* (Florida: University Press of Florida, 2010), pp. 8-10.

四、向資深幹部諮詢選定人員是否適任。資深幹部通常與被選定人員具有相同的資歷，故對其任職功過有一定的理解。

五、中央組織部派出每組 3-4 人的調查小組赴實地調研，調研重點包含對象的道德、能力、勤勉度、表現、個人歷史與潛力等。而實際的作為包括：向特定人選服務單位幹部諮詢、私下徵詢特定人選的同事或長官、徵詢特定人選在文革時期的表現、查詢特定人選在過去各單位服務的表現、與特定人選會談瞭解其能力與潛能、返回北京交由中央組織部彙整相關資料並向中央提出建議、由中央批准就任。[64]

雖然挑選省部級官員必須中央與地方相互合作與協調才能竟其功，[65]但可以想像，在列寧式政黨組織形態中，因資深幹部自過去至現在一直存在的威權體制中係既得利益者（團體），甚至可能為持續得利，而繼續支持威權體制的存在，那麼向這些資深幹部諮詢，必然也將足以維持威權體制作為特定人選考量的重要因素，故權力繼承人選是否足以展現維持威權體制的決心與能力就成為其是否獲得升遷的重要因素。

共產黨意識形態隨時空背景的轉換日漸低落是不爭的事實，對於政治菁英的依賴相對的必須加重，才得以維持統治權的不墜，因此，對於黨內菁英的選拔，自然比西方國家為抵抗行政機關力量所做的菁英拔擢更加謹慎。另有對西歐各政黨提名制度的研究也發現，不論政黨為了民主、生存或擴張影響力而擴大黨

---

[64] Zheng Yongnian, *De Factor Federalism in China: Reform and Dynamic of Central-Local Relations* (Singapore: World Scientific Publishing, 2007), pp. 101-103.

[65] Yongnian, *De Factor Federalism in China: Reform and Dynamic of Central-Local Relations*, p. 104.

員參與的程度如何，其對黨內提名參選公職以確保黨權力的延續，領導階層仍具有決定性的影響力，在只有空宣示民主卻不落實執行的政黨更是如此，[66]若中共政治菁英捨其決定後繼者的影響力而讓權力更迭制度化、僵硬化，其選擇繼任人選推動相關政令以維護共產黨威權的權力必然受到約制。

在權力結構與安排上，一盤散沙似的群眾以極權者為寄託，而極權者卻也把這些群眾視為權力施展的空間，兩者相互依存無法分離。[67]面對一盤散沙的群眾（至今未有足以與中共抗衡的團體或組織出現），中共把持續威權統治寄託於黨的凝聚力量是極其合理的推論，而黨的凝聚力，卻在相當程度上又寄託於選拔出足以團結黨員之領導菁英。依據政黨政治對於後續政治菁英的選拔，當然與如何提名候選人密不可分，依據政黨提名政府官職候選人的研究，可將全球各種提名方式加以歸類，而獲得如下的光譜排列：

圖 4-3　政黨提名方式光譜分析圖

資料來源：Reuven Y. Hazan and Gideon Rahat, "Candidate Selection Methods and Consequences," in Richard S Katz and William Crotty, eds., *Handbook of Party Politics* (California: SAGE Publications Ltd, 2006), p. 110-111.

---

[66] Pippa Norris, "Recruiment," in Katz and Crotty, eds., *Handbook of Party Politics*, p. 93.
[67] Arendt, *Totalitarianism,* p. 23.

以此光譜看待中共對於其繼任菁英的提名，明顯的絕不是由「全民普選」與「黨員選舉」決定，由「黨員代表」選舉或有可能，但卻無明顯證據，因近年中共提倡集體領導，致使如毛澤東時代的由領導人決定的極端現象也已不可能存在，故「提名委員會」決定繼任人選的可能性最高。不論由「黨員代表」或「提名委員會」決定權力繼承人選，若依前述省部級官員選任的過程，則其本質是由黨內菁英決定政府領導人的態勢難以打破。

　　由前述的討論顯示，中共領導菁英權力更迭顯然難謂已經「制度化」，連「逐漸制度化」都被嚴重挑戰，其目的當然是為了符合共產黨依據時空環境的轉換，從黨員菁英中挑選出最符合確保共產黨持續威權政體的領導者；中共領導下的新社會主義，所強調的不再是共產主義的烏托邦世界，但卻依然藉助列寧式的組織與統治達成其設定的目標，其領導幹部必然服膺中共的所有信條，[68]中共當前的信條是維持威權統治以達成國家的富強、有效率與具有發展潛力，而不是實現共產黨的理想；[69]若從菁英培養數十年始能有成的歷程觀察，被挑選者必然對於共產黨持續領導絕對服膺，中共為持續其一黨獨大的領導目標，其菁英的選擇當然必須符合中共威權體制的延續，此也符合前述 Michael McFaul 所主張「第四波民主化的後共產主義民主化過程，……領導菁英的行動才是民主化或威權化的關鍵，而不是後共產主義的政體結構」的觀點。

　　再由決策的觀點看待中共維持威權作為的可能作為，在決策的過程中，可能的假設是參與決策者人數愈多，則外部抵制的風

---

[68] Frank N. Pieke, *The Good Communist* (New York: Cambridge University Press, 2009), p. 9.

[69] Pieke, *The Good Communist*, p. 11.

險愈少，內部協調愈難，相反的，若參與決策者愈少，其外部抵制的風險愈高，但內部協調愈容易。[70]其關係如圖 4-4 顯示如下：

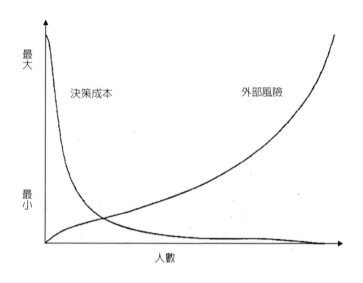

圖 4-4　決策人數與風險關係圖

資料來源：薩拖利（Giovanni Sartori）著，馮克利、閻克文譯，《民主新論》
　　　　　（北京：東風出版社，1998 年 12 月第 2 版），頁 247。

　　以威權主義的立場看，愈少的領導菁英決策必然對其維持威權體制的決心更具有決斷力，若參與決策者過多，如推動民主化或讓全民參與決策，如何維持其威權體制？難怪，日裔美國學者福山，認為最有效率的組織，無可避免的必然是由不受正式制度

---

[70] 薩拖利（Giovanni Sartori）著，馮克利、閻克文譯，《民主新論》（北京：東風出版社，1998 年 12 月第 2 版），頁 245-246。

控制的最有能力的人所領導的團體。[71]雖然這種組織在現實社會中可能並不存在，但其提供一個模型以供研究比對卻令人印象深刻。

任何體制的改革都必須以維持改革者的利益為第一優先考量，才是理性的選擇。共產威權政體的改革必然也遵循此種理性的選擇才為常態，致使維持威權體制的運作自然成為其理性選擇無法避免的結果。依此推論，決定維持威權體制運行的後繼菁英的選擇，就必須維持相當程度的密室作為，才得以在維護決策與外部風險中取得平衡。因此，若要求中共權力更迭必須依完全制度化進行，卻無法依據當時的時空環境背景，跳脫「制度」的規定，以挑選對維持其威權統治最有利的人事安排，顯然不合常理（除非共產黨真正落實「執政為民」的宣示，但事實卻不可能完全排除自私自利的因素）。

故有論者認為，「獨裁者無力解決最高權力的有序交接問題，從邏輯上深刻揭示了黨專制體制的根本痼疾」，其理由是：「黨專制的邏輯決定了最高權力交接只能在黨內領袖群體中進行。由於沒有一個真正意義上的憲政民主體制，沒有各政黨在平等基礎上和平競爭執政地位的過程，權力交接只能表現為黨專制語境內的領袖『接班』。這個過程按照憲政民主的標準來衡量不可能是有序的、公開的、透明的、平等的」、「黨的『民主集中制』之類的『組織原則』將很難抑制獨裁者的為所欲為。一旦最高領袖的獨裁局面形成，黨組織將喪失作為組織對領袖的約束，（反）而成為獨裁者貫徹自身意志的工具。在接班人問題上，即便我們假設獨裁者在『候選人』的決定上並無私心，但我們無法避免獨裁者是根據他的『標準』、根據他的主觀好惡、根據他的用人尺度

---

[71] Francis Fukuyama, *State Building* (London: Profile Books Ltd, 2004), p. 99.

來決定取捨。而且，獨裁者越是凌駕一切，決定一切，『黨』作為組織干預『接班人』選擇的可能越是微乎其微」、「另一方面，對於那些有可能成為自己接班人的黨內領袖，獨裁者內心深處又會藏有深深的恐懼乃至敵意。任何觀點、意見上的分歧都可能被獨裁者理解為對權力的覬覦。除非對最高領袖表現出絕對的忠誠，任何人（哪怕他再有能力）都很難在『接班人』的位子上坐穩」。[72]為了共產黨威權統治的持續與領導者的地位、甚至歷史地位維護，領導者對於接班人的篩選自然必須跳脫「制度」的規範，因此，對於制度建立的排斥自然難以排除。

　　所以，部分研究極權主義（totalitarianism）學者認為，極權主義政權有階層制度混亂，極權者可透過各種管道下達其意旨的特性，其目的就在於極權者可以快速而有效的隨時變更其政策，甚或說極權主義政權統治模式，基本上不脫黨派與幫派特性，當然若完全沒有組織，則極權者也難以實現其理想。[73]因此，對於極權及其相對鬆散的威權政體而言，制度的建立顯然必須兼顧其功能又不能因僵化其功能而限制了隨意活動的空間，若完全依照制度行事，則「照章辦事」的效果也必將限制其權力運作的空間。

　　中共領導菁英權力更迭制度持續不制度化，以現有資料顯示，不會於短期內改變，而此不制度化的權力更迭方式，對威權領導的特質顯然較易以「潛規則」方式保障繼任者維護威權體制的長存。縱使未來政治菁英權力更迭制度化，只要中共堅持黨的領導不接受全民意選舉方式和平選擇下一任主政者，則其挑選、

[72] 張博樹，〈中共黨專制邏輯的 28 個命題（七）〉，2013 年 11 月 5 日下載，《中國人權雙週刊》，第 115 期，（2013 年 10 月 4 日－10 月 17 日），http://biweekly.hrichina.org/article/11260。
[73] Arendt, *Totalitarianism*, pp. 81, 105, 107.

訓練後繼者抵擋制度壓力，持續維持威權體制的發展方向也可以被大膽預期。

表 4-2 　自「十二大」至「十八大」黨章「黨的幹部」
相關規定變動比較表

屆別	內容
第十二大 (1982年)	第六章　黨的幹部 　　第三十四條　黨的幹部是黨的事業的骨幹，是人民的公僕。黨按照德才兼備的原則選拔幹部，堅持任人唯賢，反對任人唯親，並且要求努力實現幹部隊伍的革命化、年輕化、知識化、專業化。 　　黨的幹部必須接受黨的培訓，接受黨的考察和考核。 　　黨應當重視培養、選拔女幹部和少數民族幹部。 　　第三十五條　黨的各級領導幹部必須模範地履行本章程第三條所規定的黨員的各項義務，並且必須具備以下的基本條件： 　　（一）有一定的馬克思列寧主義、毛澤東思想的理論政策水平，能夠堅持社會主義道路，同破壞社會主義的敵對勢力作鬥爭，同黨內外各種錯誤傾向作鬥爭。 　　（二）在自己的領導工作中，認真調查研究，堅持從實際出發，正確地執行黨的路線、方針和政策。 　　（三）有強烈的革命事業心和政治責任感，有勝任領導工作的組織能力、文化水平和專業知識。 　　（四）具有民主作風，密切聯繫群眾，正確地執行黨的群眾路線，自覺地接受黨和群眾的批評和監督，反對官僚主義。 　　（五）正確運用自己的職權，遵守和維護黨和國家的制度，同任何濫用職權、謀求私利的行為作鬥爭。 　　（六）在堅持黨的原則的基礎上，善於廣泛地團結同志，包括團結同自己有不同意見的同志一道工作。
第十三大 (1987)	未修改

第十四大 (1992年)	**第六章　黨的幹部** 　　第三十三條　黨的幹部是黨的事業的骨幹，是人民的公僕。黨按照德才兼備的原則選拔幹部，堅持任人唯賢，反對任人唯親，努力實現幹部隊伍的革命化、年輕化、知識化、專業化。 　　黨重視教育、培訓、選拔和考核幹部，特別是培養、選拔優秀年輕幹部。積極推進幹部制度改革。 　　黨重視培養、選拔女幹部和少數民族幹部。 　　第三十四條　黨的各級領導幹部必須模範地履行本章程第三條所規定的黨員的各項義務，並且必須具備以下的基本條件： 　　（一）具有履行職責所需要的馬克思列寧主義、毛澤東思想的理論政策水平，掌握建設有中國特色社會主義的理論，努力用馬克思主義的立場、觀點、方法分析和解決實際問題。 　　（二）堅決執行黨的基本路線和各項方針、政策，立志改革開放，獻身現代化事業，在社會主義建設中艱苦創業，開拓創新，做出實績。 　　（三）堅持實事求是，認真調查研究，能夠把黨的方針、政策同本地區、本部門的實際相結合，講實話，辦實事，求實效，反對形式主義。 　　（四）有強烈的革命事業心和政治責任感，有實踐經驗，有勝任領導工作的組織能力、文化水平和專業知識。 　　（五）正確行使人民賦予的權力，清正廉潔，勤政為民，以身作則，艱苦樸素，密切聯繫群眾，堅持黨的群眾路線，自覺地接受黨和群眾的批評和監督，反對官僚主義，反對任何濫用職權、謀求私利的不正之風。 　　（六）堅持和維護黨的民主集中制，有民主作風，有全局觀念，善於團結同志，包括團結同自己有不同意見的同志一道工作。
第十五大 (1997年)	**第六章　黨的幹部** 　　第三十三條　黨的幹部是黨的事業的骨幹，是人民的公僕。黨按照德才兼備的原則選拔幹部，堅持任人唯賢，反對任人唯親，努力實現幹部隊伍的革命化、年輕化、知識化、專業化。 　　黨重視教育、培訓、選拔和考核幹部，特別是培養、選拔優秀年輕幹部。積極推進幹部制度改革。 　　黨重視培養、選拔女幹部和少數民族幹部。 　　第三十四條　黨的各級領導幹部必須模範地履行本章程第三條所規定的黨員的各項義務，並且必須具備以下的基本條件： 　　（一）具有履行職責所需要的馬克思列寧主義、毛澤東思想、鄧小平理論的水平，努力用馬克思主義的立場、觀點、方法分析和解決實際問題。 　　（二）堅決執行黨的基本路線和各項方針、政策，立志改革開放，獻身現代化事業，在社會主義建設中艱苦創業，開拓創新，做出實績。

	（三）堅持實事求是，認真調查研究，能夠把黨的方針、政策同本地區、本部門的實際相結合，講實話，辦實事，求實效，反對形式主義。
	（四）有強烈的革命事業心和政治責任感，有實踐經驗，有勝任領導工作的組織能力、文化水平和專業知識。
	（五）正確行使人民賦予的權力，清正廉潔，勤政為民，以身作則，艱苦樸素，密切聯繫群眾，堅持黨的群眾路線，自覺地接受黨和群眾的批評和監督，反對官僚主義，反對任何濫用職權、謀求私利的不正之風。
	（六）堅持和維護黨的民主集中制，有民主作風，有全局觀念，善於團結同志，包括團結同自己有不同意見的同志一道工作。
第十六大（2002年）	第六章　黨的幹部
	第三十三條　黨的幹部是黨的事業的骨幹，是人民的公僕。黨按照德才兼備的原則選拔幹部，堅持任人唯賢，反對任人唯親，努力實現幹部隊伍的革命化、年輕化、知識化、專業化。
	黨重視教育、培訓、選拔和考核幹部，特別是培養、選拔優秀年輕幹部。積極推進幹部制度改革。
	黨重視培養、選拔女幹部和少數民族幹部。
	第三十四條　黨的各級領導幹部必須模範地履行本章程第三條所規定的黨員的各項義務，並且必須具備以下的基本條件：
	（一）具有履行職責所需要的馬克思列寧主義、毛澤東思想、鄧小平理論的水平，認真實踐「三個代表」重要思想，努力用馬克思主義的立場、觀點、方法分析和解決實際問題，堅持講學習、講政治、講正氣，經得起各種風浪的考驗。
	（二）具有共產主義遠大理想和中國特色社會主義堅定信念，堅決執行黨的基本路線和各項方針、政策，立志改革開放，獻身現代化事業，在社會主義建設中艱苦創業，做出實績。
	（三）堅持解放思想，實事求是，與時俱進，開拓創新，認真調查研究，能夠把黨的方針、政策同本地區、本部門的實際相結合，卓有成效地開展工作，講實話，辦實事，求實效，反對形式主義。
	（四）有強烈的革命事業心和政治責任感，有實踐經驗，有勝任領導工作的組織能力、文化水平和專業知識。
	（五）正確行使人民賦予的權力，依法辦事，清正廉潔，勤政為民，以身作則，艱苦樸素，密切聯繫群眾，堅持黨的群眾路線，自覺地接受黨和群眾的批評和監督，做到自重、自省、自警、自勵，反對官僚主義，反對任何濫用職權、謀求私利的不正之風。
	（六）堅持和維護黨的民主集中制，有民主作風，有全局觀念，善於團結同志，包括團結同自己有不同意見的同志一道工作。

第十七大（2007年）	第六章　黨的幹部 　　第三十三條　黨的幹部是黨的事業的骨幹，是人民的公僕。黨按照德才兼備的原則選拔幹部，堅持任人唯賢，反對任人唯親，努力實現幹部隊伍的革命化、年輕化、知識化、專業化。 　　黨重視教育、培訓、選拔和考核幹部，特別是培養、選拔優秀年輕幹部。積極推進幹部制度改革。 　　黨重視培養、選拔女幹部和少數民族幹部。 　　第三十四條　黨的各級領導幹部必須模範地履行本章程第三條所規定的黨員的各項義務，並且必須具備以下的基本條件： 　　（一）具有履行職責所需要的馬克思列寧主義、毛澤東思想、鄧小平理論的水平，認真實踐"三個代表"重要思想，帶頭貫徹落實科學發展觀，努力用馬克思主義的立場、觀點、方法分析和解決實際問題，堅持講學習、講政治、講正氣，經得起各種風浪的考驗。 　　（二）具有共產主義遠大理想和中國特色社會主義堅定信念，堅決執行黨的基本路線和各項方針、政策，立志改革開放，獻身現代化事業，在社會主義建設中艱苦創業，樹立正確政績觀，做出經得起實踐、人民、歷史檢驗的實績。 　　（三）堅持解放思想，實事求是，與時俱進，開拓創新，認真調查研究，能夠把黨的方針、政策同本地區、本部門的實際相結合，卓有成效地開展工作，講實話，辦實事，求實效，反對形式主義。 　　（四）有強烈的革命事業心和政治責任感，有實踐經驗，有勝任領導工作的組織能力、文化水平和專業知識。 　　（五）正確行使人民賦予的權力，依法辦事，清正廉潔，勤政為民，以身作則，艱苦樸素，密切聯繫群眾，堅持黨的群眾路線，自覺地接受黨和群眾的批評和監督，加強道德修養，做到自重、自省、自警、自勵，反對官僚主義，反對任何濫用職權、謀求私利的不正之風。 　　（六）堅持和維護黨的民主集中制，有民主作風，有全局觀念，善於團結同志，包括團結同自己有不同意見的同志一道工作。
第十八大（2012年）	第六章　黨的幹部 　　第三十三條　黨的幹部是黨的事業的骨幹，是人民的公僕。黨按照德才兼備、以德為先的原則選拔幹部，堅持五湖四海、任人唯賢，反對任人唯親，努力實現幹部隊伍的革命化、年輕化、知識化、專業化。 　　黨重視教育、培訓、選拔、考核和監督幹部，特別是培養、選拔優秀年輕幹部。積極推進幹部制度改革。 　　黨重視培養、選拔女幹部和少數民族幹部。

第三十四條　黨的各級領導幹部必須模範地履行本章程第三條所規定的黨員的各項義務，並且必須具備以下的基本條件：

（一）具有履行職責所需要的馬克思列寧主義、毛澤東思想、鄧小平理論的水平，認真實踐「三個代表」重要思想，帶頭貫徹落實科學發展觀，努力用馬克思主義的立場、觀點、方法分析和解決實際問題，堅持講學習、講政治、講正氣，經得起各種風浪的考驗。

（二）具有共產主義遠大理想和中國特色社會主義堅定信念，堅決執行黨的基本路線和各項方針、政策，立志改革開放，獻身現代化事業，在社會主義建設中艱苦創業，樹立正確政績觀，做出經得起實踐、人民、歷史檢驗的實績。

（三）堅持解放思想，實事求是，與時俱進，開拓創新，認真調查研究，能夠把黨的方針、政策同本地區、本部門的實際相結合，卓有成效地開展工作，講實話，辦實事，求實效，反對形式主義。

（四）有強烈的革命事業心和政治責任感，有實踐經驗，有勝任領導工作的組織能力、文化水平和專業知識。

（五）正確行使人民賦予的權力，堅持原則，依法辦事，清正廉潔，勤政為民，以身作則，艱苦樸素，密切聯繫群眾，堅持黨的群眾路線，自覺地接受黨和群眾的批評和監督，加強道德修養，講黨性、重品行、作表率，做到自重、自省、自警、自勵，反對官僚主義，反對任何濫用職權、謀求私利的不正之風。

（六）堅持和維護黨的民主集中制，有民主作風，有全局觀念，善於團結同志，包括團結同自己有不同意見的同志一道工作。

資料來源：〈中國共產黨章程〉，2012 年 12 月 2 日下載，《中國共產黨歷次全國代表大會數據庫》，http://cpc.people.com.cn/GB/64162/64168/64565/65448/6415129.html ；http://cpc.people.com.cn/GB/64162/64168/64567/65446/6415722.html ；http://cpc.people.com.cn/GB/64162/64168/64569/65444/4429114.html ；http://cpc.people.com.cn/GB/64162/64168/106155/106156/6439374.html；〈中國共產黨章程〉，2012 年 12 月 2 日下載，《中國共產黨新聞網》，http://cpc.people.com.cn/n/2012/1119/c64387-19616005-5.html；《前線》，http://www.bjqx.org.cn/qxweb/n7917c872.aspx ；國防部總政治作戰部編印，《共匪原始資料彙編：中共「十三大」專輯》（臺北：國防部總政治作戰部，1987 年），頁 102-105。

CHAPTER 5

被治者反應

對於民主或威權體制的支持，常被認為經濟發展可能促成民主化但卻難以周延已如前述。在 2006 年對大陸廳級幹部所做的民意調查顯示，這些基層幹部認為經濟發展是當前最重要的事務，認為穩定才能發展經濟、發展經濟才能促成穩定，至於競爭式的民主或黨內民主的要求都不是急要的需求，所謂政治改革，只是行政的改革，而不是民主化式的改革。[1]這種認知，至今仍具有相當的參考價值。若基層幹部對於政治改革與經濟發展的態度如此呈現，那麼是否也代表一般民眾「穩定壓倒一切」的心理狀態；更進一步說，經濟發展可能促使民眾認為必須維持政治與社會穩定，因此經濟發展不僅不會促成西方式的競爭式民主的發展，反而為了更進一步的經濟發展，而要求政治穩定，進而促成降低對競爭式政治權力與民主化的要求？

　　若此種推論正確，則再次證明民主化不能由單一因素促成。同理，民意是否支持威權體制，也不能由單一因素決定，應該有這樣或那樣的因素所形成，重要的是，不論民意如何形成，而是民意的實際展現，才是威權體制是否得以存續的關鍵。威權體制比過去所理解更積極主動而複雜的調整策略，以適應環境的變化，這也使得傳統的民主化角度無法完全解釋當前威權主義何以可以持續存在問題。[2]更重要的是，若民意支持威權體制持續運行，則不論理論上推論結果如何，威權主義也有其持續運行的動力，反之，若民意不支持威權體的運作，則再強大的「黨國家鎮

[1]　Joseph Fewsmith, "Staying in Power: What Does the Chinese Communist Party Have to Do?" in Cheng Li, ed., *China's Changing Political Landscape* (Washington D. C.: The Brookings Institution), p. 215

[2]　Sebastian Heilmann, "Economic Governance: Authoritarian Upgrading and Innovative Potential," in Joseph Fewsmith, ed., *China Today, China Tomorrow* (Maryland: Rowman & Littlefield Publishers, 2010), p. 111.

壓能力」、「國家對經濟任意掌控能力」與權力更迭的保證，也僅能拖延威權體制的結束時間，卻無法改變其覆亡的最終命運。觀察希特勒、史達林等所實行比威權更讓人生畏的極權主義（totalitarianism），雖無最多數民意的支持，但卻能以法定方式取得政權，並以無情的黨內鬥爭穩住政權並在一定時間內實行極權，[3]同理，若威權政體能運用技巧獲得民意的支持，則其穩定的局勢也可長遠，故民意走向與「黨國鎮壓能力」、「國家對經濟任意掌控能力」與特有的權力更迭模式三種作為，對於威權體制的維持，顯然具有相輔相成的效果。

　　中共威權統治得以續存或覆滅，在更大程度上是由被統治者是否接受威權決定，更具體的說就是威權統治的合法性問題。而威權統治的合法性定義向來充滿爭論與不確定，但一般說來，不論是民主或威權政體，對於合法性的維持都必須至少維持三個面向的穩固：一是地理合法性，指人民基本接受國家領土定義及國家領土界定的實際相稱性，或至少沒有積極反對。二是憲法合法性，泛指對憲法的接受，此處是指憲法是政治權利競爭、組織與分配規則的形式結構。三是政治合法性，是指選民（更確切的說，包括有組織的政黨或其他機制，如軍隊）認為政府在程序上有資格執政的程度。[4]若依此概念，明顯的在地理合法性上，大陸境內僅有西藏、新疆的零星抵抗，基本上並不成問題。在憲法合法性上，雖大陸現行憲法規定許多民眾權力如結社、出版、遊行等

[3]　Hannah Arendt, *Totalitarianism* (New York: Harcourt, Brace and World, 1968), p. 4.

[4]　David Potter, David Goldbalt, Margaret Kiloh, Paul Lewis 著，王謙、李昌麟、林賢治、黃惟饒譯，《民主化的歷程（Democratization）》（臺北：韋伯，2000 年），頁 630-633。

等的自由，但卻無法執行，更規定中國共產黨為唯一且是永久的執政黨，對於這種安排至今僅有零星的組織或個人提出不同意見，對於中共的威權統治也難構成合法性的質疑與挑戰，而政治合法性就必須歸結到大陸被統治人民如何看待中共的威權統治問題，也就是民意上是否支持中共威權統治的問題。

大陸對於威權體制的民意支持度，或更具體的說，大陸人民對於共產黨的支持程度到底如何向為各方所聚焦，縱使外傳習近平於 2012 年北戴河會議上，認為當前共產黨的處境與 1948 年的國民黨一樣「失盡民心」，故必須以各種手段「收拾民心」，[5]但就現有的實證資料卻難以顯示中共正「失盡民心」，但習近平於 2012 年起包括反腐倡廉在內的各項作為，卻積極想「收拾民心」。

民心到底是「失盡」或已「收拾」，就現有可掌握的資料顯示，民心不一定被「收拾」，但卻未見「盡失」。民心的實際狀況就成為探討中共威權體制是否續存的重要議題。

第一節　民意走向

若以社會學研究觀點，認為東歐、中歐共產主義政權解體，所換得的短暫數年自由，卻又因社會、政治、經濟秩序的混亂，最終被迫恢復威權體制的研究顯示，中、東歐若要進入西方式的民主，

---

[5]　林克倫，〈中共死穴　習近平：像 1948 國民黨〉，聯合報，2014 年 2 月 5 日，第 A12 版。

不僅僅需要政治體制的「硬體」建設（如政治制度的建構等）充足，更要配合以文化、心態等等與西方式民主相適應的「軟體」的建設，才足以竟其功；而東、中歐無法在民主化建設中竟其功的現象還被稱為「文明化的失能」（Civilizational Incompetence），其原因是因為人民的心態或整體的文化陷入如下的困境中：一、對私領域美化與對公領域醜化的對抗；二、對過去光榮懷念與當前現實市場經濟生活懷疑的對抗；三、對政治變遷的冷漠；四、消極保護自由或積極增強自由的抉擇；五、迷思（mythology）與現實的對抗；六、對西方生活型態的盲目崇拜；七、功利心態盛行（usefulness with truth）。[6]

此種以民眾心態或生活文化是否符合西方式民主推論該地區是否會進入西方式民主社會的論調，猶如民主化詮釋被西方壟斷，甚至認為現代民主是「西方文明之子」（modern democracy is a child of western civilization），[7]進一步的詮釋，自然成為若不成為西方文明的兒子，就無法產生民主的政體。若證諸於全球有各式各樣的民主形式，如日本、印度、臺灣、中南美洲甚至非洲，其型態顯然不全部仿效西方文明，其民主型態亦與西方先進國家民主型態不完全相同，顯然「長得到底要多像才是兒子」的標準就無法確立，故其說服力不足自不待言。從另一方面，這些推崇西方文明的研究者明顯是將西方人民在其社會的生活型態與行為心裡表現，反推為西方民主得以產生的基礎，這種推論不僅無

---

[6] Piotr Sztompka, "Civilizational Incompetence: The Trap of Post-Communist Societies," in Zeitschrift für Soziologie (germany), Jg. 22 Helf 2 (1993/4), pp. 87-91.

[7] Samuel P. Huntington, "The Future of Third Wave," in Marc F. Plattner and João Carlos Espada, eds., The Democratic Invention (Maryland: Johns Hopkins University Press, 2000), pp. 6-7.

法釐清「文明」與「民主」何者為因？何者為果？且這種推論至少包含兩種謬誤：一、西方式的民主因不同的國度與時空可有不同的態樣，與其相適應的生活型態或文化的「文明」當然具有不同的型態，研究者難以單一標準將其界定，二、所謂東、中歐民眾生活所表現的「文明化的失能」缺失，同樣有各式各樣的反應，實難以單純的七種態樣加以描述；因此，若要檢視後共產主義政權下的人民是否有能力支持或反對西方式的民主，不能僅以主觀認定的「文明」為標準，自然以強有力的民意調查做為證據，才具有說服力。

在第三波民主化的研究中對於菁英領導的地位給予極高的推崇，並認為若欠缺菁英的主導，則群眾胡亂的參與民主化可能造成反效果，但在後共產政權民主化的過程中卻認為群眾的力量對於民主化有極大的幫助，如：波蘭、捷克斯洛伐克、喬治亞等國的民主化過程。[8]反之，若民主化的作為被強力鎮壓致使沒有達到預期的效果，則民主化的結果將遙遙無期，威權政體的長存也在所難免。那麼，當前大陸對中共威權統治的民意反應走向又是如何？

對於大陸民意的走向或許可分由私營企業主、總體人民與大學以上學生做出不同層面的理解。此種區分檢視，具有如下說服讀者的理由：

8　Michael Mcfaul, "The Missing Variable: The "International System" as the Link between Third and Fourth Wave Molds of Democratization," in Valerie Bunce, Michael Mcfaul and Nathryn Stoner-Weiss, eds., *Democracy and Authoritarianism in the Postcommunist World* (New York: Cambridge Oress, 2010), p. 12.

一、因大陸經濟發展快速，私營企業主在社會中占有一席之地自
　　不待言，且在傳統的政治發展研究中，常將經濟發展與民主
　　化連結，也認為中產階級的產生與民主化有極大的關連性，
　　因此，檢視私營企業主對於大陸現有體制的支持或反對民意
　　走向當然具有參考價值。
二、總體人民民意，當然最能代表大陸全體人民對於現行大陸體
　　制的反應。
三、大學生及以上學歷者，代表未來大陸領導菁英的儲備人選，
　　對於大學及其以上者的民意走向，在相當程度上亦可看出大
　　陸未來菁英對於現有體制變革趨向。

　　但眾所周知大陸全面民意調查被高度管制，不僅調查不易進
行，甚且相關資料是否具有被認可的信度與效度都被外界懷疑，
但在未能推翻現有民調資料準確性的環境下，現有資料當然就具
有相當程度的說服力。

　　因此，本節的民意走向，將以現有民調資料檢視前三個層面
的民意走向。

一、私營企業主反應

　　私營企業主在當前大陸社會階層中屬於高階，依大陸政府定
義雇員在 8 人以上就是私營企業主，雖然私營企業主只占全人口
的 1%，但其政治態度與行為影響巨大；進一步分析，2005 年至
2007 年大陸境內私營企業占 GDP 產值的三分之一至二分之一，
雇用了 1 億就業人口，若加上外資，兩者雇用了 75% 的勞動力，

及負擔 71%的歲入。[9]因此，私營企業主的政治動向，對於大陸民眾的政治態度具有舉足輕重的影響地位。

2009 年，大陸地區不同收入私營企業主對於本身經濟、社會、與政治地位評價出現如下的狀況：

表 5-1　不同資產規模的私營企業主對自身地位的判斷

（單位：人民幣；%）

資產規模分組	經濟地位評價			社會地位評價			政治地位評價		
	高等	中等	低等	高等	中等	低等	高等	中等	低等
100 萬元以下	6.4	65.4	28.3	7.3	65.7	27.0	6.7	49.5	43.8
100~500 萬元	13.4	74.4	12.0	12.4	73.5	14.1	9.9	63.5	26.6
500 萬~1000 萬元	18.8	70.5	10.8	20.9	69.1	10.0	19.1	61.1	19.8
1000 萬元~1 億元	29.4	63.2	7.4	26.4	65.3	8.3	21.6	59.7	18.7
1 億元以上	52.0	45.6	2.4	50.4	44.8	4.8	36.0	52.8	11.2

資料來源：張厚義、呂鵬，〈私營企業主的經濟分化與政治面貌變化〉，陸學藝等主編，《2013 中國社會形勢分析與預測》（北京：社會科學文獻出版社，2012 年），頁 303-304。

說　　明：以 2009 年的數據為例。

被調查者中資產 1 億元以上者，自認為社會地位上屬於高等者，比其他資產所有者都多，但在政治地位的自我評價上，自認為是高等者（36.0%）卻不如中等者（52.8%）多，因此，資產多

---

[9]　Teresa Wright, *Accepting Authoritarianism: State-Society Relations in China's Reform Era* (California: Stanford University Press, 2010), p. 37.

者，對於政治地位的提升尚有不少的期許。[10]從另一層面上說，
或許富有者可能一方面不敢於表達對政治的高度參與熱誠，一方
面也可能根本就無管道表達其對政治的熱誠與對政治的影響力。

表 5-2　私營企業主中中共黨員、民主黨派成員
和共青團員的比例變化趨勢

（單位：%）

政治面貌	1995 年	1997 年	2000 年	2002 年	2004 年	2006 年	2008 年	2010 年
中共黨員	17.1	16.6	19.8	29.9	33.9	36.4	33.5	39.8
民主黨派	5.0	--	6.7	5.7	6.7	5.5	7.0	5.5
共青團員	4.5	--	--	2	6.8	4.5	7.7	--

資料來源：張厚義、呂鵬，〈私營企業主的經濟分化與政治面貌變化〉，陸
學藝等主編，《2013 中國社會形勢分析與預測》（北京：社會科
學文獻出版社，2012 年），頁 304。

　　另依據 2009 年的數據，也顯示資產規模愈大的私營企業主
群體中的黨員比例愈高，加入民主黨派的趨勢亦同。又有研究顯
示，1990 年代後，企業主紛紛加入共產黨：由 1991 年的 7%，
到 1993 年 13%，1997 年的 18.1%，再到 2000 年的 19.9%，2002
年的 29.9%，和 2003 年的 34%，私營企業主對於改變當前黨國
制度興趣缺缺。[11]更直接說，私營企業主若認為現有大陸制度改
變（如成為民主國家）不會傷害其既得利益，甚至增加其利益，
自然會獲得私營企業主支持，反之，若會損及其利益，則反對改
變，而繼續支持共黨威權統治模式。

---

[10] 張厚義、呂鵬，〈私營企業主的經濟分化與政治面貌變化〉，陸學藝等主
編，《2013 中國社會形勢分析與預測》（北京：社會科學文獻出版社，2012
年），頁 303。

[11] Wright, *Accepting Authoritarianism: State-Society Relations in China's Reform
Era*, p. 49.

表 5-3　不同資產規模的私營企業主中中共黨員、
民主黨派和群眾所占比例

（單位：人民幣；%）

政治面貌	資產規模分組				
	100 萬元以下	100 萬 ～500 萬元	500 萬 ～1000 萬元	1000 萬 ～1 億元	1 億元以上
中共黨員	33.2	36.9	48.4	49.4	53.2
民主黨派	4.1	6.1	5.8	7.1	9.5
群眾	62.6	57.0	45.8	43.6	37.3

資料來源：張厚義、呂鵬，〈私營企業主的經濟分化與政治面貌變化〉，陸
學藝等主編，《2013 中國社會形勢分析與預測》（北京：社會科
學文獻出版社，2012 年），頁 305。
說　　明：以 2009 年的數據為例。

　　雖然私營企業愈大加入共產黨或民主黨派的傾向愈高現象
明顯，研究者卻認為不能簡單的在資產規模與政治面貌之間建立
因果關係。[12]但若假設大陸民眾必須支持當前具有保護力量的政
治勢力才足以保護自身的安危，再依據大陸民主黨派的「參政黨」
特性，若私營企業主無法加入共產黨，轉而加入民主黨派（僅具
有不足百分之十的結果），其受保護的程度，總比沒有加入任何
黨派為佳。眾所周知，「參政黨」僅是共產黨一黨專政的民主包
裝，依附共產黨並受共產黨的保護，「參政黨」與共產黨之間存
在「恩從關係」（Patron-Client Relationship），而「恩從關係」網
絡的建立是基於政治與經濟利益的結合，[13]因此，私營企業主在
無法加入共產黨的狀況下選擇加入「參政黨」，自然易受共產黨
的政治保護與經濟利益攫取，則似乎也可解釋這種企業愈大加入

[12]　張厚義、呂鵬，〈私營企業主的經濟分化與政治面貌變化〉，頁 305。
[13]　顧長永，《東南亞政治學》（臺北：巨流，2005 年），頁 58。

政黨比例愈高的原因。至 2010 年的調查，也發現非黨員私營企業主加入民主黨派的意願並沒有顯著增加（7%），但加入共產黨的意願（38%）卻明顯高於加入民主黨派的企業主，[14]此結果，不僅顯示私營企業主加入共產黨的意願增強，也顯示對於無法加入共產黨就加入民主黨派以尋求保護的傾向是合理的解釋。

表 5-4　中共組織在黨員和非黨員業主企業中的變化趨勢

（單位：%）

	1993 年	2000 年	2002 年	2004 年	2006 年	2008 年	2010 年
占黨員業主企業比例	12.1	39.0	49.7	51.2	56.1	56.3	48.8
占非黨員業主企業比例	2.7	12.1	17.9	19.4	22.4	26.8	24.3
占企業總體比例	3.9	17.5	27.5	30.3	36.7	47.8	35.1

資料來源：張厚義、呂鵬，〈私營企業主的經濟分化與政治面貌變化〉，陸學藝等主編，《2013 中國社會形勢分析與預測》（北京：社會科學文獻出版社，2012 年），頁 306。

　　企業主是否為黨員決定在私營企業內是否成立黨組織的傾向，雖然私營企業主為黨員者，仍有約 4 至 5 成未在企業內建立黨組織，但可能與黨員不足、私營企業主態度有關。整體而言，除 2010 年有波動外，其他數年都呈現上升趨勢。[15]

　　但從另一方面看，經濟建設水平的提升，攸關民意支持政府的關鍵，以過去越南、俄羅斯及中國大陸的經驗看，不僅越南與大陸的經濟發展牽動著人民對政府的支持，俄羅斯在經歷民主但

---

[14]　張厚義、呂鵬，〈私營企業主的經濟分化與政治面貌變化〉，頁 305-306。
[15]　張厚義、呂鵬，〈私營企業主的經濟分化與政治面貌變化〉，頁 307。

經濟狀況卻下滑的狀況後，卻反過來支持俄羅斯的威權體制與計畫經濟，[16]目的僅是希望換取更好的經濟生活。私營企業主對於經濟的上升或下滑更為敏感，因此，經濟建設的好壞當然關係著私營企業主對於當前政治體制的支持程度，目前中共統治大陸總體而言，經濟發展仍然向上提升，依此，私營企業主對於實行威權體制的中共支持程度居高不下似乎不容懷疑。

二、大學以上學生反應

大陸大學生，在 1989 年天安門事件是反對共產黨的高峰時期，自 1989 年後，大學生加入共產黨反而逐漸增加，其理由是因為，大陸國家領導發展，必須依賴國家政策獲得好處，市場經濟力量則迫使學生必須經由市場競爭獲得利益，若有黨的支持可更具競爭力，及社會主義遺緒認為「國家會照顧我們」，使對黨的忠誠度不低，只要國家給予相當程度的照顧，就可相對於民主國家輕易的平息普羅大眾因經濟發展所帶來對於要求民主的民怨。[17]

大陸共青團最高學府的「中國青年政治學院馬克思主義學院」[18]副院長李偉，於 2013 年 5 月發布共青團中央 2012-2013 年

---

[16] Wright, *Accepting Authoritarianism: State-Society Relations in China's Reform Era*, pp. 173-174.

[17] Wright, *Accepting Authoritarianism: State-Society Relations in China's Reform Era*, pp. 65-70, 176.

[18] 〈中國青年政治學院成立中國馬克思主義學院〉（2006 年 12 月 10 日），2013 年 6 月 6 日下載，《新華網》，http://news.xinhuanet.com/politics/2006-12/10/content_5463414.htm。共青團中央於 2006 年底在共青團的最高學府「中國青年政治學院」下，於北京成立「中國馬克思主義學院」、「中國馬克思主義研究中心」。新成立的「中國馬克思主義學院」設青少年工

度青少年和青少年工作研究（編號：2013YB267）研究成果顯示，
2013年大陸對於北京45所高校（大學）2,035名青年學生的調查
結果，依調查數據，認為積極參與學校和社會有關部門組織的各
種與政治相關的活動，有助於自己和社會未來發展的學生占
89.9%，認為加入中國共產黨與個人成才有著密切關係的學生高
達88.6%。但把入黨看作是一種崇高信仰和一生為之奮鬥的目標
的學生只有33.3%。這調查結果，被外界視為是「功利化政治參
與」的表現。從88.6%這個數據背後可以看到，大學生清楚地懂
得走上社會，開始職場生涯，獲得事業發展的成功，自身要具備
政治參與能力。入黨在一些學生看來是職場晉陞需要，也是政治
參與的需要，畢竟中國共產黨是執政黨，在國家和社會所有領域
都有其他任何組織無法比擬的政治資源和影響力、號召力。又根
據調查數據顯示，除了入黨、入團依然是大學生當前最主要的政
治參與管道（79%）外，選擇網路作為自身政治參與管道的大學
生有58%，位居調查問卷中政治參與管道所占百分比的第二位。
可見，當前大陸社會能提供給大學生政治參與的管道並不十分通
暢，現有的管道和途徑看似豐富，但是並不十分有效。如果大學
生沒有充分、便捷的管道去表達觀點見解和利益訴求，那他們就
很有可能將之訴諸於網路。調查數據也顯示，認為自己的政治參
與活動沒有達到預期效果、與預期效果相差甚遠甚至沒有效果的
大學生高達79%。這表明，目前大陸大學生普遍認為，他們的政
治參與效能很低或者說沒有用。[19]

作系、思想政治理論教學部兩個教學單位，設馬克思主義發展史研究所、
思想政治教育研究所等科研機構，一個本科專業、三個碩士學位點。新
成立的中國馬克思主義研究中心下設三個研究所，有三個碩士學位點。
[19] 李偉，〈當前青年政治參與的幾個隱憂——基於對北京市45所高校的調

由此結果是否也可推論未來社會中間的大學生群體，對於加入共產黨是不得不為的工作，但卻對於加入共產黨能否表達政治意見、改變現有政治制度不抱希望的結果。若此種推論正確，那麼依附共產黨並從中獲取利益，但卻不意圖改變共產黨的決策與統治，就成為當前大學生（也大致代表著足以引導社會走向的知識階層）及未來的領導階層的認知，也代表無力改變當前與未來大陸威權統治現狀的態度。

在中國大陸極為罕見的民意調查範疇中，大陸官方智庫單位「中國社會科學院」所屬「社會科學文獻出版社」於 2013 年 3 月出版《中國人想要什麼樣民主：中國「政治人」》一書，內容係對大陸一般民眾抽樣 1,750 人進行調查，至於大陸民意對於現有政治體制的反映足供參考，依據該書研究總結認為大陸民眾對於要什麼樣的民主具有如下總結：

（一）從文化角度看，中國人想要的民主，是德治優先於法治，對人的信賴多於對制度的信賴。中國人沒有強烈追求西方式民主的主觀願望。

（二）中國人對中國建設民主的現狀大致是滿意的，但仍然希望進行體制改革，進一步建設和發展民主。

（三）中國人希望政治體制改革和民主的目的，主要是解決腐敗嚴重和人民群眾監督政府的兩個問題，以使執政黨能夠真正代表人民利益，政府能夠全心全意為人民服務。[20]

查分析〉（2013 年 5 月 6 日），2013 年 5 月 31 日下載，《求是理論網》，http://big5.qstheory.cn/zz/xsyj/201305/t20130506_228165.htm。

[20] 張明澍，《中國人想要什麼樣民主：中國"政治人"》（北京：社會科學文獻出版社，2013 年），頁 304。

凸顯大陸民眾只想在現有體制內追求更好，而非推翻現有威權體制的想法，這些想法可由下列各種民調資料呈現：

　　其中有關教育程度對於政治態度的影響，呈現如下的趨勢：

表 5-5　對民主的理解（受教育程度的影響）

	民主就是一個國家要定期舉行選舉，並且通過幾個政黨競爭選出國家領導人		民主就是一個國家的政府和領導人，要真正代表人民的利益，為人民服務，受人民的監督		其他	
	人數	百分比(%)	人數	百分比(%)	人數	百分比(%)
初中及以下	160	14.7	928	85.2	1	0.1
高中（含中專、技校）	56	15.9	296	84.1	0	0
大學（含大專、高職）	46	15.9	243	84.1	0	0
研究生（碩士、博士）	5	25	15	75	0	0
總計／平均	267	15.3	1482	84.7	1	0.1

資料來源：張明澍，《中國人想要什麼樣民主：中國“政治人”》（北京：社會科學文獻出版社，2013 年），頁 58。

　　研究生（碩士、博士）對於西方式民主最基本的以選舉決定領導人僅有 25% 的支持度，其他教育程度者支持程度更低，但卻有高達 84.7% 認為只要政府和領導人真正代表人民的利益，為人民服務，受人民的監督，就是民主。

表 5-6　擔任領導人的最重要條件是什麼（受教育程度的影響）

	初中及以下		高中 （含中專、技校）		大學 （含大專、高職）		研究生 （碩士、博士）	
	人數	百分比 (%)	人數	百分比 (%)	人數	百分比 (%)	人數	百分比 (%)
廉潔奉公	849	78	276	78.4	231	79.9	13	65
作風正派	490	45	147	41.8	113	39.1	13	65
遵守法律	400	36.7	125	35.5	80	27.7	7	35
富有才幹	356	32.7	120	34.1	126	43.6	6	30
其他	0	0	0	0	0	0	0	0

資料來源：張明澍，《中國人想要什麼樣民主：中國 "政治人"》（北京：
　　　　　社會科學文獻出版社，2013 年），頁 71。
說　　明：本項被調查者可複選兩項。

　　張明澍認為大陸人民，縱使具有高教育程度者，對於官員的
特性首要的是清官，而不是依據法律辦事的官員，因此，要求的
是人治，而不是法治，張明澍認為此種結果與社會文化的認知有
密切關係，甚至是因中國文化影響造成的結果。[21]

表 5-7　大陸應不應該向兩黨制發展（受教育程度的影響）

	不應該		應該		其他	
	人數	百分比	人數	百分比	人數	百分比
初中及以下	704	64.6	371	34.1	14	1.3
高中（含中專、技校）	191	54.3	150	42.6	11	3.1
大學（含大專、高職）	164	56.7	119	41.2	6	2.1
研究生（碩士、博士）	10	50	10	50	0	0
總計／平均	1069	61.1	650	37.1	31	1.8

資料來源：張明澍，《中國人想要什麼樣民主：中國 "政治人"》（北京：
　　　　　社會科學文獻出版社，2013 年），頁 84。

---

[21] 張明澍，《中國人想要什麼樣民主：中國 "政治人"》，頁 71。

此表，表明大學以上高教育程度者，竟然高達 50%以上，不支持兩黨制的發展，高於支持兩黨制的發展。

表 5-8　建設民主需要改進那些方面（受教育程度的影響）

	沒有定期的競爭性選舉		群眾對政府的監督不夠		腐敗嚴重		領導不能全心全意為人民服務		官僚主義嚴重		其他	
	人數	百分比	人數	百分比	人數	百分比	人數	百分比	人數	百分比	人數	百分比
初中及以下	201	18.5	466	42.8	791	72.6	590	54.2	477	43.8	6	0.6
高中（含中專、校技）	71	20.2	171	48.6	248	70.5	173	49.1	178	50.6	1	0.3
大學（含大專、高職）	55	19	160	55.4	213	73.7	137	47.7	162	56.1	2	0.7
研究生（碩士、博士）	4	20	13	65	13	65	9	45	17	85	0	0
總計／平均	331	18.9	810	46.3	126.5	72.3	909	51.9	834	47.7	9	0.5

資料來源：張明澍，《中國人想要什麼樣民主：中國“政治人”》（北京：社會科學文獻出版社，2013 年），頁 92。

說　　明：本調查題目答案可複選三項。

表 5-9　把自由和權利放在什麼位置（受教育程度影響）

		初中及以下	高中（含中專、技校）	大學（含大專、高職）	研究生（碩士、博士）	總計／平均
中國要搞好必須堅持共產黨的領導	人數	465	154	124	7	750
	百分比	42.7	43.8	42.9	35	42.9
一個人應該遵守法律	人數	434	135	108	10	687
	百分比	39.9	38.4	37.4	50	39.3
愛國	人數	356	103	84	3	546
	百分比	32.7	29.3	29.1	15	31.6
一個國家要有民主和自由	人數	311	110	102	9	532
	百分比	28.6	31.3	35.3	45	30.4

國家利益高於一切	人數	287	90	84	2	463
	百分比	26.4	25.6	29.1	10	26.5
共產黨要代表人民利益	人數	358	102	87	2	549
	百分比	32.9	29	30.1	10	31.4
政府要為人民服務	人數	487	153	136	14	790
	百分比	44.7	43.5	47.1	70	45.1
公民的合法權利不可侵犯	人數	319	115	83	10	527
	百分比	29.3	32.7	28.7	50	30.1

資料來源：張明澍，《中國人想要什麼樣民主：中國 "政治人"》（北京：社會科學文獻出版社，2013 年），頁 108。

說　　明：本調查題目答案可複選三項。

　　對於大學以上教育者，多數認為只需改進「腐敗嚴重」問題，而非「沒有定期的競爭性選舉」的調查結果，張明澍認為大陸民眾不分教育程度，對定期的競爭性選舉興趣不大。[22]至於教育程度對於自由與權力應該放在什麼位置，雖顯現有影響但卻不規律，[23]顯見，教育程度對自由與權力為何，及如何爭取與維護亦無必然提振關係。根據此兩表，或許可以推論教育程度提高，民智開啟，卻不能推斷其必然反對威權統治。

三、民眾總體反應

　　又依據前述張明澍的研究，一般民眾對於政治體制的態度，可由林林總總的分項民意調查中表現如下：

---

[22] 張明澍，《中國人想要什麼樣民主：中國 "政治人"》，頁 93。
[23] 張明澍，《中國人想要什麼樣民主：中國 "政治人"》，頁 109。

表 5-10　對中國建設民主的現狀是否滿意（年齡的影響）

	不夠好，還要大力發展		比較好,適應中國現在的情況		其他	
	人數	百分比（%）	人數	百分比（%）	人數	百分比(%)
18-21 歲	52	46.8	59	53.2	0	0
22-31 歲	210	54.3	173	44.7	4	1
32-41 歲	185	45	224	54.5	2	0.5
42-51 歲	148	40.5	213	58.4	4	1.1
52-61 歲	110	37.9	179	61.7	1	0.3
62-71 歲	35	24.1	108	74.5	2	1.4
72 歲以上	9	22	32	78	0	0
總計／平均	749	42.8	988	56.5	13	0.7

資料來源：張明澍，《中國人想要什麼樣民主：中國 "政治人"》（北京：社會科學文獻出版社，2013 年），頁 45。

依此調查結果，不僅年紀愈大對於民主不滿意的程度愈小，縱使年紀最輕一階層，也有高達 53.2% 的人認為現有大陸民主發展程度「比較好，適應中國現在的情況」，顯然對於未來要全面推動改變現有大陸制度並不樂觀。

表 5-11　對民主的理解

	人數	百分比
民主就是一個國家要定期舉行選舉，並且通過幾個政黨競爭選出國家領導人	267	15.3
民主就是一個國家的政府和領導人，要真正代表人民的利益，為人民服務，受人民的監督	1482	84.7
其他	1	1
總計	1750	100

資料來源：張明澍，《中國人想要什麼樣民主：中國 "政治人"》（北京：社會科學文獻出版社，2013 年），頁 57。

對於西方式民主最具代表性的選舉領導人，大陸絕大部分的民意竟然加以忽視，認為只要政府與領導人可以代表人民、為人民服務、受人民的監督就已足夠，但沒有選舉，又該如何鑑定是否代表人民利益、為人民服務及如何監督？

表 5-12　對民主的理解（地域的影響）

	民主就是一個國家要定期舉行選舉，並且通過幾個政黨競爭選出國家領導人		民主就是一個國家的政府和領導人，要真正代表人民的利益，為人民服務，受人民的監督		其他	
	人數	百分比(%)	人數	百分比(%)	人數	百分比(%)
北京	78	13	522	87	0	0
深圳	78	15.6	421	84.2	1	0.2
孝感	68	19.4	282	80.6	0	0
榆樹	43	14.3	257	85.7	0	0
總計／平均	267	15.3	1482	84.7	1	0.1

資料來源：張明澍，《中國人想要什麼樣民主：中國 "政治人"》（北京：社會科學文獻出版社，2013 年），頁 60。

說　　明：依作者張明澍的分類認為，北京為政治中心；深圳深受香港西化影響；湖北孝感（地級市）2011 年人均 GDP 人民幣 18,935 元；吉林榆樹（縣級市）2011 年人均 GDP 人民幣 23,171 元。張明澍，《中國人想要什麼樣民主：中國 "政治人"》（北京：社會科學文獻出版社，2013），頁 25-26。

這種調查結果，顯示經濟發展及西方影響對於促成西方式民主化的因果關係，似乎並不顯著。

表 5-13　對民主的理解（年齡的影響）

	民主就是一個國家要定期舉行選舉，並且通過幾個政黨競爭選出國家領導人		民主就是一個國家的政府和領導人，要真正代表人民的利益，為人民服務，受人民的監督		其他	
	人數	百分比(%)	人數	百分比(%)	人數	百分比(%)
18-21 歲	17	15.3	94	84.7	0	0
22-31 歲	60	15.5	327	84.5	0	0
32-41 歲	67	16.3	343	83.5	1	0.2
42-51 歲	54	14.8	311	85.2	0	0
52-61 歲	46	15.9	244	84.1	0	0
62-71 歲	20	13.8	125	86.2	0	0
72 歲以上	3	7.3	38	92.7	0	0
總計／平均	267	15.3	1482	84.7	1	0.1

資料來源：張明澍，《中國人想要什麼樣民主：中國“政治人”》（北京：社會科學文獻出版社，2013 年），頁 60。

　　若最年輕一輩對於西方式民主支持度僅有 15.3%，卻對於現行大陸的政府特質「民主就是一個國家的政府和領導人，要真正代表人民的利益，為人民服務，受人民的監督」表達高度支持，加上前幾個表調查結果，呈現不分教育程度、居住城市、年齡都絕大部分支持「具有中國特色的民主」，[24]對於未來大陸放棄現有體制的變革結果，顯然也不得不持悲觀的態度。

表 5-14　擔任領導人的最重要條件是什麼

	人數	百分比（%）
廉潔奉公	1369	78.2
作風正派	763	43.6
遵守法律	612	35

---

[24] 張明澍，《中國人想要什麼樣民主：中國「政治人」》，頁 61。

富有才幹	608	34.7
其他	0	0
總計	1750	100

資料來源：張明澍，《中國人想要什麼樣民主：中國 "政治人"》（北京：
社會科學文獻出版社，2013 年），頁 69。

說　　明：本項被調查者可複選兩項。

表 5-15　擔任領導人的最重要條件是什麼（年齡的影響）

	廉潔奉公		作風正派		遵守法律		富有才幹		其他	
	人數	百分比(%)	人數	百分比(%)	人數	百分比(%)	人數	百分比(%)	人數	百分比(%)
18-21 歲	93	83.8	51	45.9	43	38.7	26	23.4	0	0
22-31 歲	302	78	174	45	132	34.1	132	34.1	0	0
32-41 歲	321	78.1	184	44.8	127	30.9	148	36	0	0
42-51 歲	271	74.2	160	43.8	139	38.1	131	35.9	0	0
52-61 歲	231	79.7	115	39.7	101	34.8	113	39	0	0
62-71 歲	121	83.4	63	43.4	56	38.6	39	26.9	0	0
72 歲以上	30	73.2	16	39	14	34.1	19	46.3	0	0
總計／平均	1369	78.2	763	43.6	612	35	608	34.7	0	0

資料來源：張明澍，《中國人想要什麼樣民主：中國 "政治人"》（北京：
社會科學文獻出版社，2013 年），頁 73。

說　　明：本調查題目答案可複選二項。

連續 2 個表，調查顯示大陸人民，首要的是清官，而不是依
據法律辦事的官員，因此，要求的是人治，而不是法治，張明澍
認為，此種結果與社會文化的認知有密切關係，甚至是因中國文
化影響造成的結果。[25]

眾所周知，兩黨政治對於威權體制具有極大的反差效果，若
詢問中國大陸人民對兩黨政治贊成與否的程度，當然在某種程度

---

[25] 張明澍，《中國人想要什麼樣民主：中國 "政治人"》，頁 71。

上，可看出大陸人民對於威權體制是否容忍，而張明澍的研究結果卻顯示如下：

表 5-16　大陸應不應該向兩黨制發展（年齡的影響）

	不應該		應該		其他	
	人數	百分比	人數	百分比	人數	百分比
18-21 歲	62	55.9	46	41.4	3	2.7
22-31 歲	202	52.2	178	46	7	1.8
32-41 歲	253	61.6	149	36.3	9	2.2
42-51 歲	215	58.9	144	39.5	6	1.6
52-61 歲	189	65.2	97	33.4	4	1.4
62-71 歲	116	80	28	19.3	1	0.7
72 歲以上	32	78	8	19.5	1	2.4
總計／平均	1069	61.1	650	37.1	31	1.8

資料來源：張明澍，《中國人想要什麼樣民主：中國"政治人"》（北京：社會科學文獻出版社，2013 年），頁 86。

此表，表明年紀較輕者，竟然高達 50%以上，不支持兩黨制的發展，對於未來大陸威權體制在民眾要求下發生質變的可能，顯然也不樂觀。

表 5-17　建設民主需要改進那些方面（年齡的影響）

	沒有定期的競爭性選舉		群眾對政府的監督不夠		腐敗嚴重		領導不能全心全意為人民服務		官僚主義嚴重		其他	
	人數	百分比	人數	百分比	人數	百分比	人數	百分比	人數	百分比	人數	百分比
18-21 歲	27	24.3	51	45.9	73	65.8	57	51.4	49	44.1	0	0
22-31 歲	79	20.4	172	44.4	285	73.6	205	53	212	54.8	2	0.5
32-41 歲	92	22.4	200	48.7	292	71	217	52.8	196	47.7	2	0.5
42-51 歲	61	16.7	172	47.1	254	69.6	193	52.9	160	43.8	4	1.1

52-61 歲	42	14.5	138	47.6	222	76.6	152	52.4	139	47.9	0	0
62-71 歲	25	17.2	59	40.7	108	74.5	69	47.6	59	40.7	0	0
72 歲 以上	5	12.2	18	43.9	31	75.5	16	39	19	46.3	1	2.4
總計 ／平均	331	18.9	810	46.3	1265	72.3	909	51.9	834	47.7	9	0.5

資料來源：張明澍，《中國人想要什麼樣民主：中國 "政治人"》（北京：
　　　　　社會科學文獻出版社，2013 年），頁 96。

說　　明：本調查題目答案可複選三項。

　　年紀較輕對於「沒有定期的競爭性選舉」較在意，但最高也
僅達 24.3%，顯然中共維持一黨專政的基礎在可見未來仍會十分
穩固。

表 5-18　政治體制改革要解決的最重要問題

	人數	百分比（%）
政府廉潔	544	31.1
黨和政府要真正代表人民利益	419	23.9
領導人真正為人民群眾謀福利	504	28.8
實行黨政分開	77	4.4
保障公民自由和權利	124	7.1
逐步建立民主制度	39	2.2
說不清	28	1.6
不知道	15	0.9
總計	1750	100

資料來源：張明澍，《中國人想要什麼樣民主：中國 "政治人"》（北京：
　　　　　社會科學文獻出版社，2013 年），頁 99。

表 5-19　政治體制改革要解決的最重要問題（年齡的影響）

		18-21 歲	21-31 歲	32-41 歲	42-51 歲	52-61 歲	62-71 歲	72 歲以上	總計／平均
政府廉潔	人數	33	112	132	113	95	51	8	544
	百分比	29.7	28.9	32.1	31	32.8	35.2	19.5	31.1
黨和政府要真正代表人民利益	人數	32	102	81	87	63	39	15	419
	百分比	28.8	26.4	19.7	23.8	21.7	26.9	36.6	23.9
領導人真正為人民群衆謀福利	人數	27	112	127	99	88	36	15	504
	百分比	24.3	28.9	30.9	27.1	30.3	24.8	36.6	28.8
實行黨政分開	人數	1	17	16	24	12	6	1	77
	百分比	0.9	4.4	3.9	6.6	4.1	4.1	2.4	4.4
保障公民自由和權利	人數	12	24	36	25	18	8	1	124
	百分比	10.8	6.2	8.8	6.8	6.2	5.5	2.4	7.1
逐步建立民主制度	人數	3	12	8	5	9	2	0	39
	百分比	2.7	3.1	1.9	1.4	3.1	1.4	0	2.2
說不清	人數	3	7	9	6	1	2	0	28
	百分比	2.7	1.8	2.2	1.6	0.3	1.4	0	1.6
不知道	人數	0	1	2	6	4	1	1	15
	百分比	0	0.3	0.5	1.6	1.4	0.7	2.4	0.9

資料來源：張明澍，《中國人想要什麼樣民主：中國"政治人"》（北京：社會科學文獻出版社，2013 年），頁 103-104。

　　連續兩個表，呈現總體大陸民衆要求「逐步建立民主制度」者竟然只占 2.2%，縱使依年齡分類，不論何種年齡階段，對於此項要求也偏低。

表 5-20　把自由和權力放在什麼位置

	人數	百分比
中國要搞好必須堅持共產黨的領導	750	42.9
一個人應該遵守法律	687	39.3
愛國	546	31.2
一個國家要有民主和自由	532	30.4
國家利益高於一切	463	26.5
共產黨要代表人民利益	549	31.4
政府要為人民服務	790	45.1
公民的合法權利不可侵犯	527	30.1
總計	1750	100

資料來源：張明澍，《中國人想要什麼樣民主：中國 "政治人"》（北京：
　　　　　社會科學文獻出版社，2013 年），頁 106。
說　　明：本調查題目答案可複選三項。

　　大陸民眾最希望的是「政府要為人民服務」，其次是「中國
要搞好必須堅持共產黨的領導」，張明澍認為其中都因中國文化
的影響所致，而西方文化所影響的「一個國家要民主和自由」、
「公民的合法權利不可侵犯」所占比例相對低落，表示大陸民眾
對西方式的自由與權利並不十分在意。[26]

---

[26] 張明澍，《中國人想要什麼樣民主：中國 "政治人"》，頁 107。

表 5-21 把自由和權利放在什麼位置（年齡的影響）

	中國要搞好必須堅持共產黨的領導		一個人應該遵守法律		愛國		一個國家要有民主和自由		國家利益高於一切		共產黨要代表人民利益		政府要為人民服務		公民的合法權利不可侵犯	
	人數	百分比	人數	百分比	人數	百分比	人數	百分比	人數	百分比	人數	百分比	人數	百分比	人數	百分比
18-21 歲	44	39.6	48	43.2	42	37.8	31	27.9	26	23.4	31	27.9	44	39.6	30	27
22-31 歲	127	32.8	152	39.3	101	26.1	138	35.7	95	24.5	134	34.6	185	47.8	143	37
32-41 歲	157	38.2	169	41.1	114	27.7	141	34.3	112	27.3	117	28.5	199	48.4	139	33.8
42-51 歲	154	42.2	139	38.1	127	34.8	99	27.1	96	26.3	119	32.6	170	46.6	99	27.1
52-61 歲	146	50.3	108	37.2	104	35.9	76	26.2	78	26.9	89	30.7	129	44.5	86	29.7
62-71 歲	91	62.8	50	34.5	41	28.3	38	26.2	45	31	48	33.1	54	37.2	23	15.9
72 歲以上	31	75.6	21	51.2	17	41.5	9	22	11	26.8	11	26.8	9	22	7	17.1
總計／平均	750	42.9	687	39.3	546	31.2	532	30.4	463	26.5	549	31.4	790	45.1	527	30.1

資料來源：張明澍，《中國人想要什麼樣民主：中國 "政治人"》（北京：社會科學文獻出版社，2013 年），頁 112。

說　明：本調查題目答案可複選三項。

愈年輕族群愈不支持「中國要搞好必須堅持共產黨的領導」,[27] 這或許是年輕一輩對於中共一黨專政統治的挑戰。但「公民的合法權利不可侵犯」年輕民眾的支持率並不高,似乎又透露出不論何黨執政,年輕民眾對於公民合法權力的保護都不十分在意,對人權保障的訴求相對不強,對於威權的反對也不強的訊息。

表 5-22　實際上是否對政府決定表達過意見
（受教育程度的影響）

	採用過		沒有採用過		說不清	
	人數	百分比	人數	百分比	人數	百分比
初中及以下	72	6.6	988	90.7	29	2.7
高中（含中專、技校）	45	12.8	297	84.4	10	2.8
大學（含大專、高職）	36	12.5	249	86.2	4	1.4
研究生（碩士、博士）	5	25	15	75	0	0
總計／平均	158	9	1549	88.5	43	2.5

資料來源：張明澍,《中國人想要什麼樣民主：中國 "政治人"》（北京：社會科學文獻出版社,2013 年）,頁 203。

表 5-23　實際上是否對政府決定表達過意見
（地域的影響）

	採用過		沒有採用過		說不清	
	人數	百分比	人數	百分比	人數	百分比
北京	75	12.5	520	86.7	5	0.8
深圳	44	8.8	424	84.8	32	6.4
孝感	22	6.3	324	92.6	4	1.1
榆樹	17	5.7	281	93.7	2	0.7
總計／平均	158	9	1549	88.5	43	2.5

資料來源：張明澍,《中國人想要什麼樣民主：中國 "政治人"》（北京：社會科學文獻出版社,2013）,頁 205。

---

[27] 張明澍,《中國人想要什麼樣民主：中國 "政治人"》,頁 113。

表 5-24　實際上是否對政府決定表達過意見
（年齡的影響）

	採用過		沒有採用過		說不清	
	人數	百分比	人數	百分比	人數	百分比
18-21 歲	16	14.4	89	80.2	6	5.4
22-31 歲	42	10.9	340	87.9	5	1.3
32-41 歲	42	10.2	358	87.1	11	2.7
42-51 歲	16	4.4	338	92.6	11	3
52-61 歲	21	7.2	265	91.4	4	1.4
62-71 歲	17	11.7	123	84.8	5	3.4
72 歲以上	4	9.8	36	87.8	1	2.4
總計／平均	158	9	1549	88.5	43	2.5

資料來源：張明澍，《中國人想要什麼樣民主：中國“政治人”》（北京：
社會科學文獻出版社，2013 年），頁 206。

　　依據前述 3 個表格內容所顯示，不論是教育程度、發展程度
或年齡，對於政府所做決定實際上表達過意見的都偏低。以教育
程度為觀點，以研究所以上教育程度者，僅 25%表達過意見；以
受西化為觀點，縱使與香港最接近，受西方影響最深的深圳，也
僅有 8.8%表達過意見；而最年輕一輩對於政府意見的表達，也
僅是 14.4%，對於中國大陸民眾對政府表達意見以成就自身的想
法的傾向，顯然令人悲觀。

　　在西方的政治學研究中，經濟發展將促成民主化的蛻變，幾
乎已經成為其政治發展理論的典型，而現代化學派的學者如：立
普塞（Seymour M. Lipset）、道爾（Robert A. Dahl）、[28] 及杭廷
頓（Samuel, P. Huntington）、戴蒙（Larry Diamond）等人更是抱

---

[28] John H. Mutti, "Economic Politicay and Democratization in the Former Communist
States," in Robert D. Grey, ed., *Democratic Theory and Post-Communist Change*
(New Jersey: Simon & Schuster, 1997), p. 217.

持如此觀點。那麼大陸在經濟發展後，真的會逐步走向民主化，而對現行威權體制形成挑戰？依前三個表顯示，似乎不符。

在意識形態層面的解釋上，共產黨所帶領的政體將是逐步讓國家與政黨消亡，最終達成沒有國家、政黨、壓迫階級的共產主義天堂，而不會進入西方國家以政黨的相互競爭作為人民爭取最大福利的階段，[29] 而實際狀況也顯示，不僅僅只要經濟發展就會促成大陸人民拋棄威權走向民主。[30] 以實際民意調查也同時發現，高收入者比低收入者對民主好不好的問題更加謹慎，高收入者更傾向認為民主有中國與外國之分，[31] 結果如下表。

表 5-25　經濟收入與對民主好不好的看法

	好		不好		不能一概而論，要看是不是適合中國情況的民主		其他		不清楚	
	人數	百分比	人數	百分比	人數	百分比	人數	百分比	人數	百分比
收入較高	8	40	2	10	9	45	0	0	1	5
中等收入	362	55.7	14	2.2	260	40	0	0	14	2.2
收入較低	585	54.7	30	2.8	430	40.2	0	0	24	2.2
其他	6	54.5	1	9.1	4	36.4	0	0	0	0
總計／平均	961	54.9	47	2.7	703	40.2	0	0	39	2.2

資料來源：張明澍，《中國人想要什麼樣民主：中國"政治人"》（北京：社會科學文獻出版社，2013 年），頁 301。

---

[29] 劉文斌，想像統獨：兩岸統合研究（臺北：秀威，2013 年），頁 135-137。
[30] 劉文斌，想像統獨：兩岸統合研究，頁 124-128。
[31] 張明澍，《中國人想要什麼樣民主：中國"政治人"》，頁 301。

表 5-26　經濟收入與政治上中國好還是美國好

	中國比美國好		美國比中國好		中國和美國的國情不同，不能簡單的比較		不知道	
	人數	百分比	人數	百分比	人數	百分比	人數	百分比
收入較高	7	35	0	0	13	65	0	0
中等收入	245	37.7	53	8.2	345	53.1	7	1.1
收入較低	409	38.3	86	8	538	50.3	36	3.4
其他	5	45.5	1	0.1	5	45.5	0	0
總計／平均	666	38.1	140	8	901	51.5	43	2.5

資料來源：張明澍，《中國人想要什麼樣民主：中國 "政治人"》（北京：
社會科學文獻出版社，2013 年），頁 301。

　　依據前 2 個表的資料顯示，經濟收入高者，對民主的企盼不
比中低收入者殷切，雖然認為「中國比美國好」的略低於中、低
收入者，但認為「中國和美國國情不同，不能簡單的比較」卻比
中、低收入者高。總體而言，經濟收入高者，或許更趨向於維持
現有大陸威權體制體系，以持續維持其既得利益地位，而不願意
隨意更動此種威權體制，以免其較高的經濟地位受損。若此種推
論正確，那麼隨著經濟的發展，更多的經濟發展受益者，就不一
定會要求西方式的民主，而可能持續支持大陸目前的威權體制。

　　依民調顯示，大陸民眾追求西方式民主的傾向並不高，此種
趨勢顯然讓中共的威權統治取得堅實的民意支持基礎。而中共對
不支持其政權的被治者行動，其處置亦因事件的不同性質而展現
不同的方式，此由面對可控制的烏坎村事件，與相對不可控制的
法輪功發展，可看出端倪。

第二節　烏坎村與法輪功事件比較

一、烏坎村事件

有部分研究者的看法認為，大陸內部民眾的陳情抗議組織，有規模日漸縮小的傾向，且最重要的是陳抗群眾沒有組織，這種沒有組織的情形在世界各國都罕見。[32]陳情抗議的發生，顯然是民意呈現對當前狀況之不滿，並意圖使其改變。研究者認為群眾陳抗「組織」規模縮小或沒有組織的情形，在某種意義上，正表示民意難以串連，反抗力量難與統治階層對抗，並要求改變政策，甚至改變現行政治制度之意。對於政治制度的改變方法中，以選舉為最簡單、最快速，[33]當然，這種選舉必然是充分讓民意展現的選舉。大陸的選舉因共產黨的控制嚴密，差額選舉仍爭論不休等問題，向被外界諷稱為「派舉」，意指由共產黨指派定人選，再經民主程序的包裝而已，但 2011 年 9 月至 2012 年 4 月所發生，引發國際注目的「烏坎村事件」，陳情抗議民眾不僅有組織，且實現過去所沒有的自由選舉，致使在短時間內顛覆過往對中共威權政治體制運行看法，並為中共政治情勢的轉變帶來無窮的想像，其過程與實際狀況如何，尤其是中共對其處置方式，值得探討：

---

[32] Stefan Halper, *The Beijing Consensus* (New York: Basic Books, 2010), p. 7.

[33] Sharon Wolchik, "Defining and Domesticating the Electoral Model: A Comparison of Sovakia and Serbia," in Bunce, Michael and Nathryn Stoner-Weiss, eds., *Democracy and Authoritarianism in the Postcommunist World*, p. 144.

烏坎村位於廣東省汕尾陸豐市東海鎮，是該鎮下轄的 12 個村之一，人口約 1.3 萬。[34] 由於土地遭村委會私下變賣，該村民選出代表與汕尾市及其下屬陸豐市的政府部門交涉多年，但沒有結果。2011 年 9 月 21 日，烏坎村三、四千名村民開始在陸豐市政府及派出所聚集，要求當局給予實際答覆。數天之內，村民自發成立「烏坎村民臨時代表理事會」組織遊行示威，期間受到警方鎮壓。[35] 在臨時理事會治下，村民採取集體上訪、接受媒體採訪等方式，向政府表達訴求。

該事件的主要組織者薛錦波，於 2011 年 12 月 9 日被公安機關刑事拘留，關押於汕尾市看守所。12 月 11 日 10 時 51 分，薛錦波因身體不適，經搶救無效死亡。醫院出具的死因診斷為心源性猝死，[36] 引發民眾與公安的緊張對峙。

12 月 20 日，負責處置烏坎事件的中紀委委員、廣東省委副書記朱明國進入陸豐市烏坎村看望當地村民，並向村民重申「堅持民意為重」、「群眾主要訴求合理」、「不追究大多數群眾的過激行為」，強調將依法依規，公平、公正、公開、穩妥處理好烏坎問題。[37] 雙方對峙局面結束。

---

[34] 〈"烏坎事件"裏的問題村官〉，2014 年 2 月 21 日下載，《人民網》，http://paper.people.com.cn/hqrw/html/2012-05/06/content_1045843.htm?div=-1。

[35] 〈法新社：中國"烏坎事件"兩周年 村級民主難抵"一黨專政"〉（2013 年 12 月 20 日），2014 年 2 月 18 日下載，《自由亞洲電臺》，http://www.rfa.org/mandarin/yataibaodao/renquanfazhi/jz-12202013131825.html。

[36] 〈汕尾通報屍檢：薛錦波無外力致死跡象〉（2011 年 12 月 15 日），2014 年 2 月 18 日下載，《新華網》，http://big5.xinhuanet.com/gate/big5/news.xinhuanet.com/mrdx/2011-12/15/c_131307614.htm。

[37] 〈朱明國看望烏坎村民重申民意為重〉（2011 年 12 月 23 日），2014 年 2 月 18 日下載，《文匯報》，http://paper.wenweipo.com/2011/12/23/YO1112230006.htm。

廣東省烏坎村幹部違法違紀問題專項小組組長、廣東省監察廳副廳長曾慶榮於 12 月 30 日表示，在經過清查後，已查實陸豐市農村信用合作聯社營銷中心有關人員利用職務便利，在烏坎村土地轉讓中收受有關人員 20 萬元人民幣，另有陸豐市國土局東海鎮國土所個別人員在辦理烏坎村土地轉讓過程中收受賄賂。而在烏坎村內部，該小組也查實了原烏坎村黨支部書記薛昌、原村委會主任陳舜意等人侵占村集體資產的違紀行為，原烏坎村支部、村委會部分官員在出讓土地過程中也有收受好處費等問題。對於已查實的烏坎村部分財務人員涉嫌公款私存問題，廣東省相關紀委部門已對村支部委員、村委會出納鄒釵實行「雙規」措施，並做進一步調查。[38]

　　2012 年 1 月 15 日，中共決定將烏坎村黨支部提升為黨總支部，並成立村委會的「重新選舉籌備小組」。另外在烏坎村事件中始終扮演抗爭領袖、帶領村民反抗政府的林祖鑾，則被正式委任為烏坎村黨總支部書記，並重新建立一個「選舉籌備小組」。[39]

　　2 月 11 日村民以不記名投票方式推選村民代表，並選舉村內 7 個村民小組組長共 109 人，3 月 3 至 4 日以同樣方式選出村委會成員與村民小組代表各 7 人，被政府點名視為鬧事分子的或示威組織者全部當選為村委會成員。[40]這是烏坎村民 40 年來第一次自主選舉。

---

[38]　〈廣東省工作組：烏坎土地轉讓存在受賄等問題〉（2011 年 12 月 30 日），2014 年 2 月 18 日下載，《騰訊新聞》，http://news.qq.com/a/20111230/001628.htm。

[39]　〈中國烏坎抗議領袖　被任命為村黨書記〉（2012 年 1 月 16 日），2014 年 2 月 18 日下載，《番薯藤新聞網》，http://history.n.yam.com/newtalk/china/201201/20120116797890.html。

[40]　朱東方，〈讚美民主和追求民主〉（2012 年 3 月 26 日），2014 年 2 月 18

此被大陸境內、外媒體稱為「具有重大標誌性意義」的村委
會民主選舉，在經選舉成立村委會後僅 6 個月，就受到烏坎村民
們的批評無法收回被貪腐官員賣給開發商的土地；前村委會主任
和黨支書雖被開除黨籍、撤銷職務，卻因為官員的庇護，並沒有
人受到法律處置。致使在 2012 年 9 月被外國媒體形容為只是一
次「短命的民主實驗」；村委會主任張建成則認為，村民的期望
與現實之間的懸殊太大是造成不滿的原因。[41]

　　土地歸還村民是烏坎直選村委會時的中心議題，但是村委會
卻無法也無能力解決此問題，有決定權的是上方領導。對此情勢
的發展，大陸民政部副部長姜力於 2013 年 3 月 13 日在「全國人
大」記者會上卻仍認為，廣東陸豐烏坎村的民主選舉已經成為大
陸農村基層民主政治建設過程中的典型案例，並認為烏坎的民主
選舉不是獨有的，它已經是大陸農民參與「中國特色的社會主義」
政治建設最廣泛的實踐形式。[42]

　　但在事件過後，當時的民選維權領袖烏坎村委會主任林祖鑾
心灰意冷地認為，當年「爭回土地，寸土不讓」的豪言壯語恐成
空話。林自嘲當初「太天真」，數以千畝村地已被貪官、奸商和
政府，以各種複雜手段瓜分，已無可能全部取回。漸漸失去耐性
的烏坎人民，不僅對民選村政府失去信心，甚至試圖強行奪回被

　　日 下 載，《博 訊 新 聞 網》，http://boxun.com/news/gb/pubvp/2012/03/
　　201203261059.shtml。

[41]　〈英媒：烏坎事件週年看失敗民主實驗〉（2012 年 9 月 21 日），2014 年
　　2 月 9 日下載，《BBC 中文網》，http://www.bbc.co.uk/zhongwen/trad/
　　chinese_news/2012/09/120921_press_wukan.shtml。

[42]　〈烏坎模式是直選典型還是民主失敗？〉（2013 年 3 月 13 日），2014 年
　　2 月 9 日下載，《BBC 中文網》，http://www.bbc.co.uk/zhongwen/trad/china/
　　2013/03/130313_wukan_hk.shtml。

侵吞的土地。林祖鑾認為收回土地過程艱難主要有 3 個原因：
一、奸商勾結舊村委，以「空手套白狼」（把侵吞的土地抵押給
銀行，捲款離開）的方式盜賣出去，業權已歸銀行和國家；二、
部分被侵吞的土地竟已「合法」地轉售給第三者，當局甚至已批
出國土使用證；三、部分人已在侵吞土地上建屋長住，無法拆遷。
林祖鑾坦言，由於鎮、市兩級政府官員在侵吞村地問題上有千絲
萬縷的利益關係，他已認清「烏坎土地不可能完全收回的事實」，
只能在任內盡量理清土地。至於全部追回土地，林祖鑾表示「自
己沒有這個信心」。[43]

　　顯然，依據烏坎的經驗，當前人民縱有直接選舉最基層「官
吏」的權力，其後卻難以決定政策的走向，最終政策決定權仍是
「上方領導」。若由上方領導決定政策，那麼基層的直接選舉對
中共的統治，尤其是具關鍵性的政策決定，就沒有影響之可能。
以中共統治地位的角度看，烏坎村式的直接選舉，可能收到化解
民怨，以維持統治穩定效果，再假以時日當選人無法滿足人民願
望後，是否又有讓民眾依不良經驗否決直接民選的效果？而證諸
2014 年 3 月間的烏坎村民委員會改選，似有此種趨勢。[44]

---

[43] 〈數千畝地遭奸商貪官瓜分　林祖鑾：烏坎被吞地無望盡討回〉（2012
年 9 月 27 日），2014 年 2 月 18 日下載，《明報新聞網》，http://www.
mingpaotor.com/htm/News/20120927/tcbh1.htm?m=0。
[44] 賴錦宏，〈烏坎民主變調　選舉變宗族角立場〉，聯合報，2014 年 3 月 13
日，第 A12 版。

二、取締法輪功

　　法輪功組織的主要主張是宗教、言論自由及維護人權甚至改善人際關係，開始並無政治目的，在改（變）革開放造成人民健康保險不足，及改（變）革開放使人民心理承受極大壓力下，而受大陸人民的歡迎，因法輪功信徒效忠非共產黨員的李宏志，追求與共產黨不同的意識形態，傾向回復與共產黨不同的傳統文化，且推動以各自身體為關鍵主體的宗教信仰，不集體行動，爭取自我組黨權等，而違反共產黨要求所有都必須服從共產黨的觀念，[45]更有研究者宣稱，在 1990 年代末期，法輪功成員因公開與政府對抗，在全大陸 300 個城市發動群眾運動，且不接受中共要求其不要明目張膽甚或轉入地下的要求，終至被無情的鎮壓。[46]

　　縱使在中共介入鎮壓後，法輪功仍宣布從沒有政治野心或取代共產黨的意圖，甚至所有對中共政權的抗議與陳情都在體制內進行，[47]但法輪功充滿反對中共的政治抗爭表現卻是不爭的事實，除不斷的對外宣稱遭中共非人道的鎮壓外，最具體而微的表現莫過於《九評共產黨》的宣傳作為，其內容分別為：〈評共產黨是什麼？〉、〈評中國共產黨是怎樣起家的？〉、〈評中國共產黨的暴政〉、〈評共產黨是反宇宙的力量〉、〈評江澤民與共產黨相互

---

[45] Xiao Ming, *The Cultural Economy of Falun Cong in China: A Rhetorical Perspective* (Columbia: University of South Carolina Press, 2011), pp. 8, 14, 16-17, 61, 97.

[46] Andrew Wedeman, "Strategic Repression and Regime Stability in China's Peaceful Development," in Sujian Guo, ed., *China's "Peaceful Rise" in the 21st Century* (Burlington: Ashgate Publishing Company, 2006), pp. 109-110.

[47] Ming, *The Cultural Economy of Falun Cong in China: A Rhetorical Perspective*, p. 20.

利用迫害法輪功〉、〈評中國共產黨破壞民族文化〉、〈評中國共產黨的殺人歷史〉、〈評中國共產黨的邪教本質〉、〈評中國共產黨的流氓本性〉，[48] 如此攻擊中共，但仍宣稱是在體制內進行陳抗，其宣稱在體制內陳抗的可信度實不易取信於外人。法輪功被中共鎮壓是眾所周知的事實，且此情況似乎難於短時間內改變。中共鎮壓法輪功的過程約略如下：

法輪功，又名法輪大法、法輪佛法。係吉林省公主嶺市（原懷德縣公主嶺鎮）人李洪志所創，並於 1992 年 5 月起以群眾容易接受的方式教授眾人氣功功法。[49] 法輪功廣泛傳播於大陸、臺灣、韓國、美國、澳洲、歐洲等地區，信徒眾多，實際數字不易查證（信徒人數估算從數十萬、數千萬至億都有）。

法輪功產生背景，源自 70 年代起大陸出現氣功熱，80 年代達到高潮。五花八門的氣功門派風靡全大陸，這種用唯物主義世界觀無法解釋的特異功能現象一出現，立刻引起一貫以馬列主義和無神論為宣傳及統治思想的中共高層注意。這時的大陸，正逢十年「文革」剛結束，全大陸上下正對「實踐是檢驗真理的唯一標準」展開熱烈討論，故不久，胡耀邦指示中共中央宣傳部，對氣功和特異功能「不宣傳」、「不爭論」、「不批評」。1989 年「六四」天安門事件後，中共對氣功的態度很快轉變；於 90 年代初成立 9 部委 9 人小組監控氣功。中共為對氣功組織嚴加控制，還把退職老黨員幹部放到氣功研究會當負責人，實際上，中共等於

---

[48] 參閱：大紀元系列社論，《九評共產黨》（臺北：連鳴文化有限公司，2004年）。

[49] 〈李洪志及"法輪功"組織〉，2014 年 2 月 19 日下載，《中國網》，http://big5.china.com.cn/gate/big5/www.mingjing.org.cn/zxxx/070711/02.htm。

是把氣功社會團體變成其黨支部，因為中共擔心氣功團體變成「義和團」，[50]最終造成社會秩序的不穩。

　　1996 年 6 月 17 日，中共喉舌媒體《光明日報》發表評論文章，首次公開指責法輪功。1996 年 7 月 24 日，中共中央宣傳部下屬新聞出版署向全大陸各省市新聞出版局下發內部文件，禁止出版發行《轉法輪》、《法輪功》等法輪功書籍。1998 年 5 月至1999 年 4 月間，計有北京電視臺、《齊魯晚報》、《青少年博覽》等媒體攻擊法輪功。1998 年 7 月 21 日，中共公安部一局甚至發出公政[1998]第 555 號《關於對法輪功開展調查的通知》，對法輪功展開取締。中共於 1999 年 6 月 10 日成立「中央防範和處理邪教問題領導小組辦公室」（前身為「中央處理法輪功問題領導小組辦公室」），因此又稱「中央 610 辦公室」，因為當時正值法輪功在大陸蔓延之時，同年中共中央正式取締法輪功。2000 年 9 月，國務院防範和處理邪教問題辦公室成立，與「中央 610 辦公室」合署辦公，[51]「610 辦公室」遂成為專責鎮壓法輪功單位。回顧法輪功在受到不斷升級的取締情況下，1999 年 4 月 25 日，萬餘名來自北京、天津、河北等地的法輪功學員前往北京國務院信訪辦公室上訪，提出 3 點要求：釋放在天津被捕法輪功成員；給法輪功修煉群眾一個寬鬆的修煉環境；允許出版法輪功書籍。

---

[50] 〈法輪功退出中國氣功科研會的來龍去脈（上）〉（2006 年 7 月 19 日），
2014 年 2 月 19 日下載，《大紀元電子報》，http://www.epochtimes.com.tw/6/
7/19/32501.htm%E6%B3%95%E8%BC%AA%E5%8A%9F%E9%80%80%
E5%87%BA%E4%B8%AD%E5%9C%8B%E6%B0%A3%E5%8A%9F%E
7%A7%91%E7%A0%94%E6%9C%83%E7%9A%84%E4%BE%86%E9%
BE%8D%E5%8E%BB%E8%84%88%E4%B8%8A 。

[51] 子清，〈揭秘中共處理邪教的 610 辦公室〉（2013 年 12 月 24 日），2014
年 2 月 21 日下載，《多維新聞》，http://china.dwnews.com/news/2013-12-24/
59360839-all.html 。

當天，國務院總理朱鎔基出面接待，天津被捕學員得到釋放，上訪法輪功成員於當晚九點左右離開。據聞，當夜時任中央總書記江澤民致信中共中央政治局常委及其他相關領導稱「共產黨如果戰勝不了法輪功，那將是天大的笑話」，甚至傳聞 1999 年 6 月 7 日，江澤民在中共中央政治局會議上講話，稱「法輪功問題有很深的政治社會背景乃至複雜的國際背景」，「是 1989 年那場政治風波以來最嚴重的一次事件」。至此，中共對進一步取締法輪功定調，[52] 對法輪功的取締與鎮壓至今未歇。

若將烏坎村和法輪功兩個事件加以比較，可得如下的結果：

表 5-27　烏坎村事件與法輪功事件性質比較表

事件＼特性	發生時間	參與人數	海外關係	與中共關係	中共作為	目前狀況
烏坎村事件	2011年9月～2012年4月	1.3萬人（烏坎村民數）	無	體制內抗爭。領導人林祖鑾被任命為烏坎村黨總支書記。	將烏坎村反對勢力吸納入黨	不了了之
法輪功事件	1999～	數十萬至1億（法輪功信徒估算）	信徒遍及歐洲、美洲、亞洲、澳洲等地	雖自稱體制內抗爭，但積極攻擊共產黨	中共成立「中央610辦公室」專責鎮壓	持續對峙中

資料來源：作者自行繪製

---

[52] 齊治平，〈「四二五」究竟是誰違反了法律？〉（2012 年 4 月 5 日），2014 年 2 月 18 日下載，《正悟網》，http://www.zhengwunet.org/zhengwunet/article/2012/04/IED05-0003-jc.html。

兩相比較，顯然法輪功所涉及的層面及對共產黨的危害性比烏坎村要嚴重。更直接說，烏坎村事件，因不足以撼動中共統治，故以准許選舉懷柔，最終烏坎村抗議事件消失。法輪功則牽連甚廣，甚至與外國情勢有關，有龐大組織與中共統治對抗，中共以專責機構持續對法輪功鎮壓，法輪功也奮起反抗，兩相對峙至今未歇。

兩事件相互比較，唯一可被挑剔的是發生時間相距約十年，或有論者認為 10 年的差距，可能影響中共對於法輪功事件發生時，採取比較嚴苛的態度，對於 10 年後發生的烏坎村事件，則因經濟建設更好、社會更開放，故容忍度也可提高，但此種論述卻無法說明在更開明的現在，何以仍對法輪功採取絕不放鬆的態度，故時間的差距無法說明中共對待兩事件態度的不同。換言之，對於兩事件態度的不同，應是取決於該事件對於中共統治的危害程度。

依據趙建民教授的見解，中共的決策過程，係黨依據事件的內涵，評估該事件是具有「黨國利益」或「部門利益」，若是前者，則由黨強制要求專業部門貫徹黨的意志處置，而呈現「黨管一切」特性，若是後者，則授權官僚體系依其自主性與專業性決定事務的推動。[53] 對中共而言，法輪功同時危及黨與政的安全，對於中共統治的危害性比烏坎村嚴重自不在話下，那麼中共結合黨國力量分別成立「中央 610 辦公室」（黨）及「國務院防範和處理邪教辦公室」（政）予以鎮壓，自然是其理性的選擇。大陸縱使經濟建設有成，社會比過往更加多元，但對於社會中異議力量的容忍程度也僅是有限的放鬆，對於危及其統治地位的活動毫不留情的鎮壓，顯然亦十分明確。

---

[53] 趙建民，《中國決策：領導人、結構、機制、過程》（臺北：五南，2014年），頁 204。

就被治者的角度言，若對中共威權體制與作為的抗爭，不損
及共產黨的統治，可能換得共產黨的善待，如烏坎村事件的發展
與結果；反之，若危及共產黨的統治，則絕不寬貸，如對法輪功
之鎮壓。這種不同的處境，不僅展現共產黨的「黨國鎮壓能力」，
更迫使被治者必須做出「正確」抉擇。更重要的是，依烏坎村與
法輪功事件始末的比較顯示，兩事件都宣稱在體制內抗爭（雖然
法輪功的抗爭內涵極為激進），對中共威權統治者都展現表面上
的臣服，其目的顯然在逃避共產黨的強力鎮壓，縱使組織龐大且
與境外關係密切的法輪功亦復如此，這正是當前大陸被治者不敢
正面與中共對抗之寫照。

第三節　「市民社會」的抑制

　　若比較埃及發生於 2013 年 6、7 月推翻民選總統的群眾運
動，卻也發現剛剛就職滿周年的首位民選總統穆希（2012 年 6
月因茉莉花革命而當選），因施政無法滿足茉莉花革命的民主期
待，而難逃被推翻的命運。相對的，2013 年 5 月的土耳其抗議風
潮，迫使治理有方，使土耳其近年經濟成長快速，各項發展欣欣
向榮的總理厄多岡，僅為首都一座公園的拆遷，引發民眾排山倒
海的反對，在民眾激烈的抗爭下，也只能低調道歉。[54] 當政者若

---

[54] 〈社論：埃及悲喜劇：當民主靠槍桿子維持〉，聯合報，2013 年 7 月 5
日，第 A2 版。

不遵守民眾的意願其下場就是失去政權的定律,不論在民主或非民主政體中,都可以成立,也因此,有效控制與化解民怨(意),甚至讓不利於當政者的民意(怨)無法集結串連,就成為政權維繫的重要手段,威權政體亦不例外。

對於威權體制下表達民怨(意)的人民集體陳(情)抗(議)事件,對於威權體制具有穩定的效果的研究與理論,雖不斷被提及,但尚未成型,其論述約略可方分為三種:

一、以心理學為基礎,認為陳抗事件可以化解人民與統治者的緊張關係。

二、利用陳抗運動使被統治階層建立活動空間,抵抗了威權勢力的入侵,因此不必要求推翻威權。

三、利用陳抗活動,讓決策結果更有利於陳抗民眾(此與第一種重在發洩情緒不在爭取目標,及第二種爭取陳抗群眾活動空間的訴求不同)。[55]

在大陸目前的陳抗運動,其特點很明顯的是陳抗群眾所要求的並不是革命,[56]而是追求體制的完善,故可能包含有前述三種企圖。

若以北京立場,則希望以不斷提升人民生活水平,交換人民對現行威權體制的支持,或進一步說,除了絕不准與聞政治外,其他都儘量滿足人民的意願。[57]故只要不危及共產黨的統治,對人民的各類訴求,都儘量予以滿足。當前,甚至因為經濟發展所帶來的多元、貧富不均、社會失序等等問題,只能以更成功、更

---

[55] Xi Chen, *Social Protest and Contentious Authoritarianism in China* (New York: Cambridge University Press, 2012), pp. 205-206.

[56] Chen, *Social Protest and Contentious Authoritarianism in China*, p. 207.

[57] Halper, *The Beijing Consensus*, pp. 126-127.

大的經濟成長予以彌補。[58] 依此，對於近年蜂湧而起的大陸民眾陳情抗議事件，是否就可等同於大陸市民社會（civil society）的興起，人民因此要求改變威權體制，要求民主，或說，民眾對於任何事件的不滿，是否會將其原因歸結為政治制度的不健全而要求政治制度改變，就必需加以懷疑。另有學者更主張，大陸民眾因以下各種原因而持續接受威權統治：

一、多數民眾認為威權體制帶來經濟的發展有利於人民生活水平的提升。

二、私人企業主與國有企業工人都認為，與黨維持特別關係可以獲得黨的特殊照顧，而獲得經濟利益與安全。一般工人則認為，共產黨的保護主義可有效抵抗國際的競爭，以保障現有工作機會，又因共產黨保護工人的意識形態，使一般工人更能獲得保護。雖然農民與私營企業工人，與黨國的物質保障關係較為疏遠，但仍舊認為黨國體制可提供土地使用權利與生活必需，國有企業工人更認為黨國的保護是必須，故對改變黨國體制興趣缺缺。

三、改革開放所造成的貧富差距，少數富有的上階層與大多數的下階層不僅不互相扶持，上階層為壓低工資等利益，甚至打壓低階層，在低階層富有社會主義經濟理想的狀況下更不敢給予低階層政治權利。而農人與一般工人都屬於低下階層，其中國有企業工人仍自黨國體制獲利，農人與私有企業工人也認為黨國體制，對農村農民的土地使用權利保障及城鎮工人社會主義利益保障有利。且社會主義城鄉兩元戶籍劃分的後果，讓城鄉人居民迄今仍相互競爭利益而無法團結。

---

[58] Halper, *The Beijing Consensus*, p. 138.

四、提供基層選舉、打擊地方不肖官吏、讓基層百姓發洩不滿言
　論等，有效化解人民對威權體制的不滿。[59]

　　甚至有研究認為，自 1990 年代以降大陸政府所領導的發展
政策，惠及私營企業，如提供大量民工進城以壓低工資，協助進
入國際市場讓企業獲得龐大利益等等，加上社會主義遺緒，更阻
止私營企業主獲得政治權利，[60]若依前述的民調更顯示，私營企
業主根本就不希望違反共黨一黨專政的現狀。依據張明澍的研究
也顯示，一個事件與人民切身利益的關係愈抽象愈理論化、愈一
般化，公民的政治參與願望就愈低，相反的，一個事件與公民的
切身利益愈關係具體、愈實際、愈緊密，公民政治參與的慾望就
愈強烈，如薄熙來事件的制度缺失，並無法引發如同民眾對於周
邊污染事件的強烈反應一般，[61]西方學者的研究，也顯示中國人
對於切身利益的維護及維護下一代的競爭力比較關心，而比較不
關心政治。[62]更具體的說，當前大陸民眾對於政治參與的願望不
強烈，是因為自己利益與政治之間的關連性沒有被揭示，造成這
種結果的原因，是由於長期以來的教育、宣傳所致；反之，若教
育、宣傳能教導人民這些令人不滿的事件，都與政治制度有關，
則民眾對於政治的關心與參與的積極自然不可同日而語；[63]政治
乃「管理眾人之事」，欲改變或修訂管理者的政策甚或管理制度，
其前提必需是串連足夠的「眾人」，形成人民力量才得成功，中

---

[59] Wright, *Accepting Authoritarianism: State-Society Relations in China's Reform Era*, pp. 2-4.

[60] Wright, *Accepting Authoritarianism: State-Society Relations in China's Reform Era*, pp. 46-47.

[61] 張明澍，《中國人想要什麼樣民主：中國"政治人"》，頁 170-171

[62] Halper, *The Beijing Consensus*, p. 7.

[63] 張明澍，《中國人想要什麼樣民主：中國"政治人"》，頁 197。

共威權控制下對於內部的反對威權原生力量，亦因如下不足，致難以串連民意對現行政策施壓，甚或改變威權統治：

一、反威權體制載體的欠缺

反威權體制最重要的載體主要表現在中產階級與非政府組織活動上。

（一）中產階級不易生成

著名學者杭廷頓在《第三波》一書中，認為民主化的重要因素之一是經濟發展，形成公（市）民社會（civil society），再進一步促成民主，可以圖形表示如下：

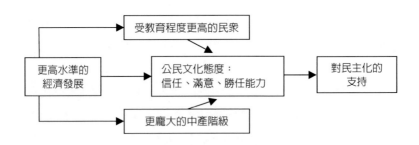

圖 5-1　經濟發展與民主化關係圖

資料來源：Samuel P. Huntington 著，劉軍寧譯，《第三波》（臺北：五南，1994 年），頁 72。

受此論點的影響，長久以來，西方研究者多半認為大陸的經濟發展可能帶動民主化，讓威權被掃進歷史灰燼之中。

近年大陸「國內生產總值」及「人均國內生產總值」的成長不斷增加，如下表：

表 5-28　大陸國內生產總值與人均國內生產總值表
（2007 年－2013 年）

單位：人民幣

	2007	2008	2009	2010	2011	2012	2013 年
國內生產總值（億）	265810	314045	340902	401202	473104	519322	568845
人均國內生產總值（元）	20169	23708	25608	29992	35181	38420	?

資料來源：〈中國宏觀數據資料庫〉（2014 年 2 月 24 日），2014 年 7 月 18
　　　　　日下載，《新浪財經》，http://finance.sina.com.cn/mac/#nation-0-0-
　　　　　32-1。
說　　明：2013 年人均國內生產總值，未知確切數字，但其趨勢向上攀升
　　　　　似無疑義。

轉換成圖形更見其人均國內生產總值增長的快速如下：

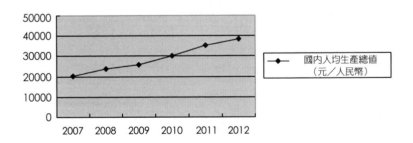

圖 5-2　大陸人均國內生產總值變化圖（2007-2012）

資料來源：〈中國宏觀數據資料庫〉（2014 年 2 月 24 日），2014 年 7 月 18
　　　　　日下載，《新浪財經》，http://finance.sina.com.cn/mac/#nation-0-0-
　　　　　32-1。

但「自由之家」自 1999 年迄 2012 年，除 2000 年沒有資料外，多年來始終認定中國大陸為不自由國家，其自由等級（FREEDOM RATING）、公民自由度（CIVIL LIBERTIES）、政治權利排名（POLITICAL RIGHTS），均維持在不自由的 6.5、6 與 7 不變。[64]（臺灣則為 1 至 2 之間變動的自由國家）。[65]

　　時至 2013 年，臺灣的自由程度已達 1.5（按：最自由為 1，最不自由為 7），[66] 但大陸的自由等級（FREEDOM RATING）、公民自由度（CIVIL LIBERTIES）、政治權利排名（POLITICAL RIGHTS），仍然維持在不自由的 6.5、6 與 7 不變。縱使習近平接任中共領導人後提倡反貪腐、比過去更容忍異議分子、提倡法治等作為，使大陸知識分子與市民社會期望其改革甚至實現憲政，但在期望中，習近平卻加強意識形態的掌握，[67] 致使外界大失所望。

---

[64] "2013 Scores," last visited 2013/10/1, *Freedom hourse*, http://www.freedomhouse. org/report/freedom-world/2013/china；"2012 SCORES", last visited 2013/10/1, *Freedom House*, http://www.freedomhouse.org/report/freedom-world/2012/ china-0；"2011 SCORES," last visited 2013/10/1, *Freedom House*, http://www. freedomhouse.org/report/freedom-world/2011/china；"2010 SCORES", last visited 2013/10/1, *Freedom House*, http://www.freedomhouse.org/report/ freedom-world/2010/china；"2009 SCORES," last visited 2013/10/1, *Freedom House*, http://www.freedomhouse.org/report/freedom-world/2009/china；"2008 SCORES", last visited 2013/10/1, *Freedom House*, http://www.freedomhouse. org/report/freedom-world/2008/china；"2007 SCORES," last visited 2013/10/1, *Freedom House*, http://www.freedomhouse.org/report/freedom-world/2007/china。

[65] "Freedom in the World," last visited 2013/10/1, *Freedom House*, http://www. freedomhouse.org/report-types/freedom-world。

[66] "Asia-Pacific (Taiwan)," last visited 2014/1/27, *Freedom House*, http://www. freedomhouse.org/regions/asia-pacific。

[67] "China," last visited 2014/1/27, *Freedom House*, http://www.freedomhouse.org/ report/freedom-world/2014/china-0。

隨著大陸經濟的成長其人民人均國內生產總值的收入亦不斷成長，且收入早就超過西方學者杭廷頓有關 1,000 美元至 3,000 美元間，民主化將無法抵擋壓力的論述。[68] 縱使經濟發展讓大陸社會比過去鬆動，但研究也顯示，大陸自改（變）革開放以來，大陸社會經濟的發展面臨三大衝擊：一是發展意識形態（the ideology of developmentalism），以經濟發展為重中之重，政府表現良窳以 GDP 的表現為依歸；二是在政府市場關係觀點脈絡下的經濟民族主義（economic nationalism in terms of government-market relationship），雖以社會主義計畫經濟為基底，但並不排斥市場經濟的運作，最終轉換成經濟民族主義，利用計畫經濟達到民族富強目的，前兩者造成大陸近幾十年的經濟奇蹟；三是國家與社會關係脈絡下的國家社團主義（state corporatism in terms of state-society relationship），是指涉公民權力雖被尊重但公民的自主被限制、市民得以自主結社但大多數的組織是半官方形式；表面上國家授予社會權力，但實際卻是行分級管理策略以行政管理吸收社會活動為目標；國家社團主義依賴權威的組織制度化，在社會變遷過程中有效率的維持社會的統合。[69]

有學者將世界 107 個國家，以自由度指標與經濟發展指標相互交叉分析方式，訂出國際間對於自由與經濟發展的狀況，可以分出四種形態：

1、自由且快速成長型，包含：智利、印度、多明尼加、南韓等國；2、自由但萎縮型，包括：保加利亞、羅馬尼亞、愛沙

---

[68] Samuel P. Huntington 著，劉軍寧譯，《第三波》（臺北：五南，1994 年），頁 65、67；劉文斌，《想像統獨：兩岸統合研究》，頁 124。

[69] Jianxing Yu, Jun Zhou and Hua Jiang, *A Path for Chinese Civil Society* (Maryland: Lexington Books, 2012), pp. 119-120.

尼亞、拉脫維亞、立陶宛等國；3、不自由但快速成長型，包括：
大陸、越南、敘利亞、寮國、緬甸、厄立特里亞等國；及4、不
自由且萎縮型，包括：剛果、盧安達、蒲隆地、白俄羅斯、塔吉
克斯坦、土庫曼、烏茲別克等國。[70] 顯然大陸是屬於不自由卻經
濟可快速成長國家。且西方國家所主張的自由可促進經濟發展的
論述，在全球 133 個國家的實證研究中，發現自由促進經濟發展
僅適用於西方國家，對於所有發展中國家促成經濟發展最重要的
因素是法令明確、政府治理效能高，自由是次要問題，[71] 也凸顯
東西方不同的發展模式。

　　針對大陸經濟發展後的社會發展狀況，中國國民黨智庫於
2013 年 11 月中旬發表分析認為：「貧富差距拉大、收入分配不
公，使社會矛盾、利益衝突加劇」、「根據世界銀行測算，2009
年大陸基尼系數已攀升至 0.47，意味著財富過度集中在少數人手
中，目前並呈現擴大趨勢。……大陸城鄉居民收入比，當前已達
3.3 倍，國際最高在 2 倍左右；行業之間職工工資差距亦很明顯，
最高與最低相差 15 倍左右；不同群體間之收入差距在 18 倍左
右，國企高管與社會平均工資相差 128 倍。另以中等收入水平、
從事白領職業為中產階層劃分標準，經調查發現，大陸總人口，
有條件成為中產的相應比例僅為 6.7%，即約八千八百九十八萬
人可能成為中產階層，而且主要集中於北京、上海、廣州等大城
市。至於收入分配存在的主要問題，一是資源嚴重向壟斷行業傾
斜；二是居民收入與國家財政收入相比偏低，且分配不合理，根
據大陸人力資源和社會保障部統計，大陸當前電力、電信、金融、

---

[70] Ming Xia, *The People's Congresses and Governance in China* (New York: Routledge, 2008), p. 259.

[71] Xia, *The People's Congresses and Governance in China*, pp. 258-259.

保險、煙草等行業職工平均工資，是其他行業職工平均工資的 2-3
倍，如果加上隱性收入差距可能在 5-10 倍間，根本不利於中產
階級的成長。」致使「如果長期得不到有效改變，必會擴大中間
階層對政府的不認同感和懷疑感」、「社會很難形成穩定的行為規
範」、「即使出現暫時的政治冷漠和旁觀，但不可否認其仍有影響
政府決策的需求，如此需求未及時實現被長期壓抑，則政治理性
轉化為非理性概率將提高，尤其隨著單位控制模式的弱化和網際
網路的快速傳播，中間階層政治參與要求和中共集權式的政治體
系，以及強制性行政模式間的矛盾愈發突出，中間階層政治參與
非制度化風險在政治體制改革遲緩的背景下正逐漸擴大，如何處
理與中間階層的政治關係，實現有效互動與合作，已成為中共當
前政治改革必須解決的課題」。[72]

　　依據國民黨智庫的分析，大陸社會一方面難以產生中產階
級，一方面又因社會分歧不斷擴大，使社會秩序不易維持穩定，
最終危及中共的統治，其間所透露的是，當中產階級不易產生，
是否也可以發動進行天翻地覆的政治秩序變革？若依據圖 5-1 有
關經濟發展產生足夠的中產階級，才得以推動民主的論述，則與
國民黨智庫的論述未盡相符。若依國民黨智庫的研析，大陸一方
面不足以建構足夠的中產階級，一方面又面臨社會脫序，威權統
治遭受挑戰的危險就是合理的說法。也就是說，不論經濟發展是
否促成中產階級的產生，在一定時空環境中，仍有可能促成民主
化的壓力，甚至是民主化的實現。

---

[72] 中國國民黨中央政策會編印，〈大陸社會階層化矛盾摩擦橫生〉，《大陸情
　　勢雙週報》（臺北），第 1655 期（2013 年 11 月 13 日），頁 4-6。

但從另一角度也顯示，當威權面對挑戰，其發展可能就造成「政治理性轉化為非理性概率將提高」的結果。這種欠缺中產階級的社會發展預測，早在大前研一的名著《M型社會：中產階級消失的危機與商機》中就已預言未來中產階級將不斷流逝甚至崩潰，[73]最終社會僅存高收與低收入兩「峰」如M型呈現；大陸在全球化的浪潮中，似乎也難抵擋M型社會的發展趨勢，若中產階級因此不再產生，或現有有限中產階級因時空環境的推移而崩解，那麼是否中共的威權統治就無法經由因經濟發展所促成的中產階級而覆亡？或只能靠經濟發展所造成的巨大貧富差距，使社會進一步分歧，最終促成去威權化的結果？但巨大的貧富差距是否促成社會的混亂，又催化了「政治理性轉化為非理性概率提高」而逼迫中共進行更加嚴屬的控制？

　　沒有中產階級的產生，自然讓有能力獨立於政府之外民意串連的載體欠缺，使對抗威權的力量難以凝聚，然縱使產生被外界所寄望促成威權政體蛻變的中產階級，卻因整個大陸的發展概況呈現「尋租」的社會現象，政治菁英可以決定其他人的財富，致使因經濟發展而獲高收入的企業經營者，也不敢隨意推動民主，所產生的中產階級無法受到共產黨的保護，也無發聲的管道，且中產階級中亦多有共產黨員，甚至必須擁護共產黨的統治，因此，若寄望經濟發展及中產階級的產生而加速民主化或去威權化，則僅是「新的迷思」（new myth）而已。[74]

---

[73] 大前研一著，劉錦秀、江裕真譯，《M型社會：中產階級消失的危機與商機》（臺北：商周，2006），頁64。

[74] Rey-Ching Lu, *Chinese Democracy and Elite Thinking* (New York: Palgrave Macmillan, 2011), p. 66.

（二）非政府組織難以獨立

　　因改（變）革開放與全球化的影響，中共對內的統治已然無法完全封閉，致使中共所面臨的民主化、多元化的壓力，使中共由黨管一切、鐵板一塊的模式，轉向由黨領導下的各自擴展活動空間轉進是不爭的事實，如中共因應時空環境變遷對於基層民眾自治管理機構的放鬆，就是重要的證明。[75] 但若因為中共對於社會控制的相對鬆散，就斷定中共威權體制必將覆亡，可能失之武斷。

　　就當前中共對於社會活動空間控制的相對鬆散，有學者認為應該用蛻變控制（graduated control）模式加以描述，簡言之，就是中共將各類社會團體的能力加以分類，讓有助於中共統治的團體儘量活動，卻嚴密監控有可能挑戰中共統治的各類團體，[76] 前者如商業團體，後者如政治異議團體等。[77] 雖然中共當前對因改革開放所釋放出的社會動力採蛻變式控制方式，讓中共穩於繼續統治，但無法預見往後中共將持續專制或逐步轉向民主。[78] 這種對威權體制忠誠的範圍內容許不同於當權立場勢力存在的現象，在中東與北非的威權中亦經常出現，若此種不同立場勢力超

---

[75] Jie Chen, Chunlong Lu and Yiyin Yang, "Popular Support Grassroots Self-Government in Urban China," *Modern China*, vol. 33, No.4 (2007/10), pp. 505〜528.

[76] Kan Xiaoguang and Han Heng, "Graduated Controls: The State-Society Relationship in Contemporary China," *Modern China*, vol. 34, No.4 (2008/1), p. 38.

[77] Xiaoguang and Heng, "Graduated Controls: The State-Society Relationship in Contemporary China," pp. 40〜49.

[78] Xiaoguang and Heng, "Graduated Controls: The State-Society Relationship in Contemporary China," p. 52.

越對威權體制的忠誠，則將改變威權體制。[79]中共維持威權統治是其不變的職志，因此對忠誠範疇的控制絕不放鬆，對非政府組織（non-governmental organization；NGO）的態度亦復如此。

簡單說，與市民社會、民主化息息相關的非政府組織，在當前大陸的發展狀況是，中共絕不允許對其威權控制產生威脅的組織存在，如法輪功等。[80]若加上因大陸欠缺防止政府介入非政府組織自主活動空間機制，使非政府組織的創辦人必須依賴政府的資源存活，又因社會結構的不夠完整，而非政府組織創辦人必須視其所組成的非政府組織為私產，致使其社會形象不佳，更因形象不佳致使無法獲得民間資源，而必須更加依賴政府，也因此使其獨立性更差。[81]縱使大陸現行威權統治模式，在某種程度上被學術界認為具有準反對的體制內改革勢力存在，但在改革受挫後，異議團體仍不願訴諸於非法或顛覆手段，更由於他們早先與政權所建立的私人關係，使得他們尚能容忍該政權之所作所為，而不願與之決裂，其反對意念亦無法傳遞於一般大眾，而為不同利益代言的菁英分子除獲得其組織的認可外，被最高統治者認可才是更重要的決定因素。[82]致使，中共威權體制牢牢的控制住前述忠誠範疇的界線，使威權體制不受威脅。

有學者更認為，在大陸特有的環境中，若與政府完全沒有瓜葛，正代表沒有影響政府決策的力量，與政府有相當的關連，才

---

[79] Holger Albrecht, "Political Opposition and Arab Authritarianism: Some Conceptual Remarks," in Holger Albrecht, ed., *Contentious Politics in the Middle East* (Flotrida: University Press of Florida, 2010), p. 21.

[80] Yiyi Lu, *Non-Governmental Organization* (New York: Routledge, 2009), p. 108.

[81] Lu, *Non-Governmental Organizations in China,* pp, 116, 118, 122.

[82] 趙建民，《威權政治》（臺北：幼獅，1994 年）頁 10-11。

得以影響政府決策並取得一定的資源，[83] 而學者阿爾布雷諦（Holger Albrecht）更細緻的認為，在民主體制中，政治的抗爭目的在爭取執政，在威權體制中，政治抗爭的目的卻是在發揚對政策的影響力，而不是爭取執政地位，若威權體制發生異議團體在爭取執政地位，民主體制竟然沒有異議團體，則兩個體制都將崩解。[84] 換言之，非政府組織縱使存在，其目的並不在獨立於政府之外，而是再藉由與政府千絲萬縷的關係從政府攫取資源，以實現該非政府組織的目標，當然此目標係中共威權准許的忠誠範疇之內，絕不准其逾越。

依據研究大陸非政府組織的學者陸依依（Yiyi Lu）觀點，認為大陸的 NGO 具有依賴政府與爭取自由活動空間的雙元性，目前大陸 NGO 不僅不是完全獨立於政府掌控之外，NGO 亦希望與政府有所關連以便從中獲取資源，在大陸只有半官半民的 NGO 才能存活。[85] 致使與中產階級及市民社會息息相關的大陸非政府組織數量雖快速發展，但這些組織參與社會治理與提供公共服務的水平依然低落，離非政府組織應有的角色與功能仍然遙遠。[86] 類似的觀點，如：改革開放數十年後，大陸政府仍牢牢掌握大陸社會、經濟等層面資源，因此，非政府組織不得不臣服於政府的控制；對於大陸非政府組織的研究實在無法明確劃分非政府組織與政府的分際，大陸的非政府組織常為資源的獲得與運用加強與官

---

[83] Rachel Murphy, "Civil Society and Media in China," in David Shambaugh, ed., *Charting China's Future: Domestic and international challenges* (New York: Routledge, 2011), p. 61.

[84] Albrecht, "Political Opposition and Arab Authoritarianism: Some Conceptual Remarks," p. 18.

[85] Lu, *Non-Governmental Organizations in China*, pp. 19-20.

[86] Yu, Zhou and Jiang, *A Path for Chinese Civil Society*, pp. 119-120.

方關係，因此，非政府組織常受官方控制，其理事會常成為大陸官方的傀儡，而非政府組織與官方勾結目的在獲得政府資源、政府官員則藉非政府組織牟取不法利益，[87]至於由政府組成的民間組織（government organized non-governmental organization；GONGO）接受政府的巨大力量節制當然不在話下。

陸依依直言，大陸的經濟發展縱使是私人企業興盛，亦無法創造出西方現代化理論所構想的與政府分離的市民社會，這些私人企業仍必須依賴政府才得以生存。[88]沒有市民社會存在，就不可能有挑戰中共威權的 NGO 存在的可能。

有研究更露骨的認為當前大陸民眾陳情抗議活動，與過去一樣根本沒有反體制的狀況出現，而是民眾利用現有體制與政府談判並從中獲取更好的待遇而已。[89]這種隨經濟發展與執政者變革所產生對社會管制鬆動的現象，不僅出現在大陸，也出現在與大陸發展相類似的越南。越南由越南共產黨（Communist Party of Viet Nam; CPV）威權統治迄今，在經歷經濟逐步發展後，越南社會也出現抗議事件，甚至出現極少部分的社會組織，但在越南共產黨的嚴密控制之下，至今難以被學術界公認為具有市民社會的活動力量。[90]顯見，威權覆亡或向西方式民主化轉變，若欠缺串連因管制鬆動所釋出之民意載體，則難以因部分的社會控制鬆動而達成，這個載體除前述的中產階級外，就是非政府組織。大

---

[87]　Lu, *Non-Governmental Organizations in China*, pp. 22-23, 43, 77, 139.

[88]　Lu, *Non-Governmental Organizations in China*, pp. 24-25

[89]　Joseph Fewsmith, "Introduction: Three Decades of Reform and Opening," in Joseph Fewsmith, ed., *China Today, China Tomorrow*, p. 3.

[90]　Jonathan London, "Vietnam and the making of market Leninism," in William Case, ed., *Contemporary Authoritarianism in Southeast Asia: Structure, Institutions and Agency* (New York: Rourledge, 2010), pp. 55-56.

陸目前欠缺中產階級產生環境，亦欠缺中共威權所設定忠誠範疇外非政府組織存在的事實，其威權統治因而更顯穩健。

二、市民社會的控制

雖然大陸學者對於大陸政治發展亦有逐漸進入民主的期待，如蕭功秦就認為，鄧小平撥亂反正是政治發展的第一個基礎，1992 年南巡講話讓大陸經濟轉型是第二個步驟，第三步則是在經濟初步繁榮的基礎上，國家利用經濟發展獲得的巨額資金，大力從事中低收入與中等收入人群為主要受益者的民生建設，讓國家發展的成果真正讓全民共享，再下一步是培育公民社會（或稱「市民社會」），隨著公民社會的成熟，則邁入民主到來水到渠成的第五步，[91] 但現實狀況卻與此期待相差太遠。而此期待也太具主觀臆測而無法量測，如公民社會在共黨一黨專政中如何培養，民主與共產黨一黨專政又該如何避免衝突，顯然都無法給予明確的答案。

「市民社會」在政治發展的研究中，是最常被提及的民主化與否領域之一，其最重要的內涵至少必須包括下列三種：

1. 最基本的識別（sense），是市民社會必存在於政府不打壓自由結社的環境中。
2. 強烈的識別，是市民社會必存在於整個社會可以建設自己同時可以通過自由結社而相互合作。

---

[91] 蕭功秦，《超越左右激進主義——奏出中國轉型的困境》（浙江：浙江大學，2012 年 8 月），頁 122-123。

3. 補強的識別，是聯合組織力量可以對決策與決策過程具有決定性的影響力。[92]

更有學者主張，在中國傳統中，政府與社會根本僅是一體的兩面，無法如西方國家的明確劃分，[93] 市民社會在大陸可能根本就難以生成。

中國大陸內部因為改（變）革開放而更多元，是可以被確認的，若從前述蛻變控制的角度看待中共，則大陸內部所呈現的狀況就成為：「在共產黨統治下的逐步多元」，諸多海外學者也都主張大陸改革開放數十年，其市民社會至今根本不存在。[94]

大陸清華大學國情研究院院長胡鞍鋼，於 2013 年 7 月間尚且為文〈人民社會為何優於公民社會？〉宣稱，大陸發展出「人民社會」理論概念，以區別西方所強調的「公（市）民社會」，並認為「人民社會」優於「公民社會」，其主要內容是：

1. 人民社會是中國的重大理論創新和實踐創新。與西方公民社會相比，人民社會更具優越性。其建設方法是不斷改善民生，社會治理方法是堅持走群眾路線。
2. 不同於西方國家的公民社會，而是一種源於中國文化、符合中國國情、具有中國特色的全體人民所構成的社會主義社會。
3. 人民社會本質上是社會主義社會。與西方的公民社會相比，人民社會由公有、公益、公平、公正等基本原則所組成，這裏的「公」相對「私」而言，「人民」相對「市民」而言，「市

---

92 Charles Taylor, "Shimin shehui de moshi," ["Modes of Civil Society"] in Deng Zhenglai and Jeffrey Alexander, ed., *Guojia yu shimin shehui* [State and Civil Society] (Beijing: Princeton University Press, 1997), p. 7. Cited from Yu, Zhou and Jiang, *A Path for Chinese Civil Society*, p. 10.

93 Lu, *Chinese Democracy and Elite Thinking*, p. 3.

94 Lu, *Non-Governmental Organizations in China,* pp. 11, 144.

民」注重的是私利,「人民」注重公利和公益,但是並不排斥私利、私益。正是有了整體性的公利和公益,才有了每個人的私利、私益。

4. 人民社會的領導者是中國共產黨。在中國的人民社會中,即使是民主、人權、法治、自由的思想,也是中國特色而不是美國特色;中國文化學習借鑑西方文化,但它本身不是西方文化,中國思想也不是西方思想。人民社會根源於中國傳統文化,又創新於當代。

5. 人民社會的治理方式是走群眾路線。與市民社會理論不同,人民社會中的政府與群眾是一體化的,而不是對立的。社會組織與政府之間不是相互衝突的關係,而是和諧統一的關係。

6. 人民社會是中國最基本的社會國情。人民社會的理念不是照搬外國的「公民社會」,而是中國的「全體人民社會」;人民社會是根據中國實際,繼承而創新,充分調動廣大人民群眾的積極性,共同構建一種新型社會主義現代化社會。[95]

簡化胡鞍鋼的說法,其所提倡的「人民社會」,就是在共產黨領導下行集體主義,以經濟建設為中心,以提高人民福祉為目標,與政府為一體的社會,人民社會不可能與共產黨領導的政府敵對;相對的若與西方因民主化,所造成的市民社會蓬勃發展狀況,呈現的是「國家與社會相互競爭的多元」,而大陸卻根本不容許與政府或更貼切的說與共產黨相對峙的「市民社會」存在,且所有政府外的組織或勢力都必須支持政府與國家,與政府及國家融為一體,甚至與共產黨也融為一體。

---

[95] 胡鞍鋼,〈人民社會為何優於公民社會?〉,人民日報(海外版),2013年7月19日,第1版。

另一種形容認為，大陸的市民社會與國家關係，是市民社會在「參與中成長」（growing out of participation）與西方的「獨立後參與」（participation after independence）不同，[96]兩者的狀況可以圖示如下。

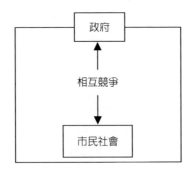

圖 5-3　西方獨立市民社會與政府關係圖

資料來源：作者自行製作

```
┌─────────────────────┐
│                     │
│    政府＋黨＋社會      │
│     （融合為一）       │
│                     │
└─────────────────────┘
```

圖 5-4　大陸成長中市民社會與政府及黨關係圖

資料來源：作者自行製作

---

[96]　Yu, Zhou and Jiang, *A Path for Chinese Civil Society*, p. 18.

依「參與中成長」及其他類似有關市民社會會逐漸形成的觀點，認為大陸因對外開放與經濟建設有成，終將因此造成市民社會的逐漸成長，也就是說，目前大陸所呈現的市民社會（如果有的話）與西方的標準顯然不盡相同，但假以時日，可能出現與西方相似獨立於政府之外的市民社會，若此種說法正確，那就代表市民社會可以隨不同的時空環境而有不同的內涵，那麼市民社會就沒有一定標準，[97] 若然，則西方有關市民社會與民主化的論述可能就不再具有說服力。而西方社會所謂市民社會存在的依據，自然係以足以自由結社以對抗政府為最低標準，觀察大陸目前確實欠缺足以對抗共產黨威權統治的結社可能與自由，在可見未來，共產黨為維持其一黨專政地位，實在難以認定大陸現有在中共所認可忠誠範疇中活動的任何勢力，會發展或成長成具有足以與共產黨抗衡的市民社會之可能。

縱使當前大陸社會的發展已造成部分非政府組織的存在，且是中共為彌補其無力或不宜控制的社會空間而鼓勵存在，但這些非政府組織也強烈的傾向要求政府的保護而非獨立於政府之外。[98] 這些特性，都促成了市民社會難以建構的阻力，甚至最終發展成為市民社會活動空間被極度壓縮，至少無法持續壯大脫離政府掌控。在大陸逐漸對外開放與多元的現在，充其量，中共僅能同意或鼓勵屬於慈善、社會福利、扶貧等遠離政治事務的非政府組織存在，對於政治性的甚至可能會批評共產黨的非政府組織都在中共鎮壓之列，而判斷非政府組織是否具有政治屬性卻由中共所決定。[99] 那麼，中共威權體制就難有內部挑戰威脅其持續存在。

---

[97] Yu, Jun and Jiang, *A Path for Chinese Civil Society*, p. 12.
[98] Yu, Zhou and Jiang, *A Path for Chinese Civil Society*, p. 15.
[99] C. Fred Bergsten, Bates Gill, Nicolas R. Lardy, Derek Mitchell, *China: The*

再退一萬步說，市民社會是相對於政府的民意，西方認為市民社會的出現將有助於民意與政府相抗衡，最終造成民主化或威權體制垮臺的結果，但從另一個角度看，當市民社會雖獨立於政府之外，卻非常支持威權政府的所作所為時，市民社會與民主化不僅沒有關係，甚至將成反民主化且擁護威權體制的力量，就猶如阿拉伯世界，在其傳統影響下縱使有市民社會存在，也不支持民主化發展的狀況一般。[100] 若大陸亦在中共有效鎮壓的狀況下，讓市民社會（如果有的話）支持威權的持續存在，則市民社會的存在與否根本就與民主化或威權體制受威脅無關。

而依據前述加強對於非政府組織的控制，也充分展現對於與黨、國分離的市民社會力量的控制，若證諸因前述非政府組織面對政府無力自主的惡性循環狀況，則足以抵抗共產黨威權統治的市民社會的產生看似遙遙無期，威權統治絕不放鬆控制的狀態，顯然也非短期內可以消退。有研究認為，縱使大陸因為對外開放與經濟建設有成，使社會更加多元化，但當前大陸所呈現的多元社會並不會發展成西方的市民社會，[101] 換言之，大陸目前因經濟發展及對外開放造成共黨威權統治的「空隙」，其社會逐步多元的發展模式，與西方市民社會的發展模式不同，因此，並不足以擴大成西方的市民社會樣貌。若加上最足以承載市民社會的中產階級及 NGO 又不易產生，則市民社會的興起，可能更加遙遙無期。

Balance Sheet (New York: PublicAffairs, 2006), p. 62.

[100] Francesco Cavatorta and Azzam Elananza, "Show Me the Money! : Opposition, Western Fundation, and Civil Society in Jordan and Lebanon," in Albrecht, ed., *Contentious Politics in the Middle East*, p. 77.

[101] Yu, Zhou and Jiang, *A Path for Chinese Civil Society*, p. 3.

三、進一步的掌控

　　大陸在共黨威權統治體系內，因獨立運作的市民社會無從產生，致使不僅無力產生與共黨對抗的力量，甚至在教育（對學校）與教化（對社會）之運作下，反而使社會自主產生出支持共產黨的民意都有可能。

　　「習李體制」經 2013 年初「兩會」會議正式確立後，習李所面對的雖是大陸經過多年經濟建設取得的巨大成就，但也面臨必須對現有環境的改造與適應問題，在維持共產黨一黨專政制度不變的狀況下，必須提升人民對威權體制的接受程度，必須在有限的框架中進行改革，其中包含：

（一）支持和保障人民通過人民代表大會行使國家權力。

（二）健全社會主義協商民主制度。堅持和完善黨領導的多黨合作與政治協商制度，充分發揮政協作為協商民主的重要渠道。

（三）擴大基層民主制度。健全基層群眾自治機制。

（四）全面推進依法治國。加強重點領域立法，拓展人民有序參與立法途徑。提高領導幹部運用法治思維和法制方式深化改革、推動發展、化解矛盾、維護穩定能力。

（五）深化行政體制改革。

（六）完善權力運行制約和監督體系。要確保決策權、執行權、監督權既互相制約又相互協調，推進權力運行公開化、規範化，完善黨務、政務、司法和各領域辦事公開制度，加強黨內、民主、法律、輿論監督。

（七）鞏固和發展最廣泛的統一戰線。廣泛吸收統一戰線各領域的黨外代表人士是社會主義政治制度的重要設計安排，必

須引導成員自覺抵制西方政治制度和政黨制度的滲透影響，在實踐中增強對社會主義政治制度的自信和認同，對事關政治方向和原則的問題，要旗幟鮮明、立場堅定。[102]

同時也必須以社會管理改革為變通，具體作法是：

（一）加強基本公共服務體系建設。中共在「十二五」規劃中提出公共教育、就業服務、社會保障、醫療衛生、人口計生、公共文化、基礎設施、住房保障、環境保護等 9 個方面，即是為滿足民眾社會性需求和基本權益。

（二）重視社會壓力的宣洩。對於難以避免的負向社會情緒，要以紓解為主，包括允許民眾和媒體通過合法渠道批評政府，問責失職官員。

（三）通過制度重建信任。

（四）關注中低層群體處境和心態。

（五）依靠社會力量解決基層矛盾問題。

（六）建立公德等日常生活價值觀。[103]

其最終目的是理順民眾情緒，紓解矛盾對立，緩慢政改步伐，致力於社會管理改革，從而維護黨的領導，厚植政權基礎。

有趣的是，在中國傳統文化影響下，除非人民生計遭受重大摧殘，否則人民陳抗事件，不會挑戰政府的威權，過去三十年大陸層出不窮的人民陳抗事件，卻無對一黨專政的抗議，不挑戰黨的領導，也難以威脅威權體制的持續存在，再一次反映這種特質。[104]

---

[102] 中國國民黨中央政策會編印，〈中共推動社會管理改革爭取民眾認同〉，《大陸情勢雙週報》（臺北），第 1647 期，（2013 年 7 月 10 日），頁 1-2。

[103] 中國國民黨中央政策會編印，〈中共推動社會管理改革爭取民眾認同〉，頁 4。

[104] Halper, *The Beijing Consensus,* pp. 149-150. Elizabeth J. Perry, "Popular Protest: Playing by the Rules," in Joseph Fewsmith, ed., *China Today, China*

學者道爾（Robert A. Dahl）的研究，認為遭受不公平待遇團體爭取公平待遇的途徑，假定如下：

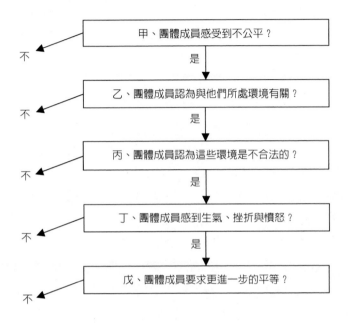

圖 5-5　由不平等到要求更多平等假設路徑

資料來源：Robert A. Dahl, *Polyarchy* (New Haven: Yale University, 1971), p. 95.

　　對於此假設途徑，道爾的說法認為，只要其中有個答案是否定的，那麼對於爭取更多平等的結果都將難以達成。[105] 此種論點，與受治者對於統治者是否接受，對於統治合法性具有決定性

Tomorrow, pp 12-13.
[105] Robert A. Dahl, *Polyarchy* (New Haven: Yale University, 1971), p. 95.

的作用的說法,具有相同的意義。換言之,被治者雖有可能認為威權統治者的作為不能被接受,但必須是從被治者認知到行動每一個環節都堅決否決威權統治作為,才有可能逼迫威權統治改變,也才能對統治者形成挑戰,但若統治者作為讓被治者視為合法而當然,那麼統治者持續以相同的統治態樣進行統治,亦非不可能。

隨著時空環境的改變,雖然民意逐漸敢於挑戰黨意,但總的來說黨意更加明快回應民意,而民意亦無意於推翻共產黨的統治,[106] 是當前大陸民意的真實寫照。更因:一、國家領導的發展政策,使生活水平提高;二、市場力量與後工業化的相互結合,依賴國家提供特權式的支援;三、社會主義的遺緒等原因,讓一般人民持續支持共產黨的威權統治。[107] 以俄羅斯領導人普丁的領導例子來看,普丁一方面牢牢掌握宣傳機器以維護提升其公眾形象,一方面藉由近年高漲的油價,讓俄羅斯依靠石油價格高漲,讓俄羅斯經濟高度成長,及對於批評聲音的加強鎮壓,反而使普丁更受人民的歡迎。[108] 頗有異曲同工之妙。

研究顯示,黨國體制的統治合法性是建築在受治者相信統治者更了解真理,並接受其統治而不提出質疑,[109] 而被治者對

---

[106] Wright, *Accepting Authoritarianism: State-Society Relations in China's Reform Era*, p. 156.

[107] Wright, *Accepting Authoritarianism: State-Society Relations in China's Reform Era*, p. 162.

[108] Kathryn Stoner-Weiss, "Comparing Oranges and Apples: The internal and External Dimensions of Russia's Turn away from Democracy," in Valerie Bunce, Michael Mcfaul and Kathryn-Weiss, eds., *Democracy and Authoritarianism in the Postcommunist World*, p. 261.

[109] Rodney Barker, *Political Legitimacy and the State* (New York: Oxford University Press, 1990), p. 84.

統治的服從是因為：一、人民沒有選擇、被鎮壓；二、傳統；
三、民眾的冷漠；四、雖不喜歡卻默認；五、為了長遠的利益；
六、蕭規曹隨；七、根據訊息做出最好的決定（服從）等原因
所造成。[110]

對於統治合法性的研究，學者阿拉加巴（Muthiah Alagappa）
更進一步認為其構成要素有4個：一、共享的規範與價值；二、
依據所獲權力建立制度；三、適當而有效的運用權力；四、被治
者同意。[111] 而統治合法性並不是一成不變的規定，而是治者與被
治者不斷衝突與調和的結果，[112] 當然統治合法性若是被治者自願
加入，其統治合法性才可長可久。[113] 若進一步問，縱使沒有共享
的規範與價值，沒有依據所獲權力建立制度，亦沒有適當的權力
運用，但卻在統治者與被統治者不斷衝突與協調後為某些原因而
自動加入並接受統治，且所有不論合理與不合理的統治作為，都
被被治者高度的同意，是否也可以建構統治的合法性？其答案顯
然是可以的。

本章以被治者的角度發現，大陸民意調查顯示人民普遍支持
中共當前的威權統治模式，對未來沒有強烈改變慾望，而中共對
可能危及其統治的活動不僅強力鎮壓（如法輪功及 NGO），連對
可能興起與其對抗的力量也不放鬆（如箝制市民社會與中產階

---

[110] David Held, "Power and Legitimacy in Contemporary Britain," in Gregor
McLenna, David Held, and Stuart Hall, ed., *State and Society in Contemporary
Britain: A Critical Introduction* (U.K.: Cambridge, 1984), pp.301～302. cited
by Rodney Barker, *Political Legitimacy and the State*, p. 35.

[111] Muthiah Alagappa, "The Anatomy of Legitimacy," in Muthiah Alagappa, ed.,
Political Legitimacy in Southeast Asia (California: Stanford University Press,
1995), p. 15.

[112] Alagappa, "The Anatomy of Legitimacy," p. 14.

[113] Alagappa, "The Anatomy of Legitimacy," p. 19.

級），致使被治者對威權的統治具高接受度，那麼，不僅難期盼被治者發揮力量迫使中共威權統治進行改變，中共甚至依據民意更加穩固其威權統治。

CHAPTER 6

威權長存

有學者研究顯示，馬克思主義後國家主義的理念與共產國家具體實踐的差距，其關鍵在於私有制被取消後，生產資料與手段在歸諸公有的名義下，落入施行專政的共產黨及其控制的國家機器手中，亦即，馬克思基本上忽略一個事實：任何形式的專政，從其自身的內在運作機制發展來看，只會不斷的強化，而不會自行取消或趨於弱化。[1]顯然後世學者的研究，與馬克思對共產主義的發展，認為因舊有生產關係的消滅，無產階級的統治也將消亡的看法，持有不同觀點。

　　對於中共政治未來的發展，學者的論點也同樣意見紛歧。近於 2013 年 10 月在德國召開的相關會議，各國專家也仍抱持相互不同的意見，如美國克萊蒙特・麥肯納學院教授裴敏欣預測：中國大陸在未來 10 至 15 年會出現「突然的、無序的變革」終至政權垮臺；黎安友則認為西方常見的論點有關經濟發展帶來民主制度但「這個政權目前很強大」，並認為縱使經濟發展將帶來民主，那恐怕也是從非常長期的角度來看。海爾曼（Sebastian Heilmann）則對中共執政的可塑性具有信心。總之，對於大陸政治發展的預測至今仍難以定論。[2]

　　而各方對中共政權發展的未來預測，約略可有三種學派：
一、逐漸民主化（Evolution to Democracy）。此派學者認為大陸遲早走入民主，但它們之間對於走入民主的步幅卻有不同的見解，同時也共同認為其過程是漸進，而不是革命式的突變。這又包含認為中共威權體制可能走向「香港模式」、

---

[1]　李英明，《文化意識型態的危機》（臺北：時報出版，1992 年），頁 67。

[2]　Mathias Bölinger，萬方編譯，〈中國之謎：民主過渡？維持專制？混亂崩潰？〉（2013 年 10 月 18 日），2013 年 10 月 25 日下載，《德國之聲中文網》，http://www.dw.de/中國之謎民主過渡維持專制混亂崩潰/a-17167567。

「自上而下的民主」、「新加坡式民主」、「由下而上的民主」
等內涵。

二、脆弱或崩壞（Fragile/Collapse）。偏向崩壞認定的學者認為大
陸政治體制難以持久，他們認為中共已喪失統治合法性，遲
早要被推翻，且部分學者認為因內部的緊張與不滿，將引發
暴力與動亂。而偏向脆弱的學者，則認為中共威權體制極其
脆弱，隨時可能垮臺。這類學者認定中共威權體制可能走向
「政治崩壞」、「分裂（Geographic Fragmentation）」、「社會混
亂」、「脆弱或停滯」、「法西斯主義」等內涵。

三、威權長存（Resilient Authoritarianism）。此派學者認為中共政
治體制穩定，在可見的未來共產政權不僅不會垮臺，還可因
應新的環境進行經濟改革，並牢牢掌控住整個社會。這又包
含中共威權體制可能走向「官僚經濟主義（Technocratic
Economism）」、「多元威權主義（Authoritarian Pluralism）」、
「社團主義（Corporatism）」、「強化列寧主義（Strenghened
Leninism）」、「協商列寧主義（Consultative Lennism）」等內
涵。[3]

　　若以此三個面向看待與評估中共威權體制的未來發展方
向，或可收相對周延的中共未來發展預測。本書依此三個面向進
行討論，更意圖為其中威權體制的長存與蛻變提出新的看法。

---

[3]　Kjeld Erik Brødsgaard, "China's Communist Party and the Evolving Political
　　Order," in David Shambaugh, ed., *Charting China's Future: domestic and
　　international chanllenges* (New York: Routledge, 2011), p. 18. David
　　Shambaugh, "China's Immediate Future: Stable or Unstable," in Shambaugh,
　　ed., *Charting China's Future: domestic and international chanllenges*, p.
　　174.

第一節　逐漸民主化？

經濟發展促使威權政體走向民主，幾已成為這類研究的主流。

一、論述與挑戰

（一）經濟發展與民主化

有關經濟發展促成威權民主化的論述多如牛毛，學者道爾（Rober A. Dahl）的圖形表現最為淋漓盡致：

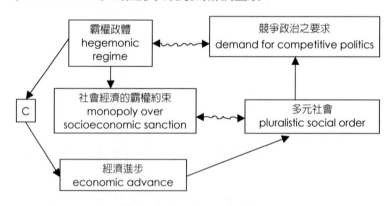

圖 6-1　霸權政治至多元化社會過程

資料來源：Robert A. Dahl, *Polyarchy* (New Haven: Yale University press, 1971), p. 79.
說　　明：1、C 代表原因（cause）
　　　　　2、直線箭頭代表因果關係；曲線箭頭代表衝突關係

依此圖，道爾認為威權政體為持續生存而被迫發展經濟，但經濟發展的結果卻造成多元而衝擊威權政體。道爾更主張認為「先進的經濟」（Advanced Economy）造成「多元化的社會秩序」（pluralistic social order），再由「多元化的社會秩序」（pluralistic social order）造成「政治競爭系統的需求」（demands for a competitor political system），且由蘇聯及東歐的經驗，認為更高層次發展的經濟，中央主導一切的社會就逐漸難以承受，[4]最終使威權脆弱與崩壞而走向多元與民主。

　　前蘇聯與東歐地區共產主義政權的垮臺，更給予人們威權體制終將被民主化浪潮吞沒的想像；學者福山（Francis Fukuyama）甚至於 1992 年出版充滿爭議的《歷史的終結與最後一人》一書，認為歷史的演進讓君王政治、法西斯主義和共產主義都敗在自由民主主義政府之下，預言往後將是民主自由主義主宰人類的政治生活。[5]

　　另一常被引用的論述，是「第三波」民主化，作者杭廷頓（Samuel P. Huntington）認為，在國際政治發展中，三波民主化分別發生在 1928、1943 及 1974 年，[6]其中發生於 1974 年第三波民主化浪潮，對當前全球民主局勢關係尤其密切，但 1974 年正處於冷戰時期，全球面臨東西方陣營及各自主張的意識形態對抗之中，尚且有大量的第三世界國家意圖走向西方式的自由民主國家形式，在第三波民主化後的國際民主發展（或可稱為第四波民

---

[4]　Robert A. Dahl, *Polyarchy* (New Haven: Yale University press, 1971), p. 78.

[5]　請參閱，Francis Fukuyama, *The end of history and the last man*（New York: Maxwell Macmillan International, 1992）一書相關論述。

[6]　Samuel P. Huntington 著，劉軍寧譯，《第三波》（臺北：五南，1994 年），頁 13。

主化），杭廷頓認為，是植基於經濟的發展與非西方文化國家對於民主的接受程度。[7]換言之，當前民主化浪潮，是肇因於經濟發展與接受西方文化觀點；經濟發展與提高被治者抵抗統治者能力有關，接受西方文化又與全球化趨勢難擋有關。值得注意的是，隨著蘇聯的解體，第四波民主化浪潮發生時僅有以美國為代表的個人主義自由民主意識形態獨強，[8]此時期在美國大力鼓吹，及全球化及各國專注於經濟發展浪潮下，將比第三波民主化更易進入西方式的自由民主政府形態，因此中共的威權政府統治模式，顯然處於四面楚歌之中，終將難逃被西方式民主化吞沒的命運。

　　杭廷頓檢視國際社會各國經濟發展與民主化的關連性後宣稱，若排除因石油而富有的國家後，除新加坡外其他富裕國家都是民主國家，反之全球最貧窮的國家中，除印度及少數國家外都是不民主國家，經濟發展狀況中等的國家，則有些是民主國家有些不是民主國家；對於第三波民主化的再民主化（第四波民主化）可於短期內發生的動力就是推動經濟建設，杭廷頓認為經濟建設得以推動第四波民主化的促成原因包括：

　　1. 經濟發展促成成城市化、識字率與教育程度的提高。其中又減低了農民比率，提高中產階級及城市工人比率，後兩者具

7　Samuel p. Huntington, "The Future of the Third Wave," in Marc F. Plattner and João Carlos Espada, eds., *The Democratic Invention* (Maryland: The Johns Hopkins University Press, 2000), p. 4.

8　Michael Mcfaul, "The Missing Variable: The "International System" as the Link between Third and Fourth Wave Molds of Democratization," in Valerie Bunce, Michael Mcfaul and Kathryn Stoner-Weiss, eds., *Democracy and Authoritarianism in the Postcommunist World* (New York: Cambridge University Press, 2010), p. 16.

有影響對其有關政策的企圖心，而高的教育程度可以協助他們籌組相關組織，以達成這些目標。

2. 經濟發展產生更多的公共或私人資源，以支持社會中的各類團體，這些團體迫使政府必須對其容忍。

3. 經濟發展產生更複雜的經濟環境，增加政府對經濟的控制難度，若推行維持計劃經濟，則必須付出經濟成長停滯的代價。

4. 國家對經濟力控制的降低，促成以私有控制資金、技術、通訊為基礎的各種力量的獨立，資本家得以影響政府決策。

5. 快速的經濟發展造成經濟收入不平等，這些不平等只有求助於民主制度才得予平復，也因此促成民主化。[9]

若將杭廷頓這些論述，套用於中共現況，尤其依據前幾章的論述，卻發現在城市化、識字率與教育程度提高後，這些相對高教育水平人民卻支持中共現有的威權體制；經濟發展所造就的各類團體（尤指非政府組織；NGO）更緊緊依附中共威權體制以獲取持續存在的資源；中共又得以控制資本家，在資本家幾乎所有資源都必須仰賴與共產黨的合作才可取得的狀況下，資本家既無法獨立於威權體制的控制，如何由經濟的發展對抗威權？至於經濟發展造成收入不均問題，何以必須由民主化的方式，而不是威權的方式才能獲得解決？共產黨意識形態中向來就不缺追求公平的教條，而中共積極的扶貧作為也有目共睹，依據大陸「國家統計局」2014 年 5 月公布的資料顯示，2013 年大陸貧困地區農村居民人均純收入 5,519 元，同比增加 787 元、增長 16.6%，扣除價格因素後實際增長 13.4%，比大陸農村平均水平高 4.1 個百分點，收入增長呈現出良好發展勢頭。貧困地區農村居民增收

---

9   Huntington, "The Future of the Third Wave," pp. 4-5.

的特點和原因是：1.工資性收入是貧困地區農村居民增收的主要來源；2.「貧困縣」農村居民收入增速高於貧困地區平均水平；3.集中連片特困地區農村居民收入增速高於全國農村平均水平。[10]這些問題，杭廷頓的推論顯然無法有效解答。

　　杭廷頓以歷史事件的彙整分析，認為以蘇聯為首的共產集團，終將因為經濟發展最終蛻變成與西方相似的民主政體，這種論證實顯然無法排除杭廷頓對於西方式民主陣營的期許、自豪，甚至是對研究過程與成果的投射，但在事實證明經濟發展與政治民主化不一定呈現因果關係的現在，經濟發展促成民主的論述，是否還可以持續被推崇，早被學術界不斷提出挑戰。

　　杭廷頓提出第三波相關理論時，尚有共產集團國家對於其意識形態的堅持，但在冷戰結束後的 21 世紀所進行的第四波民主化，卻僅有美國為國際獨強的年代，仍無法加速突破非民主國家的堡壘，讓非民主國家在經濟發展後迅速進入民主國家行列，是否意味著不僅經濟發展與政治民主化關係論證的不可靠，更意味著西方式民主意識形態對威權體制國家的不具吸引力或可輕易抗拒特性？若經濟發展與西方民主政治意識形態的滲透同政治民主化發展的因果關係不可靠，是否意味著中國大陸在共產黨威權統治下的模式，可能也不會隨著大陸經濟發展更加融入世界，最終變成西方式的民主政體。

　　故研究者提出中共「極權主義到威權主義善變的邏輯軌跡」稱：「繼續保持極權主義政治前提下的市場經濟不可能是健康的、完善的市場經濟。它最終將發展為權貴資本所主導的扭曲的

---

[10] 〈貧困地區農民增收呈現良好勢頭〉（2014 年 5 月 5 日），2014 年 6 月 25 日下載，《中華人民共和國統計局》，http://www.stats.gov.cn:82/tjsj/sjjd/201405/t20140505_548582.html。

市場經濟。極權主義政治+扭曲的市場經濟遂成為開放年代黨專制體制特有的社會結構格局」。[11]亦有諸多研究認為，當前大陸的經濟發展是「社會主義市場（market socialism）」經濟，實際上是混合早期社會主義、民族主義、發展主義而成，絕不等同於西方學者所喜歡主張的「新自由主義」經濟體制。[12]再進一步言，若市場經濟已遭不民主的政治體制扭曲，那麼經濟的發展自然不同於西方學者以自由經濟為基底的推估，若無法依自由經濟為基底的推估，又如何能推估出經濟發展會帶來與其匹配的西方式民主政治？

　　因此，威權體制與經濟發展與否並不必然具有因果關係，反而是因各國所處時空環境不同而不同。雖然以經濟發展促成民主的觀點所在多有，如杭廷頓的研究認為，在 70 年代年平均國民生產毛額（人均 GDP），按 1960 年代的幣值計算，在 500 至 1,000 美元之間會促成政治民主化的發生，甚至可推算出在 1970 年代中期，國民生產毛額在 1,000 至 3,000 美元間，則民主化幾乎無法抵擋。[13]事實證明，過去中國大陸經濟發展並沒有造成民主，連經濟發展水平最高的上海、北京、天津等大城市其人均 GDP 早已超越杭廷頓的估算，亦沒有民主化跡象，[14]致使學術研究上，

---

[11] 張博樹，〈中共黨專制邏輯的 28 個命題（八）〉，2013 年 11 月 5 日下載，《中國人權雙週刊》，第 116 期，（2013 年 10 月 18 日－10 月 31 日），http://biweekly.hrichina.org/article/11913。

[12] Arturo Escobar, "Histories of development, predicaments of modernity: thinking about globalization from some critical development studies perspectives," in Norman Long, Yet Jingzhong and Wang Yihuan, eds., *Rural Transformations and Development: China in Context* (Cheltenham: Edward Elgar, 2010), pp. 43-44.

[13] Samuel P. Huntington 著，劉軍寧譯，《第三波》，頁 65、67。

[14] 劉文斌，《想像統獨：兩岸統合研究》（臺北：秀威，2013 年），頁 124-129。

甚至認為由亞洲、拉丁美洲國家的發展模式，呈現一方面吸取西方世界的經濟發展方法，一方面卻仍能保有一黨統治的模式，致使澈底打破西方學術思維中，認為經濟發展會促成民主的推論，大陸更呈現將市場與專制、半專制政治體制結合，在政治上以中央控制下的部分經濟自由，迫使人民只能接受政治上的不自由，但回報人民以相對的經濟自由與生活水平的提高。[15]因此，威權的大陸，可能在經濟發展的過程中，一直維持威權的統治模式，經濟發展不一定促成民主。

（二）政黨政治與民主化

若說世界局勢演變的壓力，必然讓威權體制逐步進入民主的時代，而民主最重要的象徵是政黨政治。

若將政黨政治的運作狀況加以檢討，則卻又難以說服中共必須放棄威權統治，如美國的政黨競爭，使政府部門部分停止運作多次，最近一次發生於 2013 年 10 月，肇因於美國兩黨為是否推動歐巴馬總統的健保計劃惡鬥，終至國會無法通過政府新年度預算，造成非必要工作的政府員工停止上班，約八十萬政府員工被迫放無薪假。[16]進一步檢討此政黨政治的設計，卻也發現，政黨政治是建立於認為選民可以客觀理性的依據政黨政策選出執政黨的假設上，但實際執行面卻是選民經常不理性，就猶如運動迷不知何故支持某一特定的運動隊伍始終如一一般（不論該隊伍是

---

[15] Stefan Halper, *The Beijing Consensus* (New York: Basic Books, 2010), pp. 2-3.

[16] 田思怡，〈80 萬公務員無薪假美政府關門　民眾大怒〉，聯合報，2013 年 10 月 2 日，第 A1 版。

否表現特佳或是否有運動明星在隊中等等原因），[17]其運作結果是政黨菁英代表全民掌握政黨、掌握政黨方向，[18]若政黨得以主政，政黨菁英就可掌握國家的方向，如此狀況怎可能讓政黨代表真正的民意？其結果與威權政府依據菁英領導國家又有何不同？

美國開國先賢對政黨制度的嫌惡也曾表露無遺，如喬治‧華盛頓（George Washington）認為政黨的精神可能成為此新國家（美國）分裂甚至隱含毀滅的毒害效果、[19]約翰‧亞當斯（John Adams）對於成立兩個敵對政黨相互攻擊極表憂心、傑弗遜（Thomas Jefferson）認為自己將因參與政黨政治制度設計而上不了天堂、麥迪遜（James Madison）主張必須用公眾的力量防制政黨惡鬥，直到現在美國各種民調都顯示對政黨的不信任；[20]雖說當前政黨政治成為全球民主政治的充要條件，但依據美國民主、共和兩黨的表現及臺灣藍、綠政黨惡鬥經驗，若要將政黨政治所代表的民主政治或非威權政治，讓大陸民眾與中共跟隨，其說服力顯然薄弱。更何況，在資訊發達的時代，因個人可在網路上達成發表意見、取得意見、糾集群眾……等等過去只有政黨才能達成的作為，因此，政黨可能將日漸失去其作為競選機器、統合資訊、結合民意、民力……種種功能，其最終政黨可能消失，[21]若政黨式微化最終消失，又如何依靠政黨推動西方式的民主？目前的研究

---

[17] John Kenneth White, "What is a political party?" in Richard S. Katz and William Crotty, eds., *Handbook of Party Politics* (California: SAGE Publications Ltd, 2006), p. 10.

[18] White, "What is a political party?" p. 11.

[19] William Crotty, "Party Origins and Evolution in the United States," in Katz and Crotty, eds., *Handbook of Party Politics*, p. 27.

[20] White, "What is a political party?" pp. 8-9.

[21] White, "What is a political party?" p. 12.

也發現，美國政黨運作模式中的選舉方式，雖常為學術研究的參考架構，但與美國發展最相近的西歐政黨選舉過程，卻被質疑到底是終究走向與美國相同的狀況，或發展出不同的結果，[22]若連西歐的發展是否與西方民主典範的美國都不必然相同，又如何敢進一步確認中共的威權必然會走向以美國為模範的西方式民主？

（三）經濟與政黨相互激盪

依據當前西方對於民主政治發展的主軸論述，認為在經濟發展後會興起中產階級，而中產階級因為關心本身的利益故會關心政治，因為關心政治遂使政治環境逐漸民主化；但在更早先的觀點卻亦認為，民主政體的政黨是各階級與黨派的組合，所關心的是各階級與黨派的利益，致使對於整體國家的利益相對不關心，甚至忽視黨派以外的其他人民利益，若政黨基礎的階級與黨派被消滅，那麼人民自然與國家利益相互糾纏，而階級被砸爛，則政黨也同樣不可能存在，現實面更是中產階級經常顯現對於政治的冷漠，卻又因為政治環境對其利益影響甚鉅，故常寄託「強人」代其處理政治事務，終成極權主義（totalitarianism）的溫床，[23]此種論述顯然也言之成理；若依據此論述，在大陸經濟不斷發展，中產階級不斷增生（如果有的話）後，使日漸增多的人民對政治冷淡，且在中共專政之下已明確表達共產黨為唯一執政黨，其他足以與共產黨對抗的黨派無法存在，那麼中產階級「寄託」共產黨持續威權似乎也難以挑戰。對於中產階級對政治冷淡的論點，

---

[22] Davis M. Farrell, "Political Parties in a Changing Campaign Environment," in Katz and Crotty, eds., *Handbook of Party Politics*, p. 124.

[23] Hannah Arendt, *Totalitarianism* (New York: Harcourt, Brace and World, 1968), pp. 11-12.

更依據德國及蘇聯的極權主義產生與盛行經驗，認為沒有階級沒有黨派的社會，可能促成極權政體的產生，但一盤散沙的原子化社會，比沒有階級的社會更容易造成極權主義的社會，[24]相對的當然也更容易促成威權社會與維持，那麼大陸在中共一黨專政威權統治下不容許與其抗衡的政治勢力組織存在，縱然阻擋了改變威權的可能，若寄望於經濟發展形成中產階級，再由中產階級籌組與共產黨對抗的力量或政黨，以現有的資料似乎也難以證明有此可能，又因中產階級對政治的冷漠，此種寄望似也難以實現。甚至因經濟發展所產生的較富有階層，卻與共產黨成為聯盟而非相互競爭關係，[25]經濟發展所形成的「中產階級」不僅無法成為去威權政體力量，反而成為支持威權政體延續的基礎。

另有些研究主張，大陸中產階級產生困難，故對中共威權統治難以構成威脅（見第伍章第三節討論）更何況中共在改（變）革開放、經濟發展有成後，其領導人秉持將經濟發展與政治發展分開對待的態度，堅持其意識形態，[26]絕不允許經濟發展所帶來的社會動力衝擊到政治的堅持，將使威權進一步的蛻變受阻。

（四）威權與民主是否接續

若排除暴力革命或突然爆發的不確定因素，被統治者欲跨越鴻溝讓威權統治消失，顯然是人民「擁有依據合法程序更換統治者的權力」才可能達成，在實際操作上顯然又必須符合道爾

---

[24] Arendt, *Totalitarianism*, p. 16.

[25] Jonathan Fenby, "China's Domestic Economy," in David Shambaugh, ed., *Charting China's Future: domestic and international challenges* (New York: Routledge, 2011), p. 40.

[26] Xiao Ming, *The Cultural Economy of Falun Gong in China: A Rhetorical Perspective* (Columbia: South Carolina University Press, 2011), p. 25.

（Robert A. Dahl）有關民主化的主張，認為人民要擁有「形成偏好」（formulate preference）、「表達偏好」（signify preference）及「政府同等重視各類偏好」（have preference weight equally in conduct of government）的機會。因此，政府就必須提供人民有結社自由、表達自由、自由而公平的選舉、政治領袖競相拉攏民眾支持、消息來源不被封鎖、被選舉出任公職、政府依人民偏好施政等保證（guarantees），[27]才有使威權統治在和平的政治演化過程中消失的可能。但威權體制的消失並不等同於民主政體的到來。如 2004 年經過「橙色革命」推翻專制，卻又在 2014 年初再度動亂的烏克蘭，部分論者就認為，烏克蘭真正的困境是，多年來把持權力的政治菁英，一直在濫權謀私、大搞民粹，以致無法把國家帶向廉能治理的民主。群眾能贏得街頭革命，卻未必能贏得國家治理，這是「橘色革命」10 年落得一場空的血淋淋教訓。[28]若以杭廷頓所主張第三波的民主化變革的形式觀察，卻對大陸由威權走向民主的趨勢難以樂觀，杭廷頓認為，第三波民主化的類型可以分為三種，分別是：1、變革（transformation），即當政的政治菁英帶頭實現民主；2、置換（replacement），反對派帶頭實現民主，威權政權垮臺或被推翻；3、移轉（transplacement 或 ruptforma），由政府與反對派聯手推動民主。[29]大陸至目前，反對勢力根本不存在，因此「置換」與「移轉」的結果顯然不易發生，而政治菁英堅持四個堅持，又如何可能由政治菁英帶頭推動民主？

---

[27] Dahl, *Polyarchy*, P. 3.

[28] 〈社論：橘色革命十年，烏克蘭再倒回原點〉，聯合報，2014 年 2 月 23 日，第 A2 版。

[29] Samuel P. Huntington 著，劉軍寧譯，《第三波》，頁 128。

276　中共威權政治的強國體制

縱使中國大陸威權體制因時空環境的改變而失去政權，但在長久欠缺民主訓練的土地上，讓民主政權長存的機會似乎不高，而其極大的可能是再一次以威權維持秩序，才得以民主的體制作為日後的政治體制。若依據前蘇聯解體後的經驗，後共產政權諸國仍被不民主的政治環境所困擾，縱使有其他政黨因威權的共產主義政權垮臺而崛起，但在政黨政治制度未建立好之前，甚至政黨制度建立好之後，也並不代表就可有民主的實現，因此引發眾所周知學術界有關前朝（*ancien régime*）垮臺是否交由民主政體接續的因果關係爭論，更何況依前蘇聯解體後各國的的例證也顯示，共產黨的控制力，在共產政權垮臺後仍無所不在，甚至持續維持威權；在捷克與匈牙利的經驗也顯現，與共產黨相互競爭的政黨竟然是脫離自共產黨的勢力，而且在政黨競爭環境中對政黨的忠誠度卻又不斷提升（猶如具有成熟政黨政治的先進民主國家一般），[30]選民所選擇的政黨竟然可能是在各威權政黨之間擺盪而已，如何進入民主？

二、現況與預判

從「文革」結束至今，在中共黨國體制之外，民主運動始終前仆後繼地進行：第一波是「民主牆運動」：由「文革」（1966-76）這一代勞改回來，於 1978 年末至 1979 年發起的「民主牆運動」，1980 年，「民主牆運動」遭到鎮壓。第二波是「天安門事件」：在 1989 年 6 月 4 日遭到壓制。第三波是「民主黨」運動：受到境外

---

[30] Zsolt Enyedi, "Party Politics in Post-Communist Transition," in Katz and Crotty, eds., *Handbook of Party Politics*, pp. 229-231.

壓力，1990 年代開始，中共陸續釋放前述第一、二波的民主運動的活躍人士，這些民運人士又開始另一波民主運動；他們利用手機、網路及新的通訊方法，突破中共的控制與過濾網，並籌組「民主黨」，最後仍被迫解散。第四波是「維權運動」：這一波力主政治改革的人士屬於新一代新興中產階級，包括獨立作家、維權律師、記者、和體制外獨立派知識分子等。[31]因民主化運動前仆後繼，致使中共政權似有進一步民主化的趨向。

從已有的人民權力保障規定觀點看，眾所周知，《中華人民共和國憲法》序言裡明文規定共產黨為唯一執政黨，但《中華人民共和國憲法》亦規定人民各項權利自由，若人民依據各項憲法規定籌組各類組織，是否最終對共產黨的唯一的統治地位產生威脅？依此，對於憲政該如何定位就成為大陸威權統治是否質變的基礎，而憲法是否可以落實執行，就成為中共是否和平演變的極重要因素。若依據大陸學者嚴家祺的說法，就是否具有「可容轉變的政治架構」，只有此種架構的建立，被治者與統治者共同遵守，並依據其規定反映民意做出對政治制度的變革，才能具有民主的條件。[32]

在習近平於 2013 年 3 月正式接任國家領導人後的兩個月，對於大陸是否該實行「憲政」就引發「正、反、合」的論戰，其中認為憲政係資本主義專屬，社會主義不應實行者，如：中國人民大學法學院法理教研室副主任楊曉青，在 2013 年 5 月間出版

---

[31] 葉明德，〈黨領導的「人民民主」與「社會民主」壓倒「自由民主」——中共「十八大」前後政改議論研析〉，《展望與探索》（新北），第 11 卷第 7 期（2013 年 7 月），頁 86-87。

[32] 嚴家祺，《民主怎樣才能來到中國》（臺北：遠流出版社，1996），頁 214-218。

的《紅旗文稿》[33]上發表文章，其主要觀點將「憲政」等同於西方資本主義為基礎的專有政治制度，因此呼籲實行社會主義的中國大陸不應該效法，故有：「西方現代政治基本的制度架構，憲政的關鍵性制度元素和理念只屬於資本主義和資產階級專政，而不屬於社會主義人民民主制度」、「中國共產黨沒有經過多黨競選而上臺執政有不容置疑的合法性。但以憲政理念為標準，沒有多黨競選就無憲政，更無共產黨的領導地位」、「司法機關即審判機關和檢察機關應依照法律規定獨立行使職權，但在政治上、思想上和組織上必須接受中國共產黨的領導」、「人民民主制度絕不可以稱為『社會主義憲政』」等等，[34]將大陸現行「憲法制度」卻稱作不是「憲政」，更認為現行憲法的頒布與實行，是服膺於「人民民主專政」的產物，與西方的「憲政」的論點顯不相同；又如：中共中央部委直屬的《黨建》雜誌，刊出筆名「鄭志學」的文章，題為〈認清憲政的本質〉，將憲政姓社姓資問題，升級到階級鬥爭和無產階級專政層面，指現在人們追求憲政是為顛覆社會主義政權、是為了推翻中共；但亦有認為沒有憲法談不上憲政，沒有憲政，憲法也只是一紙空文者，兩派僵持不下，甚至出現被外界認為是「和稀泥」的調和兩種觀點的社會主義憲政支持者。[35]

此種爭論之焦點，顯然是對於人民是否可依西方式憲政主義精神，要求政府行權力分立、政黨政治、自由主義……等，甚至

---

[33] 《紅旗文稿》是中共中央機關刊物《求是》的子刊，屬極左派刊物。

[34] 〈楊曉青：憲政與人民民主制度之比較研究〉（2013 年 5 月 22 日），2013 年 6 月 4 日下載，《中國共產黨新聞網》，http://theory.people.com.cn/n/2013/0522/c40531-21566974.html。

[35] 李春，〈憲政姓社或姓資　中共左右大爭論〉，聯合報，2013 年 6 月 4 日，第 A17 版。

將憲法視為統治者與被統治者之間的「契約書」，若然，則統治者與被治者都必須遵守憲法規定運作，依大陸現有憲法的運作，被治者甚至可依據自身之需要改變憲法內容，最終改變大陸的威權體制（現行大陸憲法第六十二條第一項規定全國人大有「修改憲法權力」）；若不然，則大陸的「憲政」與西方的「憲政」僅是「同形異義」字而已，共產黨與西方民主政黨的屬性根本不同，其所設計與執行的政體屬性也與西方民主國家不同，並敵視西方式民主政治形態，那麼，共產黨統治下的威權體制，就不准人民依憲法有關展現民意的規定，透過修憲等立法程序要求中共威權政府行權力分立、政黨政治……等，最終成為與西方民主政治相似的政治體制安排，中共也僅成為諸多競爭執政政黨之一，不得再成為唯一執政黨。

　　孰是孰非？若由中共前領導人鄧小平對憲政定義認為：「資本主義社會講的民主是資產階級的民主，實際上是壟斷資本的民主，無非是多黨競選、三權鼎立、兩院制。我們的制度是人民代表大會制度，共產黨領導下的人民民主制度，不能搞西方那一套。社會主義國家有個最大的優越性，就是一件事情，一下決心，一做出決議，就立即執行，不受牽扯……沒有那麼互相多牽扯，議而不決，決而不行。就這個範圍來說，我們的效率是高的，我講的是總體效率。這方面是我們的優勢，我們要保持這個優勢，保持社會主義的優越性」，[36]若依據鄧小平的闡釋，及其對中共定位與發展道路的高度制約性，那麼要期待大陸政體依現有結構逐步蛻變成西方式民主政體的機會，將難以樂觀。

---

[36] 〈改革的步子要加快〉，中共中央文獻編輯委員編，《鄧小平文選第3卷》（北京：人民出版社，1993年），頁240。

雖然有諸多的觀察者認為，中共的威權體制縱使拖延，但終究難逃民主化的浪潮，且列寧式的政權組織本就不利於現代化的經濟發展，也迫使中共必須走上民主化的道路，[37]或說，中國大陸人民逐漸因應時空環境改變，在 2010 年左右，30 歲以下的新一代人不知毛澤東時代的經濟困境與改革開放的對比，且在半資本主義經濟狀況下成長的經驗者，約占人口數的 43%，可能會在 2050 年成為大陸人民政治態度的主流，因而進一步要求大陸民主化，又或說，三個可能不再支持中共威權體制的理由是：（一）經濟發展下滑，使人民不再支持共產黨的統治；（二）人民不再那麼依賴國家給予經濟的好處；（三）貧富差距加大到頂尖收入者成為極少數，一方面不怕共產黨的威權統治失勢，另一方面，由目前頂尖收入階層逐漸淪為中產階級者，也追求威權體制的消失，[38]但不可忘記的是，大陸威權體制的統治方式也不斷在改變，就如同學者對東歐、南歐國家經歷共產主義政權垮臺、威權政體持續掌權及再民主化的兩階段爭取民主過程研究中發現，威權政府在其他國家鎮壓反對勢力經驗中也學習到利用維安武力鎮壓、控制社會大眾、利用各種手段箝制反對勢力、以經濟手段約制異議團體等等方法，促使威權體制得以長存，且從亞美尼亞、喬治亞、塞爾維亞、白俄羅斯、亞塞拜然等國家的實際狀況也顯示，愈後發動反對威權者的效果愈差；[39]俄羅斯也明顯從 2005 年

[37] Teresa Wright, *Accepting Authoritarianism: State-Society Relations in China's Reform Era* (California: Stanford University Press, 2010), p. 21.

[38] Wright, *Accepting Authoritarianism: State-Society Relations in China's Reform Era*, pp. 176-179.

[39] Valerie Bunce and Sharon Wolchik, "A Regional Tradition: The Diffusion of Democratic Change under Communism and Postcommunism," in Bunce, Mcfaui and Stoner-Weiss, eds., *Democracy and Authoritarianism in the*

烏克蘭「橙色革命」中，學到限制非政府組織的方法，俄羅斯更加強限制媒體，致使俄羅斯至今根本就無產生反對勢力或靠選舉推翻威權之機會；[40]俄羅斯菁英認為其周邊國家的民主化對其影響力將有損傷，因此仿效西方反共產主義政權的作法，於 2005年由國會通過法案成立基金，在境內、外建立電臺、電視臺掌控輿論，與白俄羅斯聯盟支助特定政客，甚至協助成立政黨，就是要以跨境擴大聯盟的趨勢，保證威權政體得以長存，連「上海合作組織」，也被外界視為威權政體的重要聯盟。[41]

　　對中國大陸的研究途徑，是經由 50 年代到 60 年代的極權主義（totalitarianism），70 年代到 80 年代因派系鬥爭所展現的多元、派系與結構主義，再到 80 年代到 90 年代的新制度主義，都無法有效描述大陸政治發展的真實狀況。[42]不論大陸的政治發展是否與西方式的民主政治不同，但西方的政治發展並不是鐵板一塊，就如美國或英國的民主運作模式不同一般，而是呈現多種多樣的面貌，那麼縱使大陸最終發展成為「民主政體」，其運作模式與內涵也不一定與美國或英國一致，當然與日本、澳洲、義大利……等等也都不相同。因時空環境的不同，致使各國民主的發展狀況

Postcommunist World, pp. 53-54.

[40] Kathryn Stoner-Weiss, "Comparing Oranges and Apples: The internal and External Dimensions of Russia's Turn away from Democracy," in Bunce, Mcfaul and Stoner-Weiss, eds., *Democracy and Authoritarianism in the Postcommunist World*, pp. 266-268.

[41] Vitali Silitski, "Contagion Deterred: Preemptive Authoritarianism in the Former Soviet Union (the Case of Belarus)," in Bunce, Mcfaul and Stoner-Weiss, eds., *Democracy and Authoritarianism in the Postcommunist World*, pp. 295-296, 298.

[42] Rey-Ching Lu, *Chinese Democracy and Elite Thinking* (New York: Palgrave Macmillan, 2011), p. 5.

亦不同，故有研究者，在經由中國傳統歷史的發展與田野調查後，堅信中國大陸即將在未來 20 年間由知識分子發動逐步走向「孔子化的民主」，並認為受傳統文化的影響讓自由主義與儒家思想相結合，致使「孔子化的民主」雖是多黨制但卻是社群式的民主，既尊重個人自由以追求個人目標，又強調集體互利的精神，[43]其說服力似乎比其他論點要強，但「孔子化的民主」不僅不是西方式民主，更成為抵擋西方式民主的基礎，孔子再一次如中國傳統一般，成為極權統治的工具，因為孔子思想中無法排除「忠君愛國」（loyalty-to-the-monarch）的思維。[44]「孔子化的民主」所強調的或許是單一的統治者，再由統治者依據被治者意見治國，若將中國歷代帝王的統治模式為參考，就算統治者因這樣或那樣的因素被被治者推翻，其結果卻又迎來另一位威權統治者，其權力更迭的過程顯與西方政黨競爭式的民主不同。

因經濟發展引發社會質變，再配合其他有利條件，最終促成威權體制轉向民主，是支持中共政治發展即將民主化的論述主張；北京「大軍經濟問題研究所」主任仲大軍卻認為，李克強這些 60 歲左右的領導人是承前啟後的一代人，他們經歷了毛澤東時代，也經歷了對外開放時期。在政治路線上的左和右、改革與開放之分，這些人不會極左，也不會極右。中國的市場化和私有化改革不會像西方希望的那麼澈底。中國領導人也會按照中國的社會規律辦事，順應中國的潮流。西方對此不應該感到意外。這代領導人在中國特有的環境中，即有以前的社會主義制度基礎、左翼的因素和基層的民意，他們不可能太冒進。在如何推進改革問

---

[43] Lu, *Chinese Democracy and Elite Thinking*, pp. 142-144.

[44] Lu, *Chinese Democracy and Elite Thinking*, p. 70.

題上，新的領導人更是探索者，他們能推就推，推不動就不會冒進。[45]換言之，在習近平、李克強任領導人後，對於未來大陸的政治改革方向必然也必須「摸著石頭過河」，若依據馬克思主義觀點認為下層建築（生產力與生產關係）對上層建築（政治、文化、社會、法律……）的制約關係，在大陸經濟建設仍充滿社會主義遺緒的氛圍中，似乎也不致於澈底仿效西方式的自由經濟，自然對於政治朝西方式的民主政治發展也產生制約作用。甚至有學者主張，過往西方以經濟發展促成民主發展的說法，是過去資本主義結合工人反對封建階層的結果，這種情況已然不復存在，若說，工人受資本主義壓迫而組織起來反對統治階層是使威權脆弱或崩壞及民主的重要步驟，但若工人享有福利又無組織，且在威權社會中享有特別福利，則反而會支持威權，因此，單以經濟發展就造成民主化或推翻威權的推論，僅能說是過去曾有過的經驗，往後是否就會循此模式發展，顯然也難以說服他人。[46]若以近期巴爾幹半島共產主義政權演變的經驗看，共產黨政權為因應時空環境的改變，發展出「國家共產主義」（national communism）概念，指將社會主義與民族主義相結合，其結果比單單依靠社會主義維持統治要穩固許多，[47]這種策略，其實就是以現行共產（社會）主義制度加入民族主義內涵讓統治因民族主義的支持更加長

---

[45] 〈「改革派」標籤已不反映中國的政治生態〉（2013 年 3 月 16 日），2013 年 3 月 11 日下載，《BBC 中文網》，http://www.bbc.co.uk/zhongwen/trad/china/2013/03/130316_vice_premiers_reformers.shtml。

[46] Wright, *Accepting Authoritarianism: State-Society Relations in China's Reform Era*, pp. 20-21.

[47] Alina Mungiu-Pippidi, "When Europeanization Meets Transformation: Lessons from the Unfinished Eastern European Revolutions," in Bunce , Mcfaul and Stoner-Weiss, eds., *Democracy and Authoritarianism in the Postcommunist World*, p. 66.

久；中共目前以民族主義（或愛國主義）結合經濟發展以穩固其統治的作法，也包含著以共產（社會）主義為基礎結合民族（愛國）主義的作法，其延續威權統制的力量當然不容小覷。

中國大陸在一方預測民主化難以避免，一方卻認為在中共極力抵制及防範下，威權仍會長存，到底何者為真，雙方各自以大陸現有的狀況為自身辯護，但卻也無法說服對方。為解決這種無法有效描繪中國大陸現實，並準確預測大陸未來發展的狀況，甚至有學界認為對於中共的走向，有關新威權、民主化、現代化或衝突理論等，因為中共幅員太過廣大，社會情況太過複雜，致無法全面解釋中共的情況，[48]所以無法用單一概念描繪或解釋中共政治發展的動向。不論如何解釋，擺在面前的卻是，中共威權統治自 1949 年建政迄今屹立不搖。看來中共威權體制不僅在現有制度的演變中難以大幅轉變，在經濟建設有成後，亦難如西方研究者的想法，經由人民的要求而轉變，尤其是前述有關民意調查結果，亦顯示其要求改變的可能性不高，若加上中共領導者權力更迭的特性，由菁英的領導轉變亦非易事。

隨著時空環境的推移，大陸是否因統治方式的改變，而將持續維持威權體制，或因此改變成為民主政體，雖是爭論的問題，但目前所有預測中共即將民主化的推論，都不曾發生，這些中共民主化的推論，又有幾分實現的可能？

---

[48] Kan Xiaoguang and Han Heng, "Graduated Controls: The State-Society Relationship in Contemporary China," *Modern China*, vol. 34, No.4 (2008/1), p. 36.

第二節　脆弱或崩壞？

　　以西方民主化主流學者的角度及全球化趨勢看，大陸將因經濟發展及融入世界而逐步進入西方式的民主環境，如歐盟以市場等經濟利益為餌，對經濟力量與政治影響力均不足以與其對抗的後共產主義東歐各國，要求必須符合連西歐各國都不易達成的自由市場、民主等條件，才能獲准加入歐盟，如同以「和平兼併」（peaceful annexation）般的手段強迫其改變，[49] 又如要求其東歐外的其他開發中國家必須擁有被認可的執照才可向歐盟進口林業產品以保護各國森林，[50] 就是將西方的價值觀藉由經濟利益手段強加於各開發中國家身上的明顯例證，依此觀點，則大陸無可避免的必須漸進改革其政、經體系，最終逐漸成為西方式的民主國度。

　　但依據法國大革命、辛亥革命成功等等歷史經驗，威權體制結束後是否進入民主國度，近年已備受懷疑，[51] 致使無法斷言威權體制的發展終將進入民主，只能預測威權體制脆弱與崩壞。

---

[49] Max Haller, *European Integration as an Elite Process: The Failure of a Dream?* (UK: Routledge, 2008), pp.144-145.

[50] Jonathan Zeitlin, *Transnational Transformations of Governance* (Amsterdam: Vossiuspers UvA,2011), pp. 15-16.

[51] 嚴家祺，《民主怎樣才能來到中國》，頁 212-213。

一、論述與挑戰

（一）《中國即將崩潰》

　　章家敦 2002 年所著《中國即將崩潰》，是預言中共政體即將崩壞的著名著作，依據章家敦在此書中的觀點，認為中共政權將面臨如下的窘境：「請客吃飯：共產革命日薄西山。認為當前的中國人民不再需要毛澤東的革命，也不需要搞革命的中國共產黨」、「燃油之湖：民怨沸騰無以復加」、「工業恐龍谷：國企垂死掙扎」、「封網不手軟：領導人準備讓中國大陸與世隔絕，未準備好接受網路世界」、「無限上綱：工業政策造成永遠的無能。為了創造規模夠大的企業，故採取保護政策，卻因此使企業欠缺競爭力」、「銀行淪亡錄：中國銀行來日無多。除了國企及政府恩准的企業外，大陸銀行家沒有別的放款對象。只要政府還在，四大銀行就穩如泰山，因為北京知道自己無法承受任何一家垮臺的結果」、「反咬一口：國家啃食民營企業」、「公路女郎：中國經濟停滯不前」、「WTO 的鴕鳥：入世將引發全面的崩盤」、「荒腔走板：意識形態與政治阻礙進步」、「自東方崛起：中國能再向上提升嗎」、「統治者害怕被統治者」、「毀滅之路：中國淪亡錄」、「中國分崩離析」。[52]

　　時移勢異至今，章家敦所提中共政權所面臨的問題有些仍在，有些卻也進行大幅度的變革，致使中國大陸經濟至今仍然不斷提升，中國大陸亦未分崩離析，大陸政權更沒有依據章家敦的推論而崩潰，至少目前及可見的未來也沒有崩潰的跡象。

---

[52] 請參閱：章家敦著，侯思嘉、閻紀宇譯，《中國即將崩潰（The Coming Collapse of China）》（臺北：雅言，2002 年）。

（二）《脆弱的強權（China: Fragile Superpower）》

至 2008 年美國中國問題專家謝淑麗（Susan L. Shirk），則認為中共政權雖未垮臺，甚至已逐漸在國際社會中成為強權，但其內部卻是脆弱的，故出版《脆弱的強權（China: Fragile Superpower）》一書，重要內容仍不脫以中共面臨境內、外的各類問題，已然呈現無力妥善解決的困境，故中共政權呈現外表是地區霸權，甚至成為足與以美國對抗的強權，但因內、外問題叢生，已然面臨隨時有被推倒的危險。[53]

謝淑麗的論證基本上是以大雜燴的方式呈現中共內、外問題，但任何國家都面臨相類似的內、外問題有待各自努力解決，尤其全球化的趨勢下，各國所面臨的問題可能比過去更為類似，因此無法認定中共所面臨的問題就會讓中共脆弱或崩壞，而美國或他國所面臨的類似問題，卻不會因此造成美國或他國脆弱或崩壞。因此，中共政權是否會如謝淑麗的推論隨時垮臺，至今不僅難以建構因果關係，更難見其跡象。

（三）漸進改革

脆弱或崩壞的觀點，顯然抱持中共威權政體可能突發性變化，致使中共威權覆亡及漸進演變至覆亡兩種立場，依目前中共威權政體無突然性覆亡跡象，致使脆弱或崩壞觀點，被迫傾向漸進式覆亡觀點，但因中共威權政體，為因應內、外問題，必也進行統治方式的變革，致使成為「漸進改革」的政策選擇。

---

[53] 請參閱，謝淑麗（Susan L. Shirk）著，溫恰溢譯，《脆弱的強權（China: Fragile Superpower）》（臺北：遠流，2008 年）。

有論者將「漸進改革」所面臨的問題，及可能的改革方向作如下的分析：

前景一：以「漸進」的名義停滯

　　早在 1986 年，鄧小平就主張，「民主只能逐步地發展，不能搬用西方的那一套，要搬那一套，非亂不可」其實大陸官方所謂民主只能「逐步發展」、改革必須「循序漸進」，其意思就是現在不改革。另一個基本含義就是先進行一些小改革，任何重大的、觸及共產黨統治地位的變革要求，都是領導集團所不能接受的，因而是不現實。所以，大陸知識分子不要求儘快開放黨禁、舉行全國大選等關鍵性變革。

　　然而，迴避提出這些關鍵性變革要求，緩解了統治集團的壓力，極大地方便了統治集團不進行任何有意義的變革、將民主轉型推遲到無限期的未來。

前景二：略微寬鬆的威權統治

　　主張漸進主義的學者們認為，通過低限度的要求說服，或者誘使統治集團開始改革，由小改革導致大改革，或者經由許多小改革累積成大變化。然而，被忽略的是，改革未必能直線向前發展。小改革是容易停滯和倒退回去。掌權者在進行了某些改革後，有可能停滯下來，或者向後倒退，雖然不能回到原點，但仍然是威權統治，只是略微寬鬆一些而已。（後共產國家經歷民主有退回威權的諸多例子）

　　專制政權不陷入危機，不可能考慮改革。中國大陸漸進主義者們，由於主張的軟弱和「慢慢來」的心態，特別有利於新專制主義者通過小改革拖延時間、鞏固權力、度過危機。

前景三：改革太慢、國家分裂

許多主張漸進改革者，相信快速、大幅變革會招致動盪。但緩慢、小步推進未必會穩，快速、果敢進行重大變革未必會亂，情況更可能正好相反。原因是：一旦改革、轉型開始，時間越長，變數就可能越多，風險也可能越大。

發生在過去 30 年的數十個成功民主轉型案例，其中絕大多數是快速轉型，從轉型開始（也就是開放言禁、黨禁），到第一次全國大選所經歷的時間間隔在 1 年 7 個月以下，其中時間最短的只有 4 個月。美國政治學家帕默在研究了匈牙利、菲律賓、波蘭、葡萄牙、南韓、西班牙等國家的轉型後得出結論認為，快速舉行全國大選有助於遏制混亂。

大陸漸進改革主義主張自下至上逐級開放選舉，但在大陸境內的族群矛盾、分離主義盛行狀況下，省級自由選舉推行全大陸之前，國家將很可能分裂。因為，民選的省級政府領導人將會對非民選的中央政府構成強有力的挑戰；圍繞選舉首先發展起來的將是地方性政黨，在某些地區激進的民族主義政黨將很可能取得勝利；是否分離出去而不是要多少自治，將會成為轉型過程中頭等重要的論辯議題。[54]

不論如何，支持威權體制以發展經濟改善人民生活的思維昌盛，對大陸威權改變為非威權政體的壓力自然減輕，若此壓力減輕，就難以推斷大陸將因過去所期許在全球化趨勢下大陸將被捲入世界民主、法治、自由潮流，最終使威權政體脆弱或進一步崩解。

---

[54] 王天成，〈點評中國：從「兩會」再談漸進改革〉，（2013 年 3 月 11 日），2013 年 3 月 11 日下載，《BBC 中文網》，http://www.bbc.co.uk/zhongwen/trad/focus_on_china/2013/03/130311_cr_politicalreform_bywangtiancheng.shtml。

（四）菁英集團分裂

從塞爾維亞（Serbia）、斯洛伐克（Slovakia）等國家由威權體制轉向民主的過程經驗中發現，縱使境外力量給予充足支援，若其境內沒有足夠的內部自身力量，也難以達成內外結合推翻威權建立民主政體的結果，[55]而更重要的是在內部民眾欠缺民主化素養時，菁英之領導，常決定民主化是否發展的關鍵，[56]依據東南亞地區如泰國、馬來西亞、印尼、越南、菲律賓、緬甸等國不如人意的民主化經驗，發現其中菁英領導對於民主化的重要性，菁英經常在面對社會要求民主的環境中，結成聯盟調整作為以維護既得利益，讓民主的發展受阻，而足以促成屬於既得利益團體菁英會甘於推動民主，常先因社會的多元開化發展，促成統治體系的震盪，在統治體系的震盪中，菁英之間的聯盟才出現「裂縫」（interstice），而「裂縫」才提供了民主滋生的環境；[57]若是市民社會等足以發動人民與威權政府相抗衡的組織或力量遭中共威權政府完全掌握甚至瓦解，那麼縱使外界再多的力量，則對於大陸化解威權統治的可能也微乎其微，若中共菁英繼承的制度因具有太多篩選與變動的非制度因素與功能存在，則中共菁英的相

---

[55] Valerie Bunce and Sharon Wolchik, "Defining and Domesticating the Electoral Model: A Comparison of Slovakia and Serbia," in Bunce, Mcfaul and Stoner-Weiss, eds., *Democracy and Authoritarianism in the Postcommunist World*, p. 152.

[56] Piotr Sztompka, "Civilizational Incompetence: The Trap of Post-Communist Societies," in Zeitschrift für Soziologie (germany), Jg. 22 Helf 2 (1993/4), p. 94.

[57] William Case, "Low-quality democracy and varied authoritarianism: elites and regimes in Southeast Asia today," in William Case, ed., *Contemporary Authoritarianism in Southeast Asia: Structure, Institutions and Agency* (New York: Routledge, 2010), pp. 8-10.

互團結可能比出現「裂縫」的可能性要高，如此環境，要求中共的威權統治會逐步走向脆弱或崩壞，似乎也難以說服眾人。

　　再就緬甸的經驗，由過去尼溫（Ne Win）的獨裁到軍事執政團等威權統治，整個統治氛圍似有鬆動傾向，縱使 1988 年至 1990 年代中期，軍事執政團限於多山頭並起的狀況，但其所面對的是破碎孱弱的反抗力量，軍事執政團仍具有絕對的鎮壓優勢，使威權政府可有足夠的能力對抗國境內外的壓力，而執政相關成員也明確瞭解到，若不能團結對抗國境內、外的壓力，就無法維持其權勢，[58] 若國境內部無有效的反對勢力足以推翻威權統治，求助於境外勢力似乎亦不可得，那麼向內求助於如菲律賓當年推翻馬可仕的自發性、無組織的「人民力量」，將成為被期待的一種方式，若然，威權統治與人民力量就呈現如下關係：

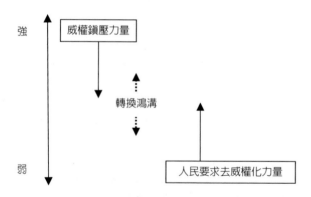

圖 6-2　威權與威權轉換鴻溝

資料來源：作者自行繪製

58　Kyaw Yin Hlaing, "Setting the rules for survival: why the Burmese military regime survives in an age of democratization," in William Case, ed., *Contemporary Authoritarianism in Southeast Asia: Structure, Institution and Agency*, p. 24.

因威權體制鎮壓力量大到人民力量難以抗拒的程度，那麼
「轉換鴻溝」就難以跨越，若無法跨越此鴻溝，威權統治狀況就
將持續維持。

　　大陸面對國際社會對其不民主或威權體制的壓力，不像其
他國家一般難以承受，中國大陸面對這種壓力根本就不接受威
脅，[59]其中大陸又挾其以威權政治及經濟快速發展模式，或如外
界所稱「北京共識」的推波逐瀾下，國際社會發展中國家甚至群
起效尤，如敘利亞、伊朗、拉丁美洲國家等支持胡錦濤與俄羅斯
領導人普丁對於政、經事件處理模式，其原因雖可能係因為近年
這些國家或地區的經濟建設停滯不前或不夠穩定，也可能是因當
地居民並未真正領會自由民主的真諦，[60]但若證諸於過去數十年
間民主化，但經濟發展卻停滯不前的印尼、柬埔寨、孟加拉，及
新加坡李光耀不主張引進西方的個人自由，而主張在傳統中國文
化中強調忠誠、效率，及其經濟的成長，[61]「北京共識」所強調
的威權體制帶領經濟發展，顯然短期內不會因國際的壓力而轉
變，甚至因為其「北京共識」或其他相類似的稱呼，如「具中國
特色」等等，受到國際社會部分發展中國家的支持，而更加得以
抵抗西方先進國家對其不民主或必須放棄威權體制的壓力，更使
威權體制因內、外部壓力將脆弱或崩壞成為空談。

---

[59] Wright, *Accepting Authoritarianism: State-Society Relations in China's Reform Era*, p. 1.
[60] Halper, *The Beijing Consensus*, pp. 128-131.
[61] Halper, *The Beijing Consensus*, p. 133.

二、現況與預判

　　張明澍研究認為，大陸要什麼樣的民主，怎麼樣建設民主，最終仍取決於決策群，或說政治菁英，[62]在「四個堅持」的箝制下，至今威權動搖跡象有限。而足以改變大陸政體的力量，顯然依據國際勢力的壓迫難以竟其功。大陸內部的政改又只限於政府領導菁英與人民的力量兩種可能，其中政府菁英對於大陸改變威權統治的模式當然不高，以大陸全國政協主席俞正聲為例，俞氏於 2013 年 7 月 22 日，在「統一戰線深入學習貫徹中共十八大精神專題研討班」於北京開班時，尚且致詞認為：「堅持什麼主義，走什麼道路，是歷史的選擇、人民的選擇。中國特色社會主義作為黨和人民九十多年奮鬥、創造、積累的根本成就，作為改革開放三十多年實踐的科學總結，作為凝聚中國力量的偉大旗幟，是最值得珍惜、最需要堅持和發展的寶貴財富，全面建成小康社會、實現中華民族偉大復興不能偏離這個根本方向」、「中國特色社會主義是當代中國發展進步的根本方向，離開中國的實際和已經取得偉大成功的正確道路，幻想另外去傍什麼別的主義、別的模式，是註定沒有希望、沒有前途的。中國共產黨是中國特色社會主義的堅強領導核心，有能力帶領全國人民實現『兩個一百年』的宏偉目標和中華民族偉大復興的中國夢」。[63]

　　大陸清華大學國情研究院院長胡鞍鋼，更曾發表文章表示：「中國集體領導制被證明具有巨大優越性」，其重點包括：

---

[62]　張明澍，《中國人想要什麼樣民主：中國 "政治人"》（北京：社會科學文獻出版社，2013 年），頁 310。

[63]　〈堅持和發展中國特色社會主義　鞏固統一戰線團結奮鬥的共同思想基礎〉，人民日報（北京），2013 年 7 月 23 日，第 1 版。

（一）中國特色的「集體領導制」，以其優異的實踐證明了中國社會主義政治制度的巨大優越性。基於「集體領導制」的歷史發展邏輯和制度創新內涵，這一機制的比較政治優勢可概括為：決策行為不翻燒餅、決策效果可預期、決策影響可預見、決策思路可延續。……事實上，中國的「集體領導制」明顯優於美國的「個人總統制」。美國總統個人權力過於集中，特別是對外決策幾乎是由個人作出。他的決策失誤，就要由整個國家和全體國民來承擔，而他個人的損失只是不再擔任總統而已。

（二）美國的「兩黨制」和「總統制」，其鬆散的政黨組織結構、贏弱的組織控制能力、低下的政黨向心力和決策智慧集成水準、「從天而降」（指全憑能言善辯、開空頭支票，獲得 1/4 選民的支持即可當選）的國家最高領導人、對實質性問題的忽視和拖延，使得美國的政治學者也不得不承認，美國的總統選舉制度可能是更明智的，也可能更愚蠢。……對此，美國學者羅伯特・弗蘭克林・恩格爾評論道：當中國正在為下一代設計五年規劃時，美國（政治家）正在籌畫下一個選舉的計畫。

（三）「分裂」的華盛頓將「一事無成」……以美國為代表的西方現代國家，其權力機構既是分立的，又是多元的。這是出於權力之間互相制衡、制約的考慮，每一個權力機構都不允許其他權力機構的觸角進入自己的法定權力範圍內。但是這一機制本身就有幾種可能：它可能會互相制衡、制約，但它也可能會互相掣肘。

（四）只有比較才有鑑別。這對於我們打破所謂的「美國民主迷信」、「選舉原教旨主義」，進一步解放思想、增強中國

政治自信起到重要作用。長期以來，西方世界就一直將中國共產黨領導下的多黨合作視同為「一黨專政」，卻忘記美國總統是典型的「個人（總統）專制」；他們也一直抨擊中國不是民主國家，卻忘記小布希決策發動伊拉克戰爭，即使已經錯了，仍然不能自我糾正，更談不上對伊拉克和美國人力資本損失和經濟損失承擔任何後果，付出任何代價。

（五）中國特色的「集體領導制」不是一般意義上的創新，而是具有深刻意義的制度創新和治道變革。它大大超越了幾百年來美國等國家政治制度的「一黨控制」、「兩黨分治」、「三權分立」的實踐與理論，彰顯中國人極大的政治智慧和中華民族深厚的文化底蘊。

（六）中國創新並實踐了民主集中制，這種民主集中制又形成中國特色的「集體領導制」，非常適合於中國的基本國情和文化背景，極其適宜於中國的發展階段和社會條件，十分適應於來自國內外各方面的考驗和挑戰，也特別有利於中國創造發展奇蹟、治理奇蹟。[64]

胡鞍鋼所提倡者是集體領導的優勢，其運作模式當然不能脫離「黨內民主」，而黨內民主在四個堅持的狀況之下，又必然包含如下前提限制：

（一）只有共產黨內可以民主，其他勢力必須在共產黨的專政之下運作。

（二）所有的民主必須在共產黨控制之下運作。

---

[64] 〈環球時報：中國集體領導制被證明具有巨大優越性〉（2013 年 8 月 16 日），2013 年 8 月 17 日下載，《環球網》，http://china.huanqiu.com/hot/2013-08/4250204.html。

致使黨內民主終究不等同於多數統治，而是在保證黨對人民的更有效統治。中共所強調的「民主集中制」更是集中多於民主。[65]

為控制民意走向而控制輿論，是中共威權體制慣用的手法。在大陸進行改革開放迄今，不論情勢如何轉變，中共控制媒體進而控制社會不放，始終是其堅持與特徵；[66]部分研究極權政治的學者認為，極權政治之得以成立，其重要的步驟之一是強調組織與宣傳；在掌權之前，創造與群眾區隔的組織，領導人再成為此組織中的最權威者，因組織與一般群眾分離，其間隔帶則係由黨的同路人（fellow-traveler）填補，其結果是黨員不與一般群眾衝突、來往，甚至也造成黨員因此不瞭解一般群眾的意向，[67]進一步看，就成為黨員完全聽命於領導者或只聽到支持者的意見，而不顧一切完成領導者交付的使命。若從中共有效掌握大陸的幾乎所有的輿論、非政府組織、完全限制住市民社會的發展，則黨員與同路人共同營造的社會氛圍，也加強了黨的統治合法性。由胡鞍鋼等人的公開言論，或許正符合此種營造氛圍，並讓共產黨黨員加上其同路人共同壓抑非同路人的論述。

有研究大陸人民陳抗運動的成果認為，大陸因為改（變）革開放，讓過去政府與社會關係的模式，由單一體系（unit system model）變成政府市民體系（government-citizen model），後者是政府對於社會的監控更無效率，也必須付出更高代價，又因政府

---

[65] Elizabeth Freund Larus, *Politics and Society in Contemporary China* (Colorado: Lynne Rienner Publishers, 2012), p. 115.

[66] Ming, *The Cultural Economy of Falun Gong in China: A Rhetorical Perspective*, p. 2.

[67] Arendt, *Totalitarianism*, pp. 62, 65.

與社會、個人的分離，致使政府對於陳抗事件就無法以懷柔、說服等軟的方式對應，而必須採取強硬的鎮壓方式對待，但地方官員任期短，面對陳抗事件與本身仕途的抉擇，就希望以「大事化小、小事化無」的方式處理，且各級政府對於人民陳抗事件的立場不同，故也不一定支持強力鎮壓，加上中央政府一方面要求穩定一方面卻沒有給地方政府足夠的工具，致使地方政府面對無法化解的人民陳抗事件，只能以非正式的方法，如：威嚇、關押、雇用打手毆打，甚至送進精神病院等等方式處理，[68]其結果是政府普遍存在以非法手段對付人民陳抗的狀況。

這種觀點，顯然認為大陸具有不受政府節制的市民社會力量，至生成「政府市民體系」，才有政府失去與陳抗人民溝通、疏導、說服管道，而必須以正式法律程序鎮壓的需求，但因各種因素卻演變成非法的鎮壓，但就前論述，大陸市民社會存在與否被高度懷疑，若市民社會不存在，那麼大陸政府所面對的就不是難以掌控的市民社會，而僅是無法以「面對面關係」處置的社會關係，另一方面卻也因欠缺足夠的鎮壓工具，才會被逼以非法手段排除陳抗，維持社會秩序。這種研究結果在堅持共產黨的統治教條下，使地方政府不敢鎮壓或無能力鎮壓的陳抗事件，顯然是對中共威權統治沒有威脅的陳抗活動。若威脅中共統治將被毫無保留的鎮壓。

又若大陸真的因變革發展，促成政府與社會分離，政府無力依法鎮壓反政府陳抗活動，那麼大陸威權體制的持續存在，就只能剩下經濟公有制的箝制，使大陸人民心甘情願的接受中共的威

---

[68] Xi Chen, *Social Protest and Contentious Authoritarianism in China* (New York: Cambridge University Press, 2012), pp. 68-74.

權統治，若然，因大陸不斷強調經濟公有的制度，則大陸的威權統治似也難以改變。但若前述鎮壓能力低落是研究者不分是否威脅中共統制的陳抗運動，則威權體制的存在，自然必須加上中共有決心與能力的鎮壓因素，且是強有力的因素，則中共威權統治的長存，將比僅靠經濟因素支撐更加穩固。而目前似乎看不出大陸上的民眾陳抗運動足以動搖共產黨的威權統治。[69]

在中共威權政體控制下，大陸自主性社會的出現，係在國家無法控制或不認為需要控制的領域中才得以存在，換言之，該自主性是在某種範圍內被允許存在，超越該範圍就受到國家的限制。[70]因此，有研究認為中共、北韓及古巴仍然屹立不搖，其主要關鍵在於缺乏一種有組織的反對勢力來和當權勢力進行競爭。[71]就迄今的經驗，中共對於陳抗事件的反應並不是衰弱，而是強硬回擊。[72]更何況，共產主義信仰者，對於與市民社會息息相關的各類非政府組織觀點，認為僅係在全球化下，霸權國家對其他國家霸權的工具，為抵抗霸權國家的進攻，只能更加極權以為因應。[73]更進一步說，當國家鎮壓能力長存，自主性社會或市民社會在國家掌控下無力與國家對抗，則因市民社會或因市民社

---

[69] Elizabeth J. Perry, "Popular protest : playing by the Rules," in Joseph Fewsmith, ed., *China Today, China Tomorrow* (Maryland: Rowman & Littlefield Publishers, 2010), p. 12.

[70] 戴東清，《中國大陸國家與社會關係 1989-2002──以鑲嵌之社會團體自主性為例》（臺北：秀威，2005），頁 130。

[71] 袁易，〈中共威權政體轉型的政治動力〉，《中國大陸研究》（臺北），第38卷第6期（1996年6月），頁9。

[72] Perry, "Popular protest : playing by the Rules," p. 27.

[73] Margret P. Karns and Karen A. Mingst, *International Organizations; The politics and Processes of Global Governance* (Colorado: Lynne Rienner Publishers, 2010), p. 230.

會活動所激起的推翻、改革威權政府統治模式的作法就難以實現，市民社會不僅不存在甚至可能歡迎威權政體的長存，那麼威權體制何以不能長存？

　　若從民意調查的角度看，依據本書第伍章「表 5-7　大陸應不應該向兩黨制發展（受教育程度的影響）」顯示，高教育程度者（碩士、博士）竟有高達 50%以上，不支持兩黨制的發展，教育程度相對低者，對兩黨制的支持程度更低。「表 5-16　大陸應不應該向兩黨制發展（年齡的影響）」，也顯示除老年人多數認為不應該，連年輕一輩（18-21 歲）亦不超過一半的人數支持兩黨制的發展。而「表 5-26　經濟收入與政治上中國好還是美國好」更顯示不論收入高低，對於美國比中國好的態度都非常低，對中國比美國好的比例卻可達 35%至 45.5%，認為國情不同不能簡單相比的，不論經濟收入高低，可達 45.5%至 65%之間。顯見當前大陸主流民意，對於中共威權體制的服膺程度高，對於與中共威權體制相對的美國民主體制卻敬謝不敏的態度，由此正好反證中共威權體制實難被認為「脆弱」或即將「崩壞」。

　　依據東歐地區共產主義國家民主化的過程，發現這些國家的民主或與其他地區的民主化過程不同，呈現出其領導菁英在自由民主與威權之間的灰色地帶，緊抓權力不放，並將此種政治現實稱作狹隘民主（illiberal democracy）、選舉民主（electoral democracy）、混和民主（hybrid democracy）、競爭威權（competitive authoritarianism）等等，[74]反正就不是西方所熟悉的民主方式，但對於蘇聯解體後

---

[74] Milada Anna Vachudova, "Democratization in Postcommunist Europe: Illiberal Regimes and the Leverage of the European Union," in Bunce , Mcfaul and Stoner-Weiss, eds., *Democracy and Authoritarianism in the Postcommunist World,* p. 89.

各共和國的發展研究卻也顯示，混合政體國家（就是不威權也不民主），如烏克蘭與喬治亞共和國卻比較能適應時空環境的激烈改變，[75]大陸確有發展成混合政體的可能。但混合政體不僅不表示是進入民主政體的前兆，更可能是返回極權政體的預告，且混合政體絕非民主政體，更難認定其是「脆弱」或即將「崩壞」。顯然，若認為中共威權體制將因時空環境改變而脆弱或崩壞的觀點，極其脆弱甚至瀕臨崩壞而難耐檢證。

第三節　威權堅持與蛻變預判

一、論述與挑戰

對於中共威權統治何以長存的專論並不多見，主要論述也多半以個別面向討論面對威權統治下的反應與作為，如泰瑞莎（Teresa Wright）的《接受威權主義：中國改革時代的國家社會關係》（*Accepting Authoritarianism-State-Society Relations in China's Reform Era*）、[76]陳曦（Xi Chen）的《中國威權主義下的社會抗爭與異議》（*Social Protest and Contentious Authoritarianism in China*）、[77]

---

75 Lucan Way, "Resistance to Contagion," in Bunce, Mcfaul and Stoner-Weiss, eds., *Democracy and Authoritarianism in the Postcommunist World,* p. 229.

76 See Wright, *Accepting Authoritarianism: State-Society Relations in China's Reform Era.*

77 See Chen, *Social Protest and Contentious Authoritarianism in China.*

伊莉莎白・拉魯（Elizabeth Freund Larus）《當代中國的政治與社會》（*Politics and Society in Contemporary China*），[78]或散見於各相關著作中，舉其要者，如：

（一）何鮑剛（Baogang He）：

認為中國大陸是自英帝國、奧圖曼帝國、蘇聯帝國垮臺之後的最後一個帝國，在多民族組成國家的背景下，若不加強對內統治，有可能使中國大陸分裂成數個國家；[79]但顯然多數民族所組成的國家型態，不能成為威權統治的原因，如美國是典型的多民族所組成的國家，但卻不因此行威權統治，反而是當前國際社會所公認的民主政治典範之一。

（二）伊莉莎白・拉魯（Elizabeth Freund Larus）：

中國傳統上是以菁英統治做為權力傳承的基本架構，至共產黨統治中國大陸仍然保有此種傳統，外國學者甚至視中共統治下的中國大陸是帝國統治結構。[80]從歷史因素角度觀察當代大陸政治演進，認為造成中共難以從威權體制脫離的最大因素仍是歷史傳統，但當前民主國家的前身幾乎都是威權體制，因此，以傳統作為威權體制得以長存的說法，亦難以說服他人。

---

[78] See Larus, *Politics and Society in Contemporary China*.

[79] Baogang He, "China's national identity: a source of conflict between democracy and state nationalism," in Leong H. Liew and Shaoguang Wang, eds., *Nationalism, Democracy and National Integration in China* (London: RoutledgeCurzon, 2004), p. 174.

[80] Larus, *Politics and Society in Contemporary China*, p. 16.

（三）趙建民

　　主張極權體制得以成功的重要背景，是被統治者對政權本身（或其領袖）的強烈認同，或是群眾對於極權政權所提出的意識形態理想或目標有極為強烈的甚或狂熱的反應，[81]此種觀點與大陸對於威權體制的現況頗為吻合，但何以會存在群眾對於威權政體的狂熱支持，並未進行探討，更不以中共何以能夠維持威權為討論重點，因此，就使其他研究者具有探討中共威權體制何以長存的空間。

（四）法蘭克（Frank N. Pieke）：

　　主張威權體制是政府的某一種形式。政府絕無法與其統治的社會分離，政府無法只負責統治社會，卻不被其統治社會影響，因此，認為以西方將政府與社會分開的研究方式並不足以套用在黨國體制下的大陸，以人類學的角度更可進一步認為，政府的存在是因應被統治的社會而生。[82]簡單說，就是有什麼樣的社會就會有什麼樣的政府，反過來說，有什麼樣的政府亦會有什麼樣的社會。若前述中共可以威權的方式改變社會對威權體制的接受，而社會不論在文化或歷史的影響下，亦接受威權的政府具有高度的合法性與適切性，大陸人民認為威權統治對其有利，則政府威權與社會需要就相互契合。

　　此觀點證諸當前大陸社會民意支持威權體制，顯然相互契合，但卻沒有論證何以民意會支持威權體制。

---

[81]　趙建民，《威權政治》（臺北：幼獅，1994 年），頁 123。
[82]　Frank N. Pieke, *The Good Communist* (New York: Cambridge University Press, 2009), pp. 12-14.

（五）馬克弗（Michael Mcfaul）：

認為，對於民主化的研究過去太過強調以制度的特性推論是否民主化，卻忽略以行動者的偏好做為是否推動或接受民主的重點，而呼籲必須以行動者為研究的中心（actor-crentic）應該被關注，[83] 依此觀點，由前述對共產黨威權政府的維護作為及民意的反應看來，統治與被統治「行動者」雙方似乎都大致滿意於現有的政府狀況，都認為其威權統治是合法、是最有利於當前國家需求的統治模式，那麼威權統治體系實難以何理由認為其即將崩解的可能。但不可否認的卻是，過去由極端的極權狀態逐漸轉變成當前的威權狀態，大陸的政治環境仍然有所改變，其所承受必須改變的壓力無法被忽視，而此壓力就成為主張中共維持威權觀點立場者最大的挑戰。

（六）普列渥斯基（Adam Przeworski）：

認為，假如威權政體已喪失其合法性，但在周遭並無其他更具合法性的政權可資比擬，促使權力替代出現，則該政權不致生變。[84] 在中共嚴密控制下的中國大陸，縱使中共威權體制因各種因素喪失其統治合法性，人民卻又難以找到其他替代者，那麼中共持續威權統治的趨勢，似乎難以避免。

---

[83] Mcfaul, "The Missing Variable: The "International System" as the Link between Third and Fourth Wave Molds of Democratization," p. 9.

[84] Adam Przeworski, "Some Problem in the Study of the Transition to Democracy," in Guillermo O'Donnell, Philippe C. Schmitter and Laurence Whitehead, eds., *Transition from Authoritarian Rule: Comparative Perspectives* (Baltimore: The Johns Hopkins University Press, 1986), pp. 50-53.轉註自趙建民，《威權政治》，頁 223。

此論點的基礎是社會不會因各種理由改變，但社會真的不會改變？社會真的不會出現足以與中共抗衡的組織？有待詳細論證。

（七）匹彼迪（Mungiu-Pippdi）：

　　主張，若依據學者對南歐與東歐共產主義政權垮臺，歷經威權體制再到民主化的過程，大陸至今連共產主義政權垮臺的第一步都尚未完成，其後可能跟隨的非共產政權威權政體也尚未出現。因此，縱使大陸共產主義政權垮臺，後繼可能出現的威權政體，在經歷不斷學習後，其維持時間可能比東、南歐共產主義後的威權政體更長。更何況，依據中、南、東歐的發展經驗，亦可能演變成共產黨統治下的民主，形成「民主化卻不去除共產主義（democratization without decommunization）」的現象，就是在共產黨統治下的多元，以保護共產黨政權於司法、官僚體系及秘密警察的領導性，[85]因此，拒絕西方式民主的共產黨統治總是屹立不搖。

（八）「筆鋒」：

　　發生於 2013 年 7 月 3 日，埃及軍事政變推翻民選總統穆西引發埃及內部大規模武力衝突的政治動盪，及突尼西亞的政治動盪，正符合東南歐地區國家，「共產威權國家垮臺，民主短暫露出曙光，威權國家復辟，再一次民主運動」的運行模式，而埃及、突尼西亞的動盪，讓發生於 2011 年的「阿拉伯之春」民主化運動變成「阿拉伯之冬」的諷刺，更讓阿拉伯及東南亞諸國期盼民

---

[85] Mungiu-Pippidi, "When Europeanization Meets Transformation: Lessons from the Unfinished Eastern European Revolutions," p. 64.

主的人民黯然神傷，馬來西亞政府與新加坡政府更藉機以埃及作
為反面教材，提醒人民盲目更換政府將步埃及後塵。[86]

（九）派克金斯卡（Agnieszka Paczynska）：

世界各國脫離威權的過程，常有因社會混亂又重回威權的例
證，而經濟發展與推翻威權體制又常被相互連結，但中東地區的
威權體制在 1980 至 1990 年代的經驗，不僅證明這種經歷混亂再
度返回威權體制的過程，甚至可能發展出，因是經濟發展造成多
元，而威權體制與多元勢力協商卻不民主化的通則，經濟發展反
而促成威權體制更穩定。[87]

最後三人（匹彼迪、「筆鋒」及派克金斯卡的論點近似）其
過程可如下圖顯示：

威權 ⟶ 市場 ⟶ 多元 ⟶ 混亂 ⟶ 不民主 ⟶ 威權

圖 6-3　市場造成多元卻不民主流程圖

資料來源：作者自行繪製

但因為東西方的差異，是否中共的威權政體發展亦會如此，
可能被質疑。

---

[86] 筆鋒，〈埃及痛苦教訓馬新反面教材〉，《亞洲週刊》（香港），2013 年 9
月 1 日，頁 6。

[87] Agnieszka Paczynska, "The Discreet Appeal of Authoritarianism: Political
Bargains and Stability of Liberal Authritarian Regimes in the Middle East,"
in Holger Albrecht, ed., *Contentious Politics in the Middle East* (Florida:
University Press of Florida, 2010), pp. 38、46..

再依據共產主義的經典論述與中共所堅持的「初階論」，中國共產黨執政的最終目的，終將造成國家的消亡並進入共產主義的天堂，若國家機器都已消亡，又何來西方式民主的政黨政治？[88]因應目前經濟的發展，共產黨更應該加強對國家的專政統治，以更加澈底消滅殘留的資產階級敵人，並防止資產階級復辟，因此縱使在經濟發展至某一程度後，也絕無讓資產階級依附的西方式民主復活的道理。縱使這種論述其理想性比實際性高，但卻對中共威權統治具有極大的立論支持效果，故薩拖利曾說：理想之為理想，正是因為他沒有實現，他超越了現實，理想只有同我們保持一定距離時才會溫暖我們的心。[89]因為沒有實現理想就仍保有持續以專政方式實現共產主義社會努力的動力。

　　極權社會並非天生，而是來自於非極權的社會，以希特勒及列寧的極權政治為例，其產生過程，常由主政者設定相關的節奏，如一定的宣傳，一定的個人崇拜、一定的政策崇拜、甚至杜撰歷史文件等等不一而足，當外界壓力愈大，則獨裁者愈依照其所設定的口號行事。[90]若中共的威權體制係逐步由毛澤東時代的極權主義所蛻變而來，顯然目前無法稱為極權社會，但卻無法保證其未來的發展必然朝更不極權的方向，終究極權來自於非極權社會，而具有極權社會基礎的大陸（共產黨強調黨的專政），在承受經濟發展與對外逐步接軌的壓力下，是否逐步走回極權體制，或至少保持威權體制，都成為可能的發展選項。

　　依據本書的討論，認為中共威權體制將逐漸民主化的預測，已早早被事實否決；認為中共威權體制將脆弱或崩壞，或許長時

88　劉文斌，《想像統獨：兩岸統合研究》，頁 135-136。
89　薩拖利（Giovanni Sartori）著，馮克利、閻克文譯，《民主新論》（北京：東風出版社，1998 年 12 月 2 版），頁 76-77。
90　Arendt *Totalitarianism*, pp. 40-41.

間可能發生但短期內未有任何跡象顯現，不同的論述觀點顯然相互衝突，且以當前的局勢看又似乎不像，至此，維持或在鬆動後再彈回威權的發展方向較為可能，至少目前的威權體制至今仍無崩潰的跡象，更遑論將逐漸轉向民主。

二、現況

　　大陸近年人民所得衝高，縱使受中東地區民主運動的衝擊，執政的中國共產黨對內的控制並沒有鬆動，甚至更加緊縮，[91]面對這些觀察，促使諸多學者，更大膽的預測大陸可以免去因經濟發展而促其民主化的走向，[92]更有部分專家認為經濟發展與民主化沒有必然的關係。[93]當然也與威權政體走向脆弱或崩壞沒有必然關係。

---

[91] "China/Freedom in the world 2012," last visited 2012/6/18, Freedom House, http://www.freedomhouse.org/report/freedom-world/2012/china-0 。 With a sensitive change of leadership approaching in 2012 and popular uprisings against authoritarian regimes occurring across the Middle East, the ruling Chinese Communist Party showed no signs of loosening its grip on power in 2011. Despite minor legal improvements regarding the death penalty and urban property confiscation, the government stalled or even reversed previous reforms related to the rule of law, while security forces resorted to extralegal forms of repression. Growing public frustration over corruption and injustice fueled tens of thousands of protests and several large outbursts of online criticism during the year. The party responded by committing more resources to internal security forces and intelligence agencies, engaging in the systematic enforced disappearance of dozens of human rights lawyers and bloggers, and enhancing controls over online social media.

[92] See James Mann, *The China Fantasy* (New York: Penguin Books, 2007) and Bruce Gilley, *China Democratic Future* (New York: Columbia University Press, 2004) etc..

[93] See Francis Fukuyama, *State Building* (London: Profile Books Ltd, 2004)。

許多後共產主義國家的政治發展就是如此，如俄羅斯的政治與經濟發展更成為經濟越發展，政治越緊縮態樣，如圖：

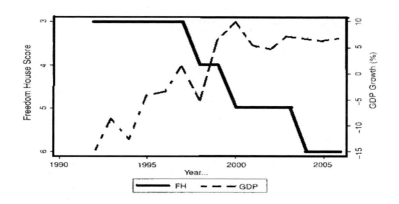

圖6-4　俄羅斯經濟發展與政治發展關係圖（1992-2006）

資料來源：Kathryn Stoner-Weiss," Comparing Oranges and Apples: The internal and External Dimensions of Russia's Turn away from Democracy," in Valerie Bunce, Michael McFaul, and Kathryn Stoner-Weiss eds., *Democracy and Authoritarianism in the Postcommunist World*(New York: Cambridge University Press, 2010), p. 260.

　　就在外界爭論中共是否會被迫走上民主之際，2013 年 8 月 1 日，大陸國家機器宣傳機構的《新華社》卻刊出以蘇聯解體最終造成當前俄國困境文章〈中國若動盪，只會比蘇聯更慘〉，公開反對大陸西化的主張，指責大陸主張民主自由者稱：「微博上的天使、導師、公知（親西方的公共知識分子）們天天造謠傳謠製造社會負面新聞，營造一種中國即將崩潰的末世景象，詆毀現有的社會主義體制，宣揚歐美的資本主義憲政模式。在此過程中不斷煽動民眾怨恨現政權，並痛罵中國人奴性十足，赤裸裸地煽動民眾當炮灰引發中國社會動盪」，該文主要內容包括：

（一）如今俄羅斯百姓確實覺醒了。他們覺醒到被歐美畫出的民主化大餅騙得輸個精光。因為他們在「民主化」後一夜醒來，發現前蘇聯的 15 個加盟共和國丟失了 14 個，國民生產總值下降了一半，蘇聯解體十年後的 2001 年，俄羅斯國內生產總值大約為三千億美元，是 1991 年蘇聯的十分之一。外貿進出口總額大約為八百億美元，只相當中國的五分之一。黃金和外匯儲備 200 億美元，只相當於中國的十分之一。俄羅斯已經從一個強大的國家變為一個在經濟上無關緊要的世界二三流國家。

（二）長期流亡國外的不同政見作家，號稱俄羅斯的良心的諾貝爾文學獎獲得者索忍尼辛，目睹蘇共倒臺後俄羅斯母親的慘狀，肯定史達林以及在史達林領導下取得的成就。在新的作品裏透過主人公之口說：「黨是我們的槓桿，是我們的支柱！可是把它搞垮了。」他在《論俄羅斯現狀》一文中又說，在當今的俄羅斯沒有什麼民主，主宰國家命運的是「由過去上層精明的代表人物和用欺騙手段發了大財的暴發戶」變成的 150 個到 200 個寡頭。他把俄羅斯發生的事情稱為「二十世紀九十年代的一場大災難」，把「民主化」後俄羅斯社會叫做「殘酷的、野蠻的、犯罪的社會」。俄國媒體的民意調查，民眾普遍懷念過去強大的蘇聯！這就是蘇俄人民的覺醒。

（三）前蘇聯解體後，俄羅斯這樣的「民主國家」，現在淪為了靠賣資源為生。中國是人均資源貧乏的國家，如果中國像蘇聯一樣崩潰，一樣去工業化，你覺得中國老百姓靠什麼為生？賣資源的話恐怕還不如印度人的生活。

（四）歐美那一套資本主義政治模式從袁世凱死後一直到蔣介石
　　掌權就一直在中國嘗試，但帶來了幾十年災荒餓死上億
　　人，帶來了軍閥割據土匪橫行，帶來了日本趁亂侵華屠殺，
　　可否帶來富強與和平？直到毛澤東平定了天下，中國才進
　　入了真正和平穩定與獨立自主發展的正軌，哪個敢否認？

（五）「平均壽命」、「人口數量」、「宏觀經濟」、「工資」、「食物
　　平均供給量」、「貨幣價值」、「貧富差距」、「糧食產量」、「國
　　債負擔」、「腐敗程度」、「科學發展」、「工業化程度」、「黑
　　社會張狂程度」全面惡化，最終造成「俄羅斯淪落為資源
　　出口國」、「俄羅斯軍隊早已不像樣子」、「私有化造就企圖
　　操縱政權的寡頭」、「媒體——資本掌控的工具」、「俄羅斯
　　人被迫選擇極權領袖」，終使「俄國部分民主菁英的懺悔」
　　的結果。[94]

　　2013 年中，中共更在大陸對各地、各級幹部推動觀看〈蘇聯
亡黨亡國 20 週年祭——俄羅斯人在訴說〉的「教育參考片」。
該片共分「蘇聯的最後日子——世紀大悲劇引起的反思」、「把
自己推向滅亡的政黨——多黨制引發的惡果」、「被休克的國家
——經濟私有化帶來的衰敗」、「阿爾巴特街迷牆——指導思想
多元化造成的混亂」等單元，從政治體制、經濟改革、意識形態、
外交國防等方面，講述蘇聯衰敗的過程，其目的在教育各地、各
級幹部記取蘇聯放鬆管制，致使覆亡的教訓，並利用此教育活
動，加強各地、各級幹部鞏固中共一黨專政的意圖明顯。[95]

---

[94]　王小石，〈中國若動盪，只會比蘇聯更慘〉（2013 年 8 月 1 日），2013 年
　　8 月 2 日下載，《新華網》，http://news.xinhuanet.com/world/2013-08/01/c_
　　116766533.htm。

[95]　〈蘇聯亡黨亡國 20 週年祭——俄羅斯人在訴說〉，旺報，2013 年 10 月 9

這些論調在相當程度上代表著中共批准對於當前主張民主、自由者的「恐嚇」，從另一觀點，則又代表著中共對於當前威權統治模式的堅定支持。

　　在對蘇聯解體後各國的研究中也發現，若一國內部結構支持改變的，在外部觸發下極易發生改變，相對的若內部需求不強，縱使因外部的傳染而發生改變，則可能暴力橫行，最終不僅沒有民主的結果，甚至變成動盪不安的社會，反而促成威權長存的有利條件，這也促成威權政府極力以改變造成混亂恐嚇人民。[96]若依前述大陸各項民意調查顯示，內部對於快速改變威權體制環境的需求顯然不強，中共以各種言論恐嚇仿照西方民主化可能帶來災難的恐嚇也並不罕見，中國大陸人民對此恐嚇與威權國家意圖進入民主國家所引發的動亂過程也難免驚恐。

　　依東歐地區前蘇聯集團國家的民主化經驗，其過程常呈現如下狀況：

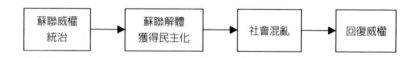

圖6-5　東歐地區威權體制政治發展概略圖

資料來源：作者自行繪製

日，第 A8 版。

[96] Silitski, "Contagion Deterred: Preemptive Authoritarianism in the Former Soviet Union (the Case of Belarus)," pp. 278-279.

依此過程顯示與杭廷頓（Smuel P. Huntington）所提促成民主的誕生原因，未必有助於民主政權的鞏固相似，[97]中共的威權統治，甚至連威權崩解或初次民主化都尚未發生，更遑論「民主鞏固」階段的試煉，此種情況如何能讓外界期待其可能因經濟發展或對外更加開放而拋棄威權。

學者的研究認為，自從法西斯與共產主義相繼失敗後，威權主義已無法取得意識形態的底層支柱，如同三〇年代西方社會菁英被法西斯主義吸引，六〇、七〇年代新左派在西方大為流行一般，九〇年代不僅無法吸引俊彥的支持，更遑論為其廣為宣揚。[98]

隨著時空環境的推移，社會主義作為革命意識形態可能已經不復存在，但社會主義或新社會主義的統治形態及其轉變成新的模式以因應新的環境卻依然盛行。[99]而愛倫特（Hannah Arendt）認為，為研究方便將政黨分類由來已久，雖各種分類難以周延，但其中有「卡特爾政黨」（cartel party）之說，是指獨大且盡其所能不與他黨分享權力之政黨；研究者對此種政黨描述，認為此種政黨，是讓黨成為政府部門的代理者，其手段是以恩庇關係（patronage），甚至是對政府「殖民」（colonizing），讓政府部門牢牢被其掌控，並從中獲取政府的資源，更進一步為防止挑戰者，還利用政府通過相關法律阻止其他挑戰者的出現，甚至與挑戰者合謀共同對政府資源進行分贓，只為其獨大地位不被挑戰，並保證其持續存活，縱使因此讓民主幻滅、貪污橫行亦在所不惜。[100]這種描述與大陸狀況似乎相去不遠。

---

[97] Samuel P. Huntington 著，劉軍寧譯，《第三波》，頁 291。

[98] 趙建民，《威權政治》，頁 222。

[99] Pieke, *The Good Communist*, p. 27.

[100] André Krouwel, "Party Model," in Katz and Crotty, eds., *Handbook of Party*

中共此持續掌權的決心更可由 2013 年經中共的「十八屆二中全會」和十二屆「全國人大」一次會議審議通過的《國務院機構改革和職能轉變方案》得到啟示：「根據黨的十八大和十八屆二中全會精神，深化國務院機構改革和職能轉變，要高舉中國特色社會主義偉大旗幟，以鄧小平理論、『三個代表』重要思想、科學發展觀為指導，按照建立中國特色社會主義行政體制目標的要求，以職能轉變為核心，繼續簡政放權、推進機構改革、完善制度機制、提高行政效能，加快完善社會主義市場經濟體制，為全面建成小康社會提供制度保障」、「政府職能轉變是深化行政體制改革的核心。轉變國務院機構職能，必須處理好政府與市場、政府與社會、中央與地方的關係，深化行政審批制度改革，減少微觀事務管理，該取消的取消、該下放的下放、該整合的整合，以充分發揮市場在資源配置中的基礎性作用、更好發揮社會力量在管理社會事務中的作用、充分發揮中央和地方兩個積極性，同時該加強的加強，改善和加強宏觀管理，注重完善制度機制，加快形成權界清晰、分工合理、權責一致、運轉高效、法治保障的國務院機構職能體系，真正做到該管的管住管好，不該管的不管不干預，切實提高政府管理科學化水準」，這次變革，使大陸國務院正部級機構減少 4 個，其中組成部門減少 2 個，副部級機構增減相抵數量不變。變革後，除國務院辦公廳外，國務院設置組成部門 25 個。[101]該計畫內容也企圖在第 1 任習李體制下，於 2013 完成任務 29 項、2014 完成任務 28 項、2015 完成任務 11 項及

　　Politics, p. 259.
[101] 〈國務院機構改革和職能轉變方案（提交十二屆全國人大一次會議審議）〉（2013 年 3 月 10 日），2013 年 10 月 31 日下載，《新華網》，http://news.xinhuanet.com/2013lh/2013-03/10/c_114968104.htm。

2017 年完成任務 4 項政務的推動，[102]凸顯中國共產黨加強執政能力的決心。對於 2013 年 11 月 9 日至 12 日所召開的中共「十八屆三中全會」，統籌推進經濟、政治、文化、社會、生態文明建設等領域的改（變）革，中共北京市委宣傳部所屬的官方媒體《新京報》更以訪問專家學者形式，宣傳「十八屆三中全會」的政治體制改（變）革，要堅持黨總攬全局、協調各方的領導核心作用，其目標不是削弱或放棄中共的領導地位，而是為了改善領導水平和增強執政能力，以實現長期執政並完成一個又一個執政使命。[103]

三、蛻變？

　　對於中共政治發展方向的預測，或可從共產主義系統、發展中國家系統、東亞國家系統或新興工業國家系統等角度加以研判，[104]但筆者以為，縱使中共政治發展可能符合發展中國家、東亞國家及新興工業國家特性，但其中共產主義特性卻是其所特有，故以共產主義系統，尤其是共產主義國家具備的威權統治體系的角度最具說服力。

　　以社會科學中廣為使用的「發展」（development）概念為例，亦出現類似的看法。有認為自二次大戰迄今，「發展」經歷過各

---

[102] 〈國務院辦公廳關於實施《國務院機構改革和職能轉變方案》任務分工的通知〉，法制日報（北京），2013 年 3 月 29 日，第 2 版。

[103] 〈中央黨校專家：三中全會將規劃部署政治體制改革〉（2013 年 10 月 30 日），2013 年 11 月 1 日下載，《sina 全球新聞》，http://dailynews.sina.com/bg/news/int/chinanews/20131030/16005120537.html。

[104] Shambaugh, "China's Immediate Future: Stable or Unstable," in David Shambaugh, ed., *Charting China's Future: domestic and international chanllenges*, p. 173.

階段：（一）1950 年代至 1960 年代，其內涵指涉現代化；（二）1960 年代至 1970 年代指涉為對西方先進國家的依賴及相關觀點；（三）1980 年代後期至 1990 年代指出因各文化背景不同，不可將「發展」概念一體適用。第一階段是以自由主義為基礎的觀點，第二階段是以馬克思主義的觀點，第三階段是以後結構主義為觀點，[105] 各觀點不同，對於「發展」的內涵認知與對「發展」的規劃亦不相同。

依不同觀點所設定的發展內涵與歸類如下：

表 6-1　不同典範下的發展理論

議題 ＼ 典範	自由主義理論	馬克思主義理論	後結構主義理論
認識論	實證哲學	現實主義／辯證	詮釋／結構主義
主軸概念	個別市場	生產（如稱生產模式）、勞動	語意
研究目標	社會、市場、權力	社會結構（社會關係）、意識形態	表現／論述；知識／力量
相關行為者	個人、體制、國家	社會階層（工作階層、農民）、社會運動（工人、農民）、國家（民主的）	地方社區、非政府組織、所有知識產出者（包含個人、國家等等）
對發展的需求	社會如何發展／發展必須透過個人與國家對資本與技術的結合	如何具有主導意識形態的功能；如何使發展與資本主義脫勾	亞洲、非洲、拉丁美洲如何再次淪為「低度開發」
對改變的批判	「進步的」成長、成長與分配、市場的採用	社會關係的改變、生產力的發展、階級意識的發展	實際政治經濟的轉變、新論述新呈現（多元的論述）

---

[105] Escobar, "Histories of development, predicaments of modernity: thinking about globalization from some critical development studies perspectives," pp. 27-28.

轉變機制	更好的理論與資料、更細緻的干涉主義作為	社會(階級)鬥爭	實際知與做的改變
人種誌	文化如何傳導發展與改變、使計畫與地方文化契合	地方行為者如何抵抗發展介入	知識生產者如何抵抗、採用、翻轉主宰知識,並發展自己所屬一套
對發展與現代化的批判態度	推動更公平的發展(深入且全面的現代化啟蒙計畫)	調整使發展符合社會正義與持續發展需要(批判現代主義:使與資本主義與現代化脫勾)	強調專業知識的政治實踐(一般現代化或特殊現代化的選擇;去殖民計畫)

資料來源:Arturo Escobar, "Histories of development, predicaments of modernity: thinking about globalization from some critical development studies perspectives," in Norman Long, Yet Jingzhong and Wang Yihuan eds., *Rural Transformations and Development: China in Context*(Cheltenham: Edward Elgar, 2010), pp. 30-31.

　　顯然共產主義觀點對於「發展」的認知與對未來發展的規劃,根本就與西方以自由主義為基礎的設想不同,若加上東亞國家有別於西方社會的歷史、文化背景,致使不僅現階段所呈現的「發展」面貌相互不同,未來亦很難相同。

　　若將「發展」的不同觀點與規劃,援引至政治發展,亦發現其各國的觀點與規劃甚至結果不同。因此,若依據中共即將民主化的觀點,認為中共政治發展道路,遲早將因時空環境的改變,最終服膺於西方以自由主義為基礎的發展道路,走向西方式的民主自由,顯然是以西方自由主義為觀察的基礎,看待中共的發展模式,卻不理會中共的政治發展理論與發展規劃,其說服力顯然不足;而持崩潰與脆弱觀點者,也僅能表示中共威權政治即將蛻變,卻不敢認定即將轉變成西方式以自由主義為基礎的民主,或提出具有說服力的發展預測論證,充其量僅能是對中共威權體制

轉向民主政治的退卻與保留迴旋空間而已，若依此，同樣的道理，在檢視西方民主政治發展問題後，亦可提出等量的西方民主政治即將崩潰或極其脆弱的觀點（如政黨惡鬥、討好選民可以犧牲一切、選舉使菁英退避……等等），其說服力甚至比發展成西方式民主的說服力更加不足。而持續維持威權制並依據威權體制推演出其他政治發展結果的觀點，相對的凸顯其說服力。

中國大陸政治體制，不論是否已由前述「政治封閉威權」（Politically Closed Authoritarian）階段走向混合的政治體制，但現實卻是至今仍然維持非民主政體。若加上堅持一百年的「初階論」，甚至推論出堅持一百年的 4 個堅持，那麼中共顯然意圖至少維持一百年甚至更長時間的威權體制不變。

若戴蒙前述「任何政體由威權轉向民主的灰色階段可以維持很長一段時間」的論述正確，且依據共產主義的經典論述與中共所堅持的「初階論」，中國共產黨執政的最終目的，終將造成國家與政黨的消亡並進入共產主義的天堂，若國家與政黨都已消亡，又何來西方式民主政治？那麼共產黨威權在維持很長一段時間後的蛻變可能不是進入西方式民主，而可能在威權長存的任何一個時點轉向任何人類至今尚未實踐或發現的新的政治體制，甚至重返極權都無法排除其可能，尤其是習近平於 2014 年初，陸續出任「國家安全委員會」主席、「全面深化改革領導小組」組長、「中央網絡安全與信息化工作領導小組」組長等職位，所負的責任自然包含：

（一）統合國家力量以應對各類危害國家安全。（「國家安全委員會」主席）

（二）引領大陸未來變革方向。（「全面深化改革領導小組」組長）

（三）控制新興媒體（網路）的發展與流傳內涵，以控制意識形態。（「中央網絡安全與信息化工作領導小組」組長）

　　外界有部分研究者認為，江澤民和習近平都要把那麼多權力具體化，顯示出他們不能像毛澤東和鄧小平那樣透過自己過去在黨內的功勞，包括打江山的功勞，來建立自己的威信，所以才必須把每一個權力以工作方式落實。習近平和江澤民的做法有相似之處，都顯示出他們的權力在剛開始的時候不能集中。在利用各種頭銜集中權力後，將不光是把權力集中在黨中央，而且要把權力集中在黨的核心，這個核心只有領導者一人，假以時日，中共對於領導層的表述很可能會變成「以習近平為核心的黨中央」，而不是像過去胡錦濤時期「以胡錦濤為總書記的黨中央」的表述。[106]

　　依據趙建民教授有關決策的位置分析，中共負決策任務的 4 個位置與類型，分別是：一、兼具正式職位和極端個人權威領導人；二、擁有正式職位卻不具極端個人權威領導人；三、不具正式職位卻具個人極端權威領導人；及四、無正式職位亦無個人極端權威卻具有與權威領導者特殊關係領導人，[107]習近平現階段顯然屬於第二類。

　　習近平雖欠缺如毛澤東、鄧小平的個人魅力，但因其占有制度決策的關鍵地位，利用各種職務頭銜，使其占有利用制度以決策的關鍵地位，再將權力集中在黨中央與黨的核心，而此核心只

---

[106] 躍生，〈專家：習近平頭銜不斷增加顯示強化集權〉（2014 年 2 月 28 日），2014 年 3 月 7 日下載，《BBC 中文網》，http://www.bbc.co.uk/zhongwen/trad/china/2014/02/140228_xi_titles_liuruishao.shtml。

[107] 趙建民，《中國決策：領導人、結構、機制、過程》（臺北：五南，2014 年）頁 195。

准許有領導者習近平一人。習近平藉不斷的權力增長，順勢建構其個人威權甚至極權都並非不可能。若從本章將中共政治發展方向劃分為「逐漸民主化」、「脆弱或崩壞」、及「威權長存」三種，前兩種以目前的狀況看並無實現的跡象，而威權卻是存在的事實，進一步言，威權體制是現有的狀況，民主、脆弱或崩壞是未來的推論（但依據本書的論證，此兩種推論成功的機率並不高），若有民主、脆弱或崩壞推論，又何嘗不可有其他的推論？

有關威權轉型之研究，一般而言可分為兩類：一類為宏觀取向，研究重點在於導致轉型的客觀情況，或可稱為因果論者，另一類研究為微觀取向，研究是著重政治菁英和其策略，強調彼等之利益和認知，或可稱為機制論者。然而成功的民主轉型卻只是少數，關鍵在於這些客觀因素充其量只能節制（Constraint）但不能決定（Determine）政體轉型的結果。[108]

依此角度，使得對中共政權性質的發展更加不確定，尤其以共產主義系統的發展觀點，中共在共產主義意識形態主導下，拒絕走向西方式政黨競爭的民主形態，又為因應時空環境的變遷，必須維持共產黨的統治，致可能跳脫過去學者預測的走向：「官僚經濟主義」、「多元威權主義」、「社團主義」、「強化列寧主義」、「協商列寧主義」等內涵，其發展狀況預判可能可以圖形表示如下：

---

[108] 袁易，〈中共威權政體轉型的政治動力〉，頁7、8。

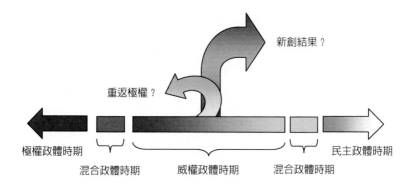

新創結果？

重返極權？

極權政體時期   民主政體時期

混合政體時期   威權政體時期   混合政體時期

圖6-6　威權體制後演變預測圖

資料來源：作者自行繪製
說　　明：中共政體屬性目前可確定排除於極權與民主之外，但確實落點
　　　　　是在「威權政體時期」或「混合政體時期」並不明確，故以威
　　　　　權政體時期做為未來發展基礎之假設。

　　更現實的是，過去人們所推崇的民主，是過去經驗的累積，認為該制度對於人類生活的改善最具保障性，但任誰都無法保證，過去成功的經驗，對未來一定有效，尤其是面對激烈競爭、全球化和技術發展日新月異的時代得以生存和成功，必須不斷的學習和調整，因此，有研究者推崇長期一黨統治的新加坡政府之成功運作模式，並名之為「動態治理」做為國家成功的典範，而所謂動態治理，是指不斷預測未來、收集反餽訊息、評估績效、學習他人，從而使治理系統和制度有效的適應經濟和社會發展，[109]更有露骨的研究者言明，新加坡強人李光耀，長

---

[109] 梁文松、曾玉鳳，《新加坡政府經驗：動態治理之文化、能力與變革》（新加坡：八方文化創作室，2013年2月），頁39-40。

期以來就認為民主不利於經濟的進步與社會穩定，長久以來，就利用：（一）內部安全法（Internal Security Act），（二）對反對黨及異議人士進行威嚇性監視與規訓，（三）藉由壟斷新加坡歷史發展的詮釋觀點，來鞏固執政黨繼續執政的歷史基礎與社會正當性，[110]至今新加坡所以延續威權統治治理成功之關鍵因素，是該國在邁入資訊社會與知識經濟後，即在順應社會與科技的變遷過程中，摸索出有利於威權統治的社會基礎--「監視社會」，以高科技讓新加坡籠罩在「監視社會」的實踐中。[111]這些作為與中共威權統治的做為極為相似。進一步言，若謹守過去經驗，認為在經濟發展、社會多元、全球化、變革開放……後，人類發展必然走向民主，或至少迫使威權體制脆弱或崩壞，顯然陷入以過去經驗否定未來可能的泥淖。

　　日裔美國學者福山（Francis Fukuyama）曾將國家的建構發展方向，以「國家的管理強度（Strength of state）」與「管理範圍（Scope of state function）」為兩軸，分成 4 個象限，認為世界上諸多國家，隨時空環境的不同而有不同的發展趨向，其可能過程如下圖所示：

---

[110] 董娟娟，《新加坡監視社會之分析》（臺北：憬藝，2005 年），頁 86。
[111] 董娟娟，《新加坡監視社會之分析》，頁 116、120。

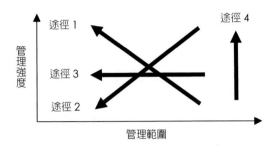

圖 6-7　國家建構可能發展方向

資料來源：Francis Fukuyama, *State Building* (London: Profile Books Ltd, 2004),
　　　　p. 21.

　　就以當前盛行以美國為模仿對象的「華盛頓共識（Washington consensus）」觀點而言，管理範圍愈小愈好，因此，減少管理範圍是其所支持的選項，但華盛頓共識卻鮮少討論國家的管理強度。[112]換言之，西方民主國家所贊同的國家建構與發展模式，雖在忽視研析國家管理的強度增減下，仍多半認為國家管理的範圍應該減少，故以西方民主國家為發展參考架構的國家，其建構與發展途徑自然係在途徑 1、2、3 中選擇，而以共產主義為意識形態的中共威權體制對於國家建構的發展方向，則該以第幾途徑為方向？若以自由之家歷年對於中國大陸政治發展的觀察，因自由程度長年無法增長，但中國大陸卻又無法避免的多元社會發展，其發展方向似乎以第 1 或第 3 途徑最為可能。

　　再精確一點，若共產黨國度的建構與發展方向，不同於以西方國家建構與發展的方向為追尋方向，且要求長時間的威權統

---

[112] Fukuyama, *State Building*, p. 23.

治，是否代表共產主義國度在未來的發展方向，絕不允許讓共產黨的統治在絕對優勢中消退，也就是其發展方向雖無法選擇維持管理範圍與增強管理強度的途徑 4，且在當前社會日漸多元，國際化日漸昌盛的年代，亦無法超越福山的假設，而創造出與第 2 途徑完全相反，逐漸加強國家管理範圍與強度的第 5 條途徑（此途徑未見諸於福山的圖示中，是作者設想由第 3 象限向第 1 象限的發展），同時也絕不會選擇途徑 2。其選擇途徑只能侷限於途徑 1 或 3 的範疇。那麼中共一黨專政的威權統治顯然將持續而永無終止之日。

目前大陸在經濟發展、改革開放、全球壓力、臺灣的燈塔效應等等，可能促進其民主化的耳熟能詳的企盼下，大陸威權政府連失去政權都難見其徵兆，若還奢言大陸將因這些因素促成大陸的脆弱、崩壞最終找到民主的道路成就民主的結果，甚至僅是認為威權政權因某些理由而失去權力，都不僅失之武斷，甚至可能是痴人說夢。

CHAPTER 7

結論

依據對後共產主義的東歐、東南歐各國，或對蘇聯解體分離出來的數個國家的研究顯示，這些國家的民主化，並不是在蘇聯解體後一步到位成為民主國家，而是分成 3 波的努力才完成，分別是第 1 波的 1989-1992 年共黨政府相繼垮臺，第 2 波的 1990年代中期歐盟建立，迫使各後共產國家加緊民主化以符合加入歐盟的需求，及第 3 波的 1996 年至 2005 年各後產共國家透過選舉將威權政府推翻更進一步實現民主化，在此 3 波的變遷過程中，外國勢力的影響與內部的需求一樣重要。[1]縱使如東歐國家經歷共產主義威權政體垮臺，卻也顯現該地區政治情勢不穩，隨時都有可能回復威權統治狀況。[2]

　　當然對後共產主義的研究，也顯示其民主化過程中，可能由共產主義威權轉變成為資本主義威權，特徵就是一小部分人掌握了一大部分的權力，[3]其最終結果，或有可能根本就回復成威權主義政體。若由理性主義觀察西方式民主，以選舉決定政治菁英及權力後繼者的觀點，選民願意花費時間精力前往投票，但勝選政黨的集體利益卻不足以讓所有支持者分享，那選民個人何以願意支付相當的成本，甚至傾全力支持某特定政黨與政治菁英，卻

---

[1] Valerie Bunce, Michael McFaul and Kathryn Stoner-Weiss, "Prologue: Wave and Thoughts of Democracy and Dictatorship," in Valerie Bunce, Michael McFaul and Kathryn Stoner-Weiss, eds., *Democracy and Authoritarianism in the Postcommunist World* (New York: Cambridge University Press, 2010), pp. viii-ix.

[2] Zsolt Enyedi, "Party Politics in Post-communist Transition," in Richard S Katz and William Crotty, eds., *Handbook of Party Politics* (California: SAGE Publications Ltd, 2006), p. 229.

[3] Michael McFaul, "The Missing Variable: The "International System" as the Link between Third and Fourth Wave Molds of Democratization," in Bunce, McFaul and Stoner-Weiss, eds., *Democracy and Authoritarianism in the Postcommunist World*, p.13.

無實質利益的回報？[4]顯然選民對於特定政黨與個人的支持，可能係發諸於無法實際衡量的心理因素。如俄羅斯的領導人普丁，雖經選舉產生，具有民主平和轉換領導人的特性，但在統領俄羅斯期間，對於俄國的威權統治卻愈來愈明顯，而弔詭的是，普丁竟仍獲得俄羅斯民眾的廣泛支持，[5]使以共產主義威權政體作為研究者，難以推論出共產威權體制必然因經濟發展或其他因素而走向民主，甚至連走向脆弱或崩壞都不具信心，反而是威權體制不斷適應時空環境變化而長存，更符合對共產主義政權發展的預測。中共的威權體制發展亦復如此。

大陸未來是否持續威權體制統治，或可由習近平提出「中國夢」作為建國治國目標的角度加以再一次的論證。

2012 年 11 月 29 日，任中共中央總書記不足半個月的習近平，帶領中共中央政治局常委參觀中國大陸國家博物館「復興之路」展覽，在過程中習近平提出「中國夢」，並定義其為「實現偉大復興就是中華民族近代以來最偉大夢想」，更表示這個夢想一定能實現。

2013 年 3 月 17 日，大陸第十二屆「全國人民代表大會」第一次會議在北京人民大會堂閉幕。新當選中國大陸國家主席的習近平在閉幕大會中講話，9 次提到「中國夢」，其重點包含：

4　Marjorie Randon Hershery, "Political Parties as Mechanisms of Social Choice," in Richard S Katz and William Crotty, eds., *Handbook of Party Politics*, p. 83.

5　Kathryn Stoner-Wesis, "Comparing Oranges and Apples: The internal and External Dimensions of Russia's Turn away from Democracy," in Bunce, McFaul and Stoner-Wesis, eds., *Democracy and Authoritarianism in the Postcommunist World*, p. 260.

一、實現完全建成小康社會、建成富強民主文明和諧的社會主義現代化國家的奮鬥目標，實現中華民族偉大復興的中國夢，就是要實現國家富強、民族振興、人民幸福。

二、實現中國夢必須走中國道路。這就是中國特色社會主義道路。……各族人民一定要增強對中國特色社會主義的理論自信、道路自信、制度自信，堅定不移沿著正確的中國道路奮勇前進。

三、實現中國夢必須弘揚中國精神。這就是以愛國主義為核心的民族精神，以改革創新為核心的時代精神。……愛國主義始終是把中華民族堅強團結在一起的精神力量，改革創新始終是鞭策我們在改革開放中與時俱進的精神力量。

四、實現中國夢必須凝聚中國力量。……中國夢是民族的夢，也是每個中國人的夢。

習近平在同一篇講話內也強調：要堅持黨的領導，並認為大陸「仍將長期處於社會主義初級階段，實現中國夢，創造全體人民更加美好的生活，任重而道遠，需要我們每一個人繼續付出辛勤勞動和艱苦努力」。[6]

一時之間，「中國夢」遂成為大陸境內、外好事者、拍馬逢迎者、研究者……所關注的重點，並將「中國夢」視為習近平的政策目標，甚至是「習李體制」治國的重要焦點。

依據習近平對於「中國夢」的說法，習近平的「中國夢」就是：

---

[6] 〈習近平在十二屆全國人大一次會議開幕會上發表重要講話〉（2013 年 3 月 17 日），2013 年 5 月 1 日下載，《人民網》，http://lianghui.people.com.cn/2013npc/n/2013/0317/c357183-20816399.html。

認清中國大陸目前仍處於社會主義初級階段，因此必須在中國共產黨的領導下，以愛國主義為核心的民族精神進行各類建設，依據中國特色的社會主義建設方式，實現國家富強、民族振興、人民幸福，同時朝共產主義的理想前進，為中國大陸全體人民謀福利。

　　就「中國夢」所標明的特點可作如下的深思：

一、中國特色社會主義的堅持。

　　何謂中國特色？至今無法有一放諸四海而皆準的詮釋。若以發展的方式不同就稱為其「特色」，那麼是否亦有「臺灣特色」、「美國特色」、「日本特色」……之存在，若此種推論正確，那麼「中國特色」就不再具有特色，而僅是大陸依據過去基礎的發展方式而已，但大陸卻經常將「中國特色」作為抵抗外界對其發展方式批評的藉口，更作為排除西方式憲政、民主、法治、自由……等等的依據。

　　依中共凡事以「中國特色」為辯解的思維，「中國特色」自然就成為與眾不同的發展模式，各界也因此將無從對大陸進行任何批判。因大陸的發展模式係由共產黨主導，故成為不得對中國共產黨的統治進行批評，再往前推演，就是直接要求大陸境內、外都不得批評共產黨。而「中國夢」既然是以「中國特色」作為基礎，那麼，就不得批判共產黨對「中國夢」的內涵設定，甚至只能是共產黨可以設定夢想的內容，共產黨以外的任何人都不可以逐夢也不得批評。而共產黨的列寧式政黨結構，終將使「中國夢」的內涵，成為共產黨領導階層的設想，與廣大人民需求的夢想追求似乎無關。

　　更重要的是，當前中共以威權統治方式意圖實現「中國夢」做為其統治的「特色」，亦不准共產黨以外其他勢力（包含外國勢力）的批判，而展現中共在追求「中國夢」過程中堅持威權統治的決心。

二、「中國夢」必須植基於「社會主義初級階段」與共產黨的領導。

1987 年，時任中共中央總書記趙紫陽，在「十三大」作「政治報告」時，提出大陸自 1950 年起開始處於「社會主義初級階段」，並稱這階段「至少需要上百年」。[7]現行中共黨章的「總綱」中，亦載明「我國正處於並將長期處於社會主義初級階段，……需上百年時間」。[8]對於社會主義初級階段之後，逐步進入社會主義下一階段甚至最終進入共產主義的理論架構，雖有各種各樣的推演，但不外乎是經由初級階段逐步向共產主義方向推移的過程。[9]

若依中共所言，其社會主義初級階段，必須花費上百年才得以進入下一階段。在經歷上百年社會主義初級階段結束後，是否有社會主義第 2 階段、第 3 階段、第 4 階段……？或其他名稱的任何階段？每一階段要花多少時間？每一階段的內涵為何？中共至今都沒有說明。但若從「初階論」要花上百年時間推論，姑且不論其內涵為何，在進入共產主義革命目標的完成階段，就可能要經歷數個百年。依據這種發展規劃與界定，最令人不安的是，界定社會主義發展到何種階段，每一階段的內涵及所需時間，卻是掌握在中共手裡，其他任何人不得置喙。何況，於 2013

---

[7] 〈沿著有中國特色的社會主義道路前進〉（1987 年 10 月 25 日），2013 年 5 月 1 日下載，《中國共產黨歷次全國代表大會數據庫》，http://cpc.people. com.cn/GB/64162/64168/64566/65447/4526368.html。

[8] 〈中國共產黨章程〉（2012 年 11 月 18 日），2013 年 5 月 6 日下載，《中華人民共和國中央人民政府》，http://www.gov.cn/jrzg/2012-11/18/content_ 2269219.htm。

[9] 高輝，《社會主義再認識---中共「初階論」之研究》（臺北：永業出版社，1991 年），頁 20、22、32。

年 11 月 9 日至 12 日召開的中共「十八屆三中全會」不僅通過對於經濟議題的未來 10 年發展政策，該會議亦強烈表達中共仍堅持現階段仍為「社會主義初級階段」時期。而更簡單一點說，在社會主義初級階段的大陸，就必須是共產黨一黨專政的領導，共產黨更因此得以無限期的享有不受制衡的權力，而接續的其他階段，亦不能排除共產黨持續威權統治之可能。

　　或又說，中國大陸在經濟建設有成、社會逐步向世界開放後，致使大陸內部出現許多追求個人利益而非黨國利益的團體或個人，正代表著中共威權體制不得不走向民主。實際上，可能亦難以如此簡單的劃定因果關係。就有研究中東北非威權體制的學者認為，威權體制下反對勢力或異議團體得以獲得生存空間的理由，包含：一、代表性問題，任何政府都不可能代表所有的利益，故必須准許爭取利益者追求利益；二、對內外爭取合法統治面向，尤其是 911 事件後，在美國壓力下更須表現對反對勢力的容忍，以爭取國際的支持；三、可藉由反對勢力瞭解民怨之所在；四、化解內部不滿情緒。[10]換言之，准許反對勢力存在，僅是威權統治者的策略運用，威權政體隨時可因策略的需求而扼殺這些反對勢力。因此，對於中國大陸不斷出現對共產威權統治不滿的活動，可能僅是中共策略性的容忍，實不足以跳躍式的就歸類為中共威權統治即將崩壞，甚或發展為民主化的活動。而實際上，大陸現有的陳抗活動，亦無以推翻共產政權為號召者（疆獨等激烈活動，重在追求獨立，而中國土地是否由共產黨統治與其沒有直接關連）。

---

[10] Holger Albrecht, "Political Opposition and Arab Authritarianism: Some Conceptual Remarks," in Holger Albrecht, ed., *Contentious Politics in the Middle East* (Flotrida: University Press of Florida, 2010), pp. 27-28.

又依據東歐喬治亞共和國發生於 2003 年的玫瑰革命（Rose Revolution）經驗，其成功包含有執政黨的衰敗無能、外力（主要指美國）的介入、內部民眾的團結、媒體的支持及武裝力量保持中立等因素，但其隔鄰的亞美尼亞及亞塞拜然雖有意學習喬治亞共和國利用選舉的方式推翻專政政權，但卻在執政黨強而有力、充分掌握媒體及敢於利用武力鎮壓的狀況下功敗垂成，[11]若進一步考量 2005 年發生在烏克蘭的橙色革命（Orange Revolution），發現後共黨時期的烏克蘭威權體制走向民主，若無獨立的司法、對鎮壓懷疑的武裝力量及主政者與反對者不斷的協調，則無成功之可能，[12]雖然這些狀況與中國大陸在時空環境上不盡相同，將之類比難以使人信服，但若加以參考，卻也發現，中國大陸目前的共產黨仍獲大陸民眾的普遍信賴，對輿論的掌控與導引力量無所不在，又具有黨完全掌握且敢於果斷投入的「維穩」武力（包含共軍、武警、公安等），在面對共產黨統治危急存亡時不具任何司法獨立可能，更在國勢日增情況下使外力（尤指美國）的影響效果受限嚴重。更重要的是，中國共產黨為大陸目前唯一有組織有能力的政治組織，其所面對與掌握的卻是無法籌組政治組織，甚至連形成階級以維護糾集利益都不被允許的環境，致使大陸的威權體制，實無於未有重大情況變化於可見未來消散的跡象與可能。

[11] Cory Welt, "Georgia's Rose Revolution: From Regime Weakness to Regime Collapse," in Valerie Bunce, Mcfaul and Stoner-Weiss, eds., *Democracy and Authoritarianism in the Postcommuinist World*, pp. 187-188。

[12] Michael Mcfaul, "Importing Revolution: Internal and External Factors in Ukraine's 2004 Democratic Breakthrough," in Bunce, Mcfaul and Stoner-Weiss, *Democracy and Authoritarianism in the Postcommuinist World*, p. 190.

學者法卡瓦拖塔（Francesco Cavatorta）與阿昂（Azzam Elananza），說得好，威權體制的存在與否，不在於該威權體制有無合法性，而是在沒有其他選擇的可能。[13]

有論者則認為蘇聯威權甚至集權主義政體得以維持，與蘇聯的原子化（atomization）社會有密切關係。

蘇聯社會的原子化是靠不斷的整肅而來，由對敵人的整肅逐步上升至對朋友乃至對親人的整肅，甚至根本不需講求證據就發動整肅，致使人與人為友的目的並不在於建立友情，而是在探聽對方底細，以利下一波整肅的進行，其目的僅是表達自身的忠誠，並藉以活命，最終造成人與人之間互不信任，互不往來以為自保的原子化社會，而孤立的個人只能從跟隨指揮者行動中獲得認同，並從「黨」獲得歸屬，除此之外其他地方絕無其容身之處，而極權主義行動就是在此原子化社會中進行，其目的就是在建構無條件效忠的個人。[14]以大陸現狀觀察，大陸顯然難於短期內組成足以與中國共產黨相抗衡的政治力量，而依據政治力量抗衡的觀點，大陸現況，甚至與完全原子化的社會相距不遠，那麼其間的人民在共產黨有計畫的箝制與教育下，更加支持共產黨似乎也是合理的推論。而持續支持共產黨的威權統治，則成為其發展趨勢。因此，若寄望中共的威權統治在改（變）革開放與經濟建設發展有成的狀況下，於短時間內覆亡，則失諸專斷。

[13] Agnieszka Paczynska, "The Discreet Appeal of Authoritarianism: Political Bargains and Stability of Liberal Authritarian Regimes in the Middle East," in Albrecht, ed., *Contentious Politics in the Middle East*, p. 81.

[14] Hannah Arendt, *Totalitarianism* (New York: Harcourt, Brace and World, 1968), pp. 21-22.

在人民沒有足夠力量與當權者抗衡的狀況下，對於威權的抵制行為難以成功，似乎猶如命定，行筆至此，想想　國父孫中山先生有關革命要喚起群眾的遺教，果有其深層的意義。

再就前述經濟發展促成威權垮臺的主流思維角度，威權政體是否都將促成經濟發展的討論，事實上也分歧不定，第一種看法認為威權政體有助於經濟的發展，此種看法經常以東亞地區的發展作為佐證，第二種看法認為威權政體不利於經濟的發展，通常以中、南美洲國家威權政體對於經濟發展的失敗經驗作為佐證，而第三種看法則認為威權政體可成為經濟發展的動力是因為碰巧在歷史的時空環境背景下產生而已。[15]三種說法各有其立論依據，因此威權體制是否可促成經濟發展就成為無定論的爭辯。[16]

中共為國民生計，甚至為了政權的持續存在，當然必須適度改善中國大陸廣大人民的經濟生活，而經濟改革雖然初由鄧小平發動的由上而下舉措，但後續卻引發由下而上的要求中共進一步經濟改革；[17]中共的威權作為顯然促成經濟建設成功的結果，因經濟生活的改善，卻對中共的一黨專政政治體制形成必須改革的政治壓力。若證諸於中共經濟發展有成，卻持續威權統治的現實，那麼，威權政體是否可以控制經濟發展使人民無法因為經濟發展而挑戰或推翻威權統治，就成為有趣的問題；或進一步追問，此防止人民因經濟發展而挑戰威權的界線在何處，以中共當前經濟發展的狀況看，早已推翻杭廷頓所設定的特定收入標準必將引發民主化的推論，這

---

[15] 趙建民，《威權主義》（臺北：幼獅，1994 年），頁 218-220。

[16] 緬甸、寮國、越南及柬埔寨都經過威權統治，但經濟卻未見發展，至今甚至仍是東亞地區經濟發展最落後的地區。

[17] James Kynge, *China Shakes the World* (New York: Houghton Mifflin Company, 2006), p. 12.

種結果是因為經濟發展根本與民主化無關，而僅是時空環境的巧合？還是推翻威權統治進入民主化的經濟發展界線可隨時空環境的改變而改變，大陸的發展在現代時空環境下，根本就尚未達到由威權走向民主化的界線？或說中共已發展出可一邊維持威權控制，一邊維持經濟發展的新技巧？這些都有待探討。

若暫且不討論這些有待精確研究的問題，及其可能創立的新立論，僅從中共威權統治下的續存對大陸經濟確實獲得發展而論，是否印證道爾（Robert A. Dahl）所主張的群眾與威權政府之間的關係，會依政府的行為而強化或弱化，其關係如下：

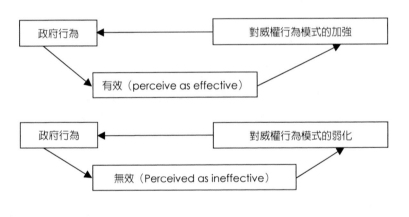

圖 7-1　威權體制行為模式的強化與弱化

資料來源：Robert A. Dahl, *Polyarchy* (New Haven: Yule University, 1971), p. 149.

若中共的威權統治讓經濟發展持續，在民眾認為是政府的行為有效，則中共的威權統治是否也將加強？並促使民眾支持，使中共更強化其威權統治的合法性。

至於經濟建設成功造成社會多元與分歧最終使威權統治無法維繫的推論，則不得不提及著名政治學者李普塞（S. M. Lipset）曾留下的重要學術資產，認為社會的分歧（cleavage），是造成社會利益不一致，甚至相互衝突，最終造成政黨的形成與民主的重要原因，但此論點在某些國家並不適用，民主化的過程，絕對無法以社會的分歧，就可簡單且一直線地推論出政黨必將成立與民主化的結果；[18]若依李普塞的思維為基礎，也認為舊有政黨可能因為無法適應社會的變動而造成滅亡，新政黨可能浮現取代舊政黨地位的結果，但與現實的情況卻並不一致，遂逼使當代研究者更著眼於重視政黨與社會互動關係，也承認舊有政黨為求生存，事實上具有極大的調整彈性，甚至吸收新政黨所提出的政治訴求，以擴大滿足各類支持者的需求，尤其是左派政黨更展現此種特性。[19]再就現實層面觀察，李普塞的社會分歧說，固可能產生因政治利益不同而形成不同政黨的結果，但最終各自不同分歧與勢力必須進行相關的整合與團結，才可能形成具有足夠力量的政黨以爭取執政攫取利益。換言之，政黨不僅可以糾結各種政治勢力，更可因應時空環境的不同，盡其所能擴大所代表的不同政治勢力，以厚植其統治力量。再依此推論，中共過去所代表的工農兵利益，隨經濟的發展與社會的多元與日漸分歧，為求擴大所代表利益，終於在江澤民時代提出「要始終代表中國先進社會生產力的發展要求」、「要始終代表中國先進文化的前進方向」、「要始終代表中國最廣大人民的根本利益」等「三個代表」的主張，致使私人企

---

[18] Peter Mair, "Cleavages," in Katz and Crotty, eds., *Handbook of Party Politics*, p. 371.

[19] Peter M. Siavelis, "Party and Social Structure," in Katz and Crotty, eds., *Handbook of Party Politics*, pp. 367-368.

業家得以入黨，非體力勞動者也可以被視為「勞動」等等與代表工農兵利益的傳統主張不同。部分擁護者的宣傳辭令甚至宣稱「三個代表」是：「中國共產黨人在對黨的八十年歷史經驗的高度總結、對當今世界和中國發展變化趨勢和特徵認真分析研究、對黨在新的歷史條件下所擔負的使命和對執政黨的性質與宗旨進一步認識基礎上形成的科學理論，開闢了馬克思主義理論在當今中國的新境界，是中國共產黨的立黨之本、執政之基、力量之源，是中國共產黨新世紀的宣言書。它同時是全面推進黨的建設新的偉大工程的根本指標。它將統一於黨的建設的各個方面，統一於黨領導人民進行改革和社會主義現代化建設的全過程。」[20]描繪共產黨因應時空環境改變，堅持威權且歷久彌新萬世不朽的靈活作為。

若「三個代表」可以讓大陸人民在日漸多元的社會分歧中，仍可以充分代表其利益，那麼被統治的人民又何需再創設不足以與共產黨抗衡的政黨或其他任何組織，爭取無法獲得的利益，何不持續支持共產黨為其謀取最大的利益？更何況社會的分歧也不一定代表分歧的團體就會成立政治性的社團，如保齡球愛好者與啤酒愛好者的分別雖亦屬於社會的分歧，但卻與政治關係非常淡薄，[21]各自成立政黨為推動保齡球或啤酒愛好的機會顯然不高；對西歐政治發展的研究也發現，許多新興議題社會運動或團體不與特定政黨建立正式關係，如反核、反全球化等等，甚至連農運團體也不一定與農業政黨建立關係，致使社會分歧的有無，並無法等同於會形成政治的多元，研究也顯示舊有的政黨與社會的新興議題不僅過去無瓜葛，甚至當前連新興議題社會運動團體所提出的訴求，也有無法被舊有

---

[20] 楊德山，〈三個代表〉，2013 年 11 月 17 日下載，《中國共產黨新聞》，http://cpc.people.com.cn/GB/64162/64171/4527680.html。

[21] Mair, "Cleavages," p. 373.

政黨吸納的情況發生。[22]或更直接說，因經濟發展所形成的多元並不必然形成如西方社會般的多政黨競爭局面。

在共產黨統制下的大陸，則有強烈傾向不讓社會分歧超越其建構的一黨專政架構之外，甚至根本就扼殺市民社會應該存在的可能，那麼社會縱使因為經濟建設成功與對外開放而日漸多元，亦無法超越中共所能吸納議題的侷限，則中共的統治又怎麼可能因為經濟建設、改革開放所建構引發的社會分歧，致使共產威權衰敗而走向多元政黨競爭的西方式民主社會。

若大陸民眾無法經由其他政黨獲得個別的權益，又無法選擇其他政黨，而共產黨卻又可不斷的擴張其代表性，並以有效的的權力更迭方式選擇擁戴威權統治者，持續改進其統治方法，那麼威權體制與經濟發展關係是否可成為如下的因果關係圖形：

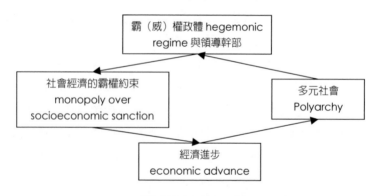

圖 7-2　威權政體與經濟發展相輔相成圖

資料來源：作者自行繪製
說　　明：在領導幹部確保衷心執行霸（威）權體制，且領導幹部受人民擁戴與人民對黨的忠誠相輔相成下，可持續推動威權統治。

---

[22] Thomas Poguntke, "Political Parties and Other Organizations," in Katz and Crotty, eds., *Handbook of Party Politics*, pp. 400-401.

再進一步回頭檢視道爾的「圖 6-1　霸權政治至多元化社會過程」主張，在某種意義上與馬克思「下層建築變動將改變上層建築」的思維模式如出一轍，甚至可以大膽的推定道爾的立論根本就源自於馬克思的思維，更可大膽推論諸多西方學者有關經濟發展帶來政治民主化變革的立論也與此有關。然而馬克思並無明確交代下層建築與上層建築的互動變遷關係永遠成正比，也就是說，經濟發展是否可以無限制的帶動政治的變動？還是經濟發展至某一種程度後根本就不再帶動政治的發展？（縱使杭廷頓認為經濟發展至 1970 年代，人均 GDP 美金 1 至 3 千元間，必將帶動政治民主化，但大陸的實際狀況卻推翻了杭廷頓的預測）[23]或新的經濟發展模式與政治發展已不再連動，致使經濟發展對政治發展的影響有其侷限性？

　　被譽為「俄國馬克思主義之父」的普列漢諾夫（G. V. Plekhanov；1856-1918）在 1918 年 4 月 7-21 日於病危中口授，由密友列‧格‧捷依奇筆錄、秘密收藏的《政治遺囑》，依普列漢諾夫遺言，在蘇聯崩潰之後的 1999 年 11 月 30 日於俄國《獨立報》發表，其內容中不僅對其學生列寧進行嚴屬的批判，更明指：「《共產黨宣言》所做的分析在蒸汽機工業時代是絕對正確的，但在使用電力後開始失去意義。……。而貫穿整個《共產黨宣言》的主要思想則至今仍然是正確的。這個思想是這樣的：物質生產的水準決定社會的階級結構、人們的思維方式、他們的世界觀、意識形態、他們的智力活動，等等」，[24]顯示生產力改變對

23　劉文斌，《想像統獨：兩岸統合研究》（臺北：秀威，2013 年），頁 124-128。
24　〈普列漢諾夫的《政治遺囑》──格‧瓦‧普列漢諾夫最後的想法〉，2014 年 6 月 17 日下載，《中文馬克思主義文庫》，https://www.marxists.org/chinese/plekhanov/MIA-chinese-Plekhanov-19180421.htm。

於上層建築的影響過程因生產力的改變而改變，但因生產力發展超出馬克思的想像，至上層建築的變化，也脫離馬克思主義的設想，且早在電氣時代就已被證實，更何況馬克思離世迄今，人類尚且經歷快速的電腦化發展，下層建築所指涉的生產力與生產關係超出馬克思的想像不知凡幾，致使馬克思的「下層建築變動將改變上層建築」縱使有普列漢諾夫對其「物質生產的水準決定社會的階級結構、人們的思維方式、他們的世界觀、意識形態、他們的智力活動」論證的支持，但共產主義的立論是否適用於當前後資本主義社會的政經發展情勢仍有待商榷。若然，則道爾與及諸多西方學者的立論就無法保證推論出經濟發展必然推動政治的變動，更遑論經濟發展會促成「民主化」的發展。

從另一個角度看，眾所周知馬克思認為下層建築中的生產力與生產關係改變，必將迫使上層建築的各種制度改變的主張。依馬克思的思維，在人類進化中不斷增進生產力改變的「必然」過程，難以避免的發生了工業革命，並引發資本主義，上層建築為符合下層建築的改變，又「偶然」的發展出民主體制。顯然的，生產力隨科學進步的「必然」，無法因為人的主觀意志而移轉，就像隨科學的演進而進入電腦時代，以電腦作為重要的生產力關鍵時，任何人都無法強迫生產力必須停留在石器時代，或跳脫當前以電腦主宰的生產力，進入目前無法想像的生產力展現階段一般，但生產關係卻因牽涉及生產力的持有與產品的分配關係，因此，可以依據政治的引導或制度的設定而改變，故下層建築的兩項因素，人為僅能控制「生產關係」一項，其中，將公有制做為生產關係的重心就是控制生產關係的重要作為。若馬克思上下層關係的立論正確，那麼控制下層建築中的生產關係，就可以控制，至少是部分控制上層關係的轉變。中共在「十八屆三中全會」中不僅依然強調共產黨的領導，更

依然堅持經濟公有制的重要，就是由國家控制生產關係，就是展現國家必須牢牢控制上層建築的變遷，也就是在由國家主導上層關係的變遷方向。換言之，上層建築中的政治制度，必也在確保共產黨領導下與其經濟公有制所帶來的國家可以「對經濟任意掌控能力」相互配合，與西方崇尚的私有體制，及因應私有體制而發展出西方式的民主，顯係南轅北轍，那麼中共經濟發展的最終結果，又何以必須是進入西方學者所設想的西方式的民主制度？更何況和西方國家政黨在黨員流逝、政黨間互相合縱連橫、獨立政治活動增加，[25]甚至因意識形態低落、電腦改變生活方式、新興議題興起、全球化等等因素變遷，使現有政黨體制的存在都已遭受嚴重的威脅，未來政黨是否會持續存在，都已被學術界廣泛討論，又怎麼可以將可能因時空環境持續改變而消失的政黨制度，甚至是現有的西方民主政治運作模式，做為中共未來蛻變的目標？甚或詛咒共產威權將因此脆弱或崩壞？

中共「十八屆三中全會」所通過的《中共中央關於全面深化改革若干重大問題的決定》，要求「毫不動搖鞏固和發展公有制經濟，推行公有制多種實現形式」而形成「政左經不右」現象，更進一步反映出「圖 7-2　威權政體與經濟發展相輔相成圖」的可能性，依據此圖形，則威權體制可以創造經濟的發展，當然也帶動政治、社會、文化的變遷成為多元化社會，但卻對於威權政治不僅沒有構成威脅，甚至回頭支持威權政治的持續存在，那麼中共的威權體制不僅得以長存，甚至可能在時空環境改變中創造出新的政體典範。

---

[25] Helen Margetts, "Cyber Parties," in Katz and Crotty, eds., *Handbook of Party Politics*, p. 528.

在現有威權體制的維護中，中共由上而下的以「黨國鎮壓能力」、「國家對經濟任意掌控能力」壓制，並以未制度化且操縱在黨內菁英手中的「權力的更迭」方式選擇最能維護威權的人選，以維護威權體制的持續運行，被治的人民群眾，對中共威權向下壓制的力量卻也在民意調查中表現欣然接受的態度，其緊密與互動關係如下圖：

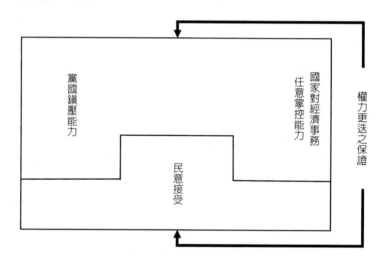

圖 7-3　中共威權體制治者、被治者與菁英持續維護關係

資料來源：作者自行繪製

　　如此「上壓下承、菁英維護」的威權體制，怎可能於欠缺巨大且突發的事件（如「革命」）而垮臺？偏偏中共威權體制目前所面對的環境卻又欠缺這種革命性質突變的可能。本書論證了這種關係。至於中共在不可見的未來可能的表現，不僅以現有的證據難以斷定，其發展出人類過去所沒有的政體，亦非不可能。

參考書目

一、網路

1. "2007 SCORES," *Freedom House*,
   http://www.freedomhouse.org/report/freedom-world/2007/china。
2. "2008 SCORES," *Freedom House*,
   http://www.freedomhouse.org/report/freedom-world/2008/china。
3. "2009 SCORES," *Freedom House*,
   http://www.freedomhouse.org/report/freedom-world/2009/china。
4. "2010 SCORES," *Freedom House*,
   http://www.freedomhouse.org/report/freedom-world/2010/china。
5. "2011 SCORES," *Freedom House*,
   http://www.freedomhouse.org/report/freedom-world/2011/china。
6. "2012 SCORES", *Freedom House*,
   http://www.freedomhouse.org/report/freedom-world/2012/china-0。
7. "2013 FREEDOM IN THE WORLD," *FREEDOM HOUSE,*
   HTTP://WWW.FREEDOMHOUSE.ORG/REPORT-TYPES/FREEDOM-
   WORLD。
8. "2013 NATIONS IN TRANSIT DATA," *FREEDOM HOURSE,*
   HTTP://WWW.FREEDOMHOUSE.ORG/REPORT-TYPES/NATIONS-
   TRANSIT。
9. "2013 SCORES," *FREEDOM HOURSE,*
   HTTP://WWW.FREEDOMHOUSE.ORG/REPORT/FREEDOM-WORLD/
   2013/MOLDOVA。
10. "2013 SCORES", *FREEDOM HOURSE,*
    http://www.freedomhouse.org/report/freedom-world/2013/china。
11. "Asia-Pacific (Taiwan)," *Freedom House*,
    http://www.freedomhouse.org/regions/asia-pacific。
12. "China," *Freedom House*,
    http://www.freedomhouse.org/report/freedom-world/2014/china-0。
13. "China/Freedom in the world 2012," *Freedom House*,
    http://www.freedomhouse.org/report/freedom-world/2012/china-0。
14. "China" (2013), *Freedom House*, http://freedomhouse.org/country/china。

15. "China" (2014), *Freedom House*, http://freedomhouse.org/country/china。

16. "China" (Published on 2012/08/09), *OpenNet Initiative*,
    https://opennet.net/research/profiles/china。

17. "CORRUPTION BY COUNTRY/TERRITORY (TAIWAN)",
    TRANSPERANCY INTERNATIONAL,
    HTTP://WWW.TRANSPARENCY.ORG/COUNTRY#TWN。

18. "CORRUPTION BY COUNTRY/TERRITORY (TAIWAN)",
    TRANSPERANCY INTERNATIONAL (CHINA),
    HTTP://WWW.TRANSPARENCY.ORG/COUNTRY#CHN。

19. "Freedom in the World," *Freedom House*,
    http://www.freedomhouse.org/report-types/freedom-world。

20. 〈中央政法委報導集〉,《中國共產黨新聞網》, http://cpc.people.
    com.cn/GB/64114/64135/。

21. 〈中華人民共和國教育法〉,《新華網》, http://big5.xinhuanet.com/
    gate/big5/news.xinhuanet.com/ziliao/2005-03/16/content_2704067.htm。

22. 〈中國共產黨章程〉,《中國共產黨歷次全國代表大會數據庫》, http://
    cpc.people.com.cn/GB/64162/64168/64565/65448/6415129.html。

23. 〈中國共產黨章程〉,《中國共產黨新聞網》, http://cpc.people.com.cn/
    n/2012/1119/c64387-19616005-5.html。

24. 〈本辦基本情況〉,《中華人民共和國國務院新聞辦公室　國家互聯
    網新聞辦公室》, http://www.scio.gov.cn/xwbjs/。

25. 〈徐守盛在長沙會見武警部隊司令員王建平一行〉,《中華人民共和
    國中央政府》, http://www.gov.cn/gzdt/2013-09/05/content_2481793.htm。

26. 〈普列漢諾夫的《政治遺囑》──格‧瓦‧普列漢諾夫最後的想法〉,
    《中文馬克思主義文庫》, https://www.marxists.org/chinese/plekhanov/
    MIA-chinese-Plekhanov-19180421.htm。

27. 〈穩定壓倒一切〉,《中國共產黨新聞---歷史人物紀念館》, http://
    cpc.people.com.cn/BIG5/69112/69113/69710/4725511.html。

28. 〈黨的執政能力〉,《人民網》, http://dangshi.people.com.cn/GB/
    165617/173273/10415426.html。

29. 〈黨的群眾路綫教育實踐活動〉,《新華網》, http://www.xinhuanet.
    com/politics/qzlx/。

30. 《前線》，http://www.bjqx.org.cn/qxweb/n7917c872.aspx。

31. 《台灣博碩士論文知識加值系統》，http://ndltd.ncl.edu.tw/cgi-bin/gs32/gsweb.cgi/ccd=bk5Ml9/webmge?webmgemode=general&mode=basic。

32. 忱博。〈中共十八大有望兌現領導交接班制度〉，《北美時報》，http://www.naweeklytimes.com/shishi/shishi456_2.html。

33. 寇健文，2012年。「美中新政局下美中臺三邊形勢座談會」引言稿，發表於「美中新政局下美中臺三邊形勢」座談會（臺北：臺北論壇，2012年11月19日），頁1-5，《臺北論壇》，http://140.119.184.164/taipeiforum/file/005.pdf。

34. 楊德山，〈三個代表〉。《中國共產黨新聞》，http://cpc.people.com.cn/GB/64162/64171/4527680.html。

35. 蔡相廷，2010年。〈歷史制度主義的興起與研究取向─政治學研究途徑的探討〉，《臺北市立教育大學學報──人文社會類》（臺北），第41卷第2期，頁41註釋3，http://163.21.236.197/~publish3/journal/412h&s/03.pdf。

36. 1987年10月25日。〈沿著有中國特色的社會主義道路前進〉，《中國共產黨歷次全國代表大會數據庫》，http://cpc.people.com.cn/GB/64162/64168/64566/65447/4526368.html。

37. 2002年7月23日。〈黨政領導幹部選拔任用工作條例〉，《人民網》，http://www.people.com.cn/GB/shizheng/16/20020723/782504.html。

38. 2004年9月27日。〈中共中央關於加強黨的執政能力建設的決定〉，《新華網》，http://news.xinhuanet.com/zhengfu/2004-09/27/content_2027021.htm。

39. 2005年5月25日。〈中華人民共和國高等教育法〉，《中華人民共和國中央人民政府》，http://big5.gov.cn/gate/big5/www.gov.cn/banshi/2005-05/25/content_927.htm。

40. 2005年5月25日。〈中華人民共和國義務教育法〉，《中華人民共和國中央政府》，http://big5.gov.cn/gate/big5/www.gov.cn/banshi/2005-05/25/content_920.htm。

41. 2005年9月25日。〈網際網路新聞信息服務管理規定〉，《新華網》，http://big5.home.news.cn/gate/big5/news.xinhuanet.com/newmedia/2005-09/25/content_3543326.htm。

42. 2006 年 7 月 19 日。〈法輪功退出中國氣功科研會的來龍去脈(上)〉，《大紀元電子報》，http://www.epochtimes.com.tw/6/7/19/32501.htm%E6%B3%95%E8%BC%AA%E5%8A%9F%E9%80%80%E5%87%BA%E4%B8%AD%E5%9C%8B%E6%B0%A3%E5%8A%9F%E7%A7%91%E7%A0%94%E6%9C%83%E7%9A%84%E4%BE%86%E9%BE%8D%E5%8E%BB%E8%84%88%E4%B8%8A

43. 2006 年 8 月 7 日。〈黨政領導幹部職務任期暫行規定〉，《中國共產黨新聞》，http://cpc.people.com.cn/GB/64093/64387/4671315.html。

44. 2006 年 12 月 10 日。〈中國青年政治學院成立中國馬克思主義學院〉，《新華網》，http://news.xinhuanet.com/politics/2006-12/10/content_5463414.htm。

45. 詹中原，2007 年 5 月 31 日。〈全球治理下國家公共政策的影響指標：理性選擇制度論的觀點〉，《財團法人國家政策就基金會》，http://www.npf.org.tw/post/2/2417。

46. 2007 年 7 月 17 日。〈中央社會治安綜合治理委員會簡介〉，《中國共產黨新聞網》，http://cpc.people.com.cn/GB/64114/64136/88838/5999186.html。

47. 2007 年 7 月 17 日。〈中央社會治安綜合治理委員會簡介〉，《中國共產黨新聞網》，http://cpc.people.com.cn/GB/64114/64136/88838/5999186.html。

48. 2007 年 7 月 17 日。〈中共中央政法委員會簡介〉，《中國共產黨新聞網》，http://cpc.people.com.cn/GB/64114/64135/5994757.html。

49. 2007 年 10 月 6 日。〈中共十七大首要任務　培養接班梯隊〉，《大紀元》，http://www.epochtimes.com/b5/7/10/6/n1858483p.htm。

50. 2007 年 10 月 24 日。〈胡錦濤在中國共產黨第十七次全國代表大會上的報告〉，《新華網》，http://news.xinhuanet.com/newscenter/2007-10/24/content_6938568.htm。

51. 2009 年 4 月 20 日。〈中國『維穩辦』曝光　習近平是『王儲』〉，《Sina 新聞網》，http://dailynews.sina.com/gb/chn/chnnews/ausdaily/20090420/1521165427.html。

52. 中央社，2010 年 10 月 28 日。〈維穩　中國通過社會保險法〉，《sina 全球新聞》，http://dailynews.sina.com/bg/chn/chnoverseamedia/cna/20101028/02211947135.html。

53. Alice L. Miller, 2011/2/16."The 18th Central Committee Politburo: A Quixotic, Foolhardy, Rashly Speculative, but Nonetheless Ruthlessly Reasoned Projection," *China Elections and Governance*, http://chinaelectionsblog. net/?p=12409。

54. 賴祥蔚，2011 年 6 月 13 日。〈中國大陸設立國家網際網路信息辦公室之評析〉，《亞太和平研究基金會》，http://www.faps.org.tw/issues/subject.aspx?pk=199。

55. 2011 年 12 月 15 日。〈汕尾通報屍檢：薛錦波無外力致死跡象〉，《新華網》，http://big5.xinhuanet.com/gate/big5/news.xinhuanet.com/mrdx/2011-12/15/c_131307614.htm。

56. 2011 年 12 月 23 日。〈朱明國看望烏坎村民重申民意為重〉，《文匯報》，http://paper.wenweipo.com/2011/12/23/YO1112230006.htm。

57. 2011 年 12 月 30 日。〈廣東省工作組：烏坎土地轉讓存在受賄等問題〉，《騰訊新聞》，http://news.qq.com/a/20111230/001628.htm。

58. 2012 年 1 月 16 日。〈中國烏坎抗議領袖　被任命為村黨書記〉，《番薯藤新聞網》，http://history.n.yam.com/newtalk/china/201201/20120116797890.html。

59. 王進雨、實習生、高小娟，2012 年 2 月 24 日。〈世行報告稱中國國企占經濟總量 45%　應縮減規模〉，《SINA 新浪財經》，http://finance.sina.com.cn/china/20120224/151211448532.shtml。

60. 朱東方，2012 年 3 月 26 日。〈贊美民主和追求民主〉，《博訊新聞網》，http://boxun.com/news/gb/pubvp/2012/03/201203261059.shtml。

61. 容志，陳奇星，2012 年 3 月 30 日。〈『穩定政治』：中國維穩困境的政治學思考〉，《求是理論網》，http://big5.qstheory.cn/zz/yjzy/201203/t20120330_148752.htm。

62. 齊治平，2012 年 4 月 5 日。〈「四二五」究竟是誰違反了法律？〉，《正悟網》，http://www.zhengwunet.org/zhengwunet/article/2012/04/IED05-0003-jc.html。

63. 2012 年 5 月 3 日。〈中共中央黨校概況〉，《中共中央黨校》，http://www.ccps.gov.cn/ccps_overview/201207/t20120720_18914.html。

64. 2012 年 5 月 7 日。〈陳光誠撼動維穩規則〉，《多維新聞》，http://opinion.dwnews.com/big5/news/2012-05-07/58727018-all.html。

65. Zhengxu Wang, Anastas Vangeli, 2012/8/2."China's leadership succession: new faces and new rules of the game," *European Union Institute for Security Studies*, http://www.iss.europa.eu/publications/detail/article/chinas-leadership-succession-new-faces-and-new-rules-of-the-game/ 。

66. 2012 年 9 月 21 日。〈英媒：烏坎事件週年看失敗民主實驗〉,《BBC 中文網》,http://www.bbc.co.uk/zhongwen/trad/chinese_news/2012/09/120921_press_wukan.shtml 。

67. 2012 年 9 月 27 日。〈數千畝地遭奸商貪官瓜分　林祖鑾：烏坎被吞地無望盡討回〉,《明報新聞網》, http://www.mingpaotor.com/htm/News/20120927/tcbh1.htm?m=0 。

68. 2012 年 11 月 15 日。〈中共 7 常委　5 名年齡屆『七上八下』〉,《新唐人電視臺》,http://www.ntdtv.com/xtr/b5/2012/11/15/a797815.html.-%E4%B8%AD%E5%85%B1%E5%B8%B8%E5%A7%94-5%E5%90%8D%E5%B9%B4%E9%BD%A1%E5%B1%86%E3%80%8C%E4%B8%83%E4%B8%8A%E5%85%AB%E4%B8%8B%E3%80%8D.html 。

69. 2012 年 11 月 15 日。〈北京觀察：中共建政後第二次有序權力交接〉,《大公網》,http://www.takungpao.com.hk/news/content/2012-11/15/content_1379407.htm 。

70. 2012 年 11 月 17 日。〈胡錦濤在中國共產黨第十八次全國代表大會上的報告〉,《新華網》, http://news.xinhuanet.com/18cpcnc/2012-11/17/c_113711665.htm 。

71. 楊開煌,2012 年 11 月 17 日。〈中共十八大觀察——派系運作已取代派系鬥爭〉,《中時電子報》, http://news.chinatimes.com/forum/11051404/112012111700450.html 。

72. 2012 年 11 月 18 日。〈中國共產黨章程〉,《中華人民共和國中央人民政府》,http://www.gov.cn/jrzg/2012-11/18/content_2269219.htm 。

73. 2012 年 11 月 18 日。〈解讀：十八大通過的《中國共產黨章程（修正案）》〉,《中華人民共和國中央人民政府》, http://www.gov.cn/jrzg/2012-11/18/content_2269247.htm 。

74. 2012 年 11 月 19 日。〈尤可夫：十八大初具分水嶺意味〉,《新世紀新聞網》, http://www.newcenturynews.com/Article/gd/201211/20121119112845.html 。

75. 尤可夫，2012 年 11 月 19 日。〈十八大——中共黨史分水嶺〉，《多維新聞》，http://opinion.dwnews.com/big5/news/2012-11-19/58968795.html。

76. 莫豐齊，2012 年 11 月 22 日。〈胡鞍鋼：十八大實現新老交替制度化〉，《文匯報》，http://paper.wenweipo.com/2012/11/22/CH1211220015.htm。

77. 張詠晴，2013 年 1 月 10 日。〈台灣經濟自由度　全球第 20〉，《中央社》，www.cna.com.tw/News/FirstNews/201301100038-1.aspx。

78. 冷兆松，2013 年 1 月 11 日。〈"國進民退"主要分歧綜述〉，《新華網》，http://big5.xinhuanet.com/gate/big5/news.xinhuanet.com/theory/2013-01/11/c_124217958.htm。

79. 2013 年 3 月 3 日。〈嚴重質疑"洗腳妹"人大代表〉，《天涯社區》，http://bbs.tianya.cn/post-free-3100689-1.shtml。

80. 2013 年 3 月 10 日。〈中國傳統媒體監管走向一體化〉，《BBC 中文網》，http://www.bbc.co.uk/zhongwen/trad/china/2013/03/130310_china_media_reform.shtml。

81. 2013 年 3 月 10 日。〈國務院機構改革和職能轉變方案（提交十二屆全國人大一次會議審議）〉，《新華網》，http://news.xinhuanet.com/2013lh/2013-03/10/c_114968104.htm。

82. 王天成，2013 年 3 月 11 日。〈點評中國：從「兩會」再談漸進改革〉，《BBC 中文網》，http://www.bbc.co.uk/zhongwen/trad/focus_on_china/2013/03/130311_cr_politicalreform_bywangtiancheng.shtml。

83. 2013 年 3 月 13 日。〈"洗腳妹"進議政堂：和國家領導坐一起好激動〉，《新華網》，http://big5.xinhuanet.com/gate/big5/news.xinhuanet.com/2013lh/2013-03/13/c_124451195.htm。

84. 2013 年 3 月 13 日。〈〈兩會〉俞正聲：政治制度絕不照搬西方模式　政委三拒緊箍咒加身〉，《鉅亨網新聞》，http://news.cnyes.com/Content/20130313/KH6OPXL6FDDJG.shtml。

85. 2013 年 3 月 13 日。〈俞正聲強調不照搬西方制度：『拒絕脫離國情的極端主張』〉，《明報新聞網》，http://news.mingpao.com/20130313/caa1h.htm。

86. 2013 年 3 月 13 日。〈烏坎模式是直選典型還是民主失敗？〉，《BBC 中文網》，http://www.bbc.co.uk/zhongwen/trad/china/2013/03/130313_wukan_hk.shtml。

87. 2013 年 3 月 16 日。〈改革派」標籤已不反映中國的政治生態〉，《BBC 中文網》，http://www.bbc.co.uk/zhongwen/trad/china/2013/03/130316_vice_premiers_reformers.shtml。

88. 2013 年 3 月 17 日。〈習近平在十二屆全國人大一次會議閉幕會上發表重要講話〉，《人民網》，http://lianghui.people.cn/2013npc/n/2013/0317/c357183-20816399.html。

89. 2013 年 5 月 3 日。〈十八大後新聞自由「不能簡單化分析」〉，《BBC 中文網》，http://www.bbc.co.uk/zhongwen/trad/china/2013/05/130503_china_pressfreedom_scholars.shtml。

90. 2013 年 5 月 3 日。〈無國界記者將習近平列入新聞自由公敵榜〉，BBC 中文網，http://www.bbc.co.uk/zhongwen/trad/china/2013/05/130503_press_freedom_rsf.shtml。

91. 李偉，2013 年 5 月 6 日。〈當前青年政治參與的幾個隱憂——基於對北京市 45 所高校的調查分析〉，《求是理論網》，http://big5.qstheory.cn/zz/xsyj/201305/t20130506_228165.htm。

92. 2013 年 5 月 11 日。〈網民對「七不講」存疑並憂慮「文革再來」〉，《BBS 中文網》，http://www.bbc.co.uk/zhongwen/trad/china/2013/05/130511_china_weibo_orders.shtml。

93. 2013 年 5 月 14 日。〈2012 年中國人權事業的進展〉，《新華新聞》，http://news.xinhuanet.com/politics/2013-05/14/c_115758619.htm。

94. 2013 年 5 月 22 日。〈楊曉青：憲政與人民民主制度之比較研究〉，《中國共產黨新聞網》，http://theory.people.com.cn/n/2013/0522/c40531-21566974.html。

95. 2013 年 5 月 23 日。〈BBC 民調：中共國際形象 8 年來最差〉，《BBC 中文網》，http://www.bbc.co.uk/zhongwen/simp/world/2013/05/130522_bbc_poll_country_influence.shtml。

96. 2013 年 5 月 28 日。〈加強和改進高校青年教師思想政治工作 16 條意見出台〉，《中國共產黨新聞網》，http://cpc.people.com.cn/BIG5/n/2013/0528/c164113-21645326.html。

97. 夏春濤，2013 年 6 月 1 日。〈凝聚中國力量　實現偉大夢想〉，《求是理論網》，http://www.qstheory.cn/zxdk/2013/201311/201305/t20130527_234345.htm。

98. 2013 年 6 月 29 日。〈習近平出席全國組織工作會議並發表重要講話〉，《共產黨員網》，http://news.12371.cn/2013/06/29/ARTI1372512788465510.shtml。

99. 2013 年 7 月 12 日。〈習近平在河北省調研指導黨的群眾路綫教育實踐活動〉，《新華網》，http://news.xinhuanet.com/politics/2013-07/12/c_116518771.htm。

100. 〈中共中央直屬機關〉，《中國共產黨新聞網》，http://cpc.people.com.cn/GB/64114/。

101. 王小石，2013 年 8 月 1 日。〈中國若動盪，只會比蘇聯更慘〉，《新華網》，http://news.xinhuanet.com/world/2013-08/01/c_116766533.htm。

102. 2013 年 8 月 16 日。〈環球時報：中國集體領導制被證明具有巨大優越性〉，《環球網》，http://china.huanqiu.com/hot/2013-08/4250204.html。

103. 李寶善，2013 年 8 月 16 日。〈自覺堅持馬克思主義新聞觀〉，《求是理論網》，http://www.qstheory.cn/zxdk/2013/201316/201308/t20130813_259118.htm。

104. 2013 年 8 月 20 日。〈習近平：意識形態工作是黨的一項極端重要的工作〉，《新華網》，http://news.xinhuanet.com/politics/2013-08/20/c_117021464_3.htm。

105. 2013 年 9 月 9 日。〈"兩高"《關于辦理利用信息網絡實施誹謗等刑事案件適用法律若干問題的解釋》全文〉，《人民網》，http://legal.people.com.cn/n/2013/0909/c42510-22859612.html。

106. 2013 年 10 月 17 日。〈新興市場國家的公司開展反腐敗恰逢其時〉，《Transparency International》，http://www.transparency.org/news/pressrelease/time_has_come_for_emerging_market_companies_to_fight_corruption_CN。

107. Mathias Bölinger，萬方編譯，2013 年 10 月 18 日。〈中國之謎：民主過渡？維持專制？混亂崩潰？〉，《德國之聲中文網》，http://www.dw.de/中國之謎民主過渡維持專制混亂崩潰/a-17167567。

108. 張博樹，2013 年。〈中共黨專制邏輯的 28 個命題（八）〉，《中國人權雙週刊》第 116 期，（2013 年 10 月 18 日－10 月 31 日），http://biweekly.hrichina.org/article/11913。

109. 王雅，2013 年 10 月 23 日。〈觀察站：威權主義的幽靈〉，《多維新聞》，http://china.dwnews.com/news/2013-10-23/59340113-all.html。

110. 2013 年 10 月 30 日。〈中央黨校專家：三中全會將規劃部署政治體制改革〉，《sina 全球新聞》，http://dailynews.sina.com/bg/news/int/chinanews/20131030/16005120537.html。

111. 張博樹，2013 年。〈中共黨專制邏輯的 28 個命題（七）〉，《中國人權雙週刊》，第 115 期，（2013 年 10 月 4 日－10 月 17 日），http://biweekly.hrichina.org/article/11260。

112. 王健君，尚前名，2013 年 11 月 11 日。〈釋放中國企業時代活力——專訪聯想控股董事長、聯想集團創始人柳傳志〉，《瞭望觀察網》，http://www.lwgcw.com/NewsShow.aspx?newsId=33530&page=1。

113. 2013 年 11 月 12 日。〈中國共產黨第十八屆中央委員會第三次全體會議公報〉，《新華網》，http://news.xinhuanet.com/politics/2013-11/12/c_118113455.htm。

114. 李磊，2013 年 11 月 13 日。〈胡祖六：十八屆三中全會影響可與 35 年前相媲美〉，《鳳凰網》，http://finance.ifeng.com/news/special/gmzhsaqhh/index.shtml。

115. 2013 年 11 月 15 日。〈中共中央關於全面深化改革若干重大問題的決定〉，《新華網》，http://news.xinhuanet.com/politics/2013-11/15/c_118164235.htm。

116. 2013 年 11 月 13 日。〈國安委新設　鞏固習權　習近平料同掌改革組〉，《MSN 新聞》，http://news.hk.msn.com/highlight/%E5%9C%8B%E5%AE%89%E5%A7%94%E6%96%B0%E8%A8%AD-%E9%9E%8F%E5%9B%BA%E7%BF%92%E6%AC%8A-%E7%BF%92%E8%BF%91%E5%B9%B3%E6%96%99%E5%90%8C%E6%8E%8C%E6%94%B9%E9%9D%A9%E7%B5%84。

117. 2013 年 11 月 16 日。〈關於《中共中央關於全面深化改革若干重大問題的決定》的說明〉，《文匯報》，http://paper.wenweipo.com/2013/11/16/CH1311160007.htm。

118. Chris Buckley, (2013/11/16. "Xi, in 'Godfather' Mold, Looks Assertive and Even Imperial," *The New Times,* http://cn.nytimes.com/china/20131116/c16leader/en-us/。

119. 木春山，2013 年 11 月 16 日。〈習總親釋"國安委"職能　權力大過美國"國安委"〉，《大公網》，http://news.takungpao.com/world/exclusive/2013-11/2043077.html。

120. 2013 年 11 月 27 日。〈中央黨內法規制定工作五年規劃綱要（全文）〉，《新華網》，http://big5.xinhuanet.com/gate/big5/news.xinhuanet.com/politics/2013-11/27/c_118322508.htm。

121. 2013 年 12 月 6 日。〈中華人民共和國民辦教育促進法〉，《法制網》，http://www.legalinfo.gov.cn/zhuanti/content/2013-12/06/content_5081578.htm?node=56749。

122. 2013 年 12 月 20 日。〈法新社：中國"烏坎事件"兩周年　村級民主難抵"一黨專政"〉，《自由亞洲電臺》，http://www.rfa.org/mandarin/yataibaodao/renquanfazhi/jz-12202013131825.html。

123. 子清，2013 年 12 月 24 日。〈揭秘中共處理邪教的 610 辦公室〉，《多維新聞》，http://china.dwnews.com/news/2013-12-24/59360839-all.html。

124. 2013 年 12 月 31 日。〈親歐或親俄　烏克蘭兩難〉，《中央通訊社》，http://www.cna.com.tw/topic/newsworld/42-1/201312310010-1.aspx。

125. 2014 年 1 月 8 日。〈習近平：處理好維穩維權關係〉，《中央社》，http://www.cna.com.tw/news/acn/201401080522-1.aspx。

126. 2014 年 1 月 15 日。〈施永青：中資抽《am730》廣告　稱料京收緊輿論　將成被「整頓」傳媒〉，《明鏡新聞》，http://www.mirrorbooks.com/MIB/news/news.aspx?ID=N000015947。

127. 2014 年 1 月 16 日。〈黨政領導幹部選拔任用工作條例〉，《人民網》，http://politics.people.com.cn/n/2014/0116/c1001-24131759.html。

128. 2014 年 1 月 23 日。〈中國權貴離案公司隱藏鉅額財富〉，《紐約時報中文網》，http://cn.nytimes.com/china/20140123/c23offshore/。

129. 管淑平，2014 年 1 月 23 日。〈中國高官　海外藏鉅款〉，《自由電子報》，http://www.libertytimes.com.tw/2014/new/jan/23/today-t1.htm?Slots=Live。

130. 編譯中心，2014 年 1 月 30 日。〈王霜舟迫離北京　首位駐台紐時記者〉，《世界新聞網》，http://www.worldjournal.com/view/full_van/

24486842/article-%E7%8E%8B%E9%9C%9C%E8%88%9F%E8%BF
%AB%E9%9B%A2%E5%8C%97%E4%BA%AC-%E9%A6%96%E4
%BD%8D%E9%A7%90%E5%8F%B0%E7%B4%90%E6%99%82%E
8%A8%98%E8%80%85?instance=bc_bull_left1。

131. 廖漢原，2014 年 1 月 31 日。〈王霜舟未獲陸簽　白宮聲明失望〉，2014 年 2 月 1 日下載，《中央通訊社》，http://www.cna.com.tw/news/aopl/201401310007-1.aspx。

132. 〈李洪志及"法輪功"組織〉，《中國網》，http://big5.china.com.cn/gate/big5/www.mingjing.org.cn/zxxx/070711/02.htm。

133. 〈"烏坎事件"裏的問題村官〉，《人民網》，http://paper.people.com.cn/hqrw/html/2012-05/06/content_1045843.htm?div=-1。

134. 2014 年 2 月 24 日。〈中國宏觀數據資料庫〉，《新浪財經網》，http://finance.sina.com.cn/mac/#nation-0-0-32-1。

135. 2014 年 2 月 28 日。〈中央網絡安全和信息化領導小組成立　習近平任組長〉，《人民網》，http://media.people.com.cn/BIG5/n/2014/0228/c40606-24488129.html。

136. 躍生，2014 年 2 月 28 日。〈專家：習近平頭銜不斷增加顯示強化集權〉，《BBC 中文網》，http://www.bbc.co.uk/zhongwen/trad/china/2014/02/140228_xi_titles_liuruishao.shtml。

137. 2014 年 5 月 5 日。〈貧困地區農民增收呈現良好勢頭〉，《中華人民共和國統計局》，http://www.stats.gov.cn:82/tjsj/sjjd/201405/t20140505_548582.html。

138. 〈耿惠昌任國家安全部部長〉，《新華網》，http://news.xinhuanet.com/politics/2007-08/30/content_6632172.htm。

二、報紙

1.　2013 年 8 月 19 日。〈"全民網絡"時代為何要堅守"七條底線"〉，法制日報（北京），第 4 版。

2.　2013 年 3 月 29 日。〈國務院辦公廳關於實施《國務院機構改革和職能轉變方案》任務分工的通知〉。法制日報（北京），第 2 版。

3. 2013 年 10 月 9 日。〈蘇聯亡黨亡國 20 週年祭－俄羅斯人在訴說〉。旺報，第 A8 版。

4. 2013 年 11 月 24 日。〈社論：習近平方案：在體制集權　向社會放權〉。聯合報，第 A2 版。

5. 2013 年 7 月 23 日。〈堅持和發展中國特色社會主義　鞏固統一戰線團結奮鬥的共同思想基礎〉。人民日報（北京），第 1 版。

6. 2013 年 7 月 5 日。〈社論：埃及悲喜劇：當民主靠槍桿子維持〉。聯合報，第 A2 版。

7. 2013 年 8 月 26 日。〈周祿寶網路爆料涉嫌敲詐勒索被批捕〉。法制日報（北京），第 1 版。

8. 2013 年 8 月 26 日。〈傅學勝製造謠言誹謗他人被依法刑拘〉。法制日報（北京），第 1 版。

9. 2013 年 8 月 29 日。〈"薛蠻子"高頻招嫖跌下"道德神壇"〉。法制日報（北京），第 5 版。

10. 2014 年 2 月 23 日。〈社論：橘色革命十年，烏克蘭再倒回原點〉。聯合報，第 A2 版。

11. 王銘義，2013 年 7 月 15 日。〈反腐敗　習近平：不送禮還沒做到〉。中國時報，第 A17 版。

12. 王麗娟編譯，2014 年 2 月 23 日。〈烏克蘭總統落跑　525 改選〉。聯合報，第 A1 版。

13. 田思怡，2013 年 10 月 2 日。〈80 萬公務員無薪假美政府關門　民眾大怒〉。聯合報，第 A1 版。

14. 朱建陵，2012 年 5 月 2 日。〈夜奔 19 小時　盲人律師陳光誠神遁〉。中國時報，第 A1 版。

15. 李春，2013 年 6 月 4 日。〈憲政姓社或姓資　中共左右大爭論〉。聯合報，第 A17 版。

16. 李春，2014 年 2 月 27 日。〈國際關注　港媒「反滅聲」〉。聯合報，第 A2 版。

17. 李英明，2012 年 5 月 14 日。〈黨權至上　中共維穩最大殺手〉。聯合報，第 A15 版。

18. 李恩樹，2013 年 8 月 22 日。〈且看"謠翻中國"者的劣行醜態〉。法制日報（北京），第 1 版。

19. 汪莉娟，2014 年 4 月 20 日。〈薛蠻子微博發文 「老漢辜負你們」〉。聯合報，第 A12 版。

20. 汪莉絹，2007 年 1 月 11 日。〈無、知、少、女 北京政壇超新星」〉。聯合報，第 A14 版。

21. 汪莉絹，2013 年 10 月 30 日。〈歷屆三中全會 多聚焦經改〉。聯合報，第 A13 版。

22. 周英峰，2013 年 5 月 28 日。〈把權力關進制度的籠子裏 兩部黨內重要法規的制定與發佈傳遞新資訊〉。法制日報（北京），第 2 版。

23. 林中斌，2012 年 11 月 16 日。〈胡錦濤裸退 照亮其成」〉。聯合報，第 A31 版。

24. 林克倫，2013 年 9 月 10 日。〈陸網路謠言 被轉發 500 次可判刑〉。聯合報，第 A17 版。

25. 林克倫，2014 年 2 月 27 日。〈劉進圖 總編輯職 上月才遭撤〉。聯合報，第 A2 版。

26. 林克倫，2014 年 2 月 5 日。〈中共死穴 習近平：像 1948 國民黨〉。聯合報，第 A12 版。

27. 林庭瑤，2013 年 11 月 24 日。〈中央黨校教授謝春濤：搞三權分立 陸陷混亂〉。聯合報，第 A13 版。

28. 姜明安，2013 年 5 月 31 日。〈規範黨內法規是法治中國需要〉。人民日報，第 5 版。

29. 胡雲騰，2013 年 8 月 29 日。〈遏制網路謠言重在建設網路誠信〉。法制日報（北京），第 9 版。

30. 胡鞍鋼，2013 年 11 月 5 日。〈"國進民退"是偽命題（望海樓）〉。人民日報（海外版），第 1 版。

31. 胡鞍鋼，2013 年 7 月 19 日。〈人民社會為何優於公民社會？〉。人民日報（海外版），第 1 版。

32. 高行，2013 年 11 月 14 日。〈三中遺珠國企改革宜緩進〉。旺報，第 A6 版。

33. 張佑生編譯，2014 年 2 月 21 日。〈停火數小時烏克蘭再衝突〉。聯合報，第 A19 版。

34. 程嘉文，2013 年 5 月 12 日。〈中共封口令 大學上課「七不講」〉。聯合報，第 A13 版。

35. 評論員，2013 年 8 月 23 日。〈網路謠言是危害社會的毒瘤〉。法制日報（北京），第 1 版。

36. 評論員，2013 年 8 月 30 日。〈打擊網路謠言法律可以更有力〉。法制日報（北京），第 1 版。

37. 鄭曼玲 2012 年 11 月 15 日。〈制度化的進程〉。大公報（香港），第 1 版。

38. 賴錦宏，2014 年 3 月 13 日。〈烏坎民主變調　選舉變宗族角立場〉。聯合報，第 A12 版。

三、中文期刊

1. 中國國民黨中央政策會編印，〈美「中」第三次戰略暨經濟對話〉，《大陸情勢雙週報》（臺北），第 1599 期（2011 年 6 月 15 日），頁 18-21。

2. 中國國民黨中央政策會編印，〈大陸社會階層化矛盾摩擦橫生〉，《大陸情勢雙週報》（臺北），第 1655 期（2013 年 11 月 13 日），頁 4-6。

3. 中國國民黨中央政策會編印，〈中共 18 屆 3 中全會啟動新經濟改革〉，《大陸情勢雙週報》（臺北），第 1655 期（2013 年 11 月 13 日），頁 1-3。

4. 中國國民黨中央政策會編印，〈中共加強意識形態管制措施的意涵〉，《大陸情勢雙週報》（臺北），1644 期（2013 年 5 月 22 日），頁 11-13。

5. 中國國民黨中央政策會編印，〈中共思想、理論、制度爭論再起〉，《大陸情勢雙週報》（臺北），1639 期（2013 年 3 月 13 日），頁 5-8。

6. 中國國民黨中央政策會編印，〈中共推動社會管理改革爭取民眾認同〉，《大陸情勢雙週報》（臺北），第 1647 期，（2013 年 7 月 10 日），頁 1-4。

7. 中國國民黨中央政策會編印，〈中共開展群眾路線教育活動〉，《大陸情勢雙週報》（臺北），第 1647 期，（2013 年 7 月 10 日），頁 10-13。

8. 包淳亮，2012 年 12 月。〈中共「十八大」後中央政治局重組及對未來影響〉，《展望與探索》（新北），第 10 卷第 12 期，頁 25-39。

9. 吳仁傑，2012 年 12 月。〈中共 18 屆中央委員會選拔與結構分析〉，《展望與探索》（新北），第 10 卷 12 期，頁 40-52。

10. 李酉潭，2007 年 10 月。〈臺灣民主化經驗與中國未來之民主化——以杭廷頓的理論架構分析之〉，《遠景基金會季刊》（臺北），第 8 卷第 4 期，頁 1～48。

11. 林琳文，2006 年 1 月。〈從臣民走向公民——中國大陸政治文化的變遷與民主化前景〉，《遠景基金會季刊》（臺北），第 7 卷 1 期，頁 99-141。

12. 林琳文，2011 年 4 月。〈後文革時代中共政治菁英甄補標準的演變與發展〉，《展望與探索》（新北），第 9 卷第 4 期，頁 30-43。

13. 林德昌，2006 年 10 月。〈中國大陸國家與社會關係的演變模式：一項理論上的探索〉，《遠景基金會季刊》（臺北），7 卷 4 期，頁 1-41。

14. 徐斯儉、吳建忠，2011 年 3 月。〈在治理改革中走向民主：浙江溫嶺鄉鎮人大參與式預算之個案研究〉，《中國大陸研究》（臺北），第 54 卷 1 期，頁 1-28。

15. 耿曙、陳奕伶，2007 年 1 月。〈中國大陸的社區治理與轉型前景：發展促轉或政權維穩？〉，《遠景基金會季刊》（臺北），第 8 卷 1 期，頁 87-122。

16. 袁易，1996 年 6 月。〈中共威權政體轉型的政治動力〉，《中國大陸研究》（臺北），第 38 卷第 6 期，頁 5-17。

17. 張淳翔，2014 年 6 月。〈中國大陸地方人大代表監督過程中的角色分析〉，《展望與探索》（新北），第 12 卷第 6 期，頁 33-48。

18. 許源派、許文西，2011 年 11 月。〈大陸制度發展的本質性面向與兩岸交流中的制度性困境分析〉，《展望與探索》（新北），第 9 卷第 11 期，頁 48-74。

19. 郭振雄、何怡澄，2009 年 3 月。〈中國各地方政府自願在網路揭露財務資訊之比較研究〉，《中國大陸研究》（臺北），第 52 卷第 2 期，頁 29～58。

20. 郭瑞華，2003 年 1 月。〈中共十六大之人事布局分析〉，《展望與探索》（新北），第 1 卷第 1 期，頁 9-24。

21. 郭瑞華，2011 年 4 月。〈中共『18 大』中央政治局常委、委員人選蠡測〉，《展望與探索》（新北），第 9 卷第 4 期，頁 54-66。

22. 筆鋒，2013 年 9 月 1 日。〈埃及痛苦教訓馬新反面教材〉，《亞洲週刊》（香港），頁 6。

23. 葉明德，2013 年 7 月。〈黨領導的「人民民主」與「社會民主」壓倒「自由民主」——中共「十八大」前後政改議論研析〉，《展望與探索》（新北），第 11 卷第 7 期，頁 79-98。

24. 趙建民，民國 91 年 9、10 月。〈中共黨國體制下立法機關的制度化〉，《中國大陸研究》（臺北），第 45 卷第 5 期，頁 87-112。

25. 趙建民、賴榮偉，2000 年 8 月。〈中共「黨的領導」原則在全國人民代表大會的運作〉，《中國大陸研究》（臺北），第 43 卷第 8 期，頁 1-21。

26. 劉文斌，2009 年 3 月。〈中共政治發展與兩岸關係〉，《展望與探索》（新北），第 7 卷第 3 期，頁 29-46。

四、學位論文

1. 王若琪，2005。《中國大陸公民社會發展與民主化未來之研究》。臺中：國立中興大學國際政治研究所碩士論文。

2. 吳廣亨，2007。《民主發展在中國初探（1978-2008）》。臺北：淡江大學國際事務與戰略研究所碩士論文。

3. 施漢利，2006。《中國走向一黨"民主"？參照瑞典民主經驗》。臺北：國立政治大學中國大陸研究英語碩士學程（IMCS）碩士論文。

4. 郎士進，2004。《民主化與大陸基層自治制度發展之研究》。臺中：國立中興大學國際政治研究所碩士論文。

5. 高頡，2012。《多種類型的威權主義：中國政權性質的探討》。臺北：國立政治大學東亞研究所碩士論文。

6. 張文瑋，2009。《中國基層民主發展：以村民委員會制度為例》。高雄：國立中山大學中國與亞太區域研究所碩士論文。

7. 張佑宗，2011。《中國式民主「論述」之初探》。臺北：臺灣大學政治學研究所碩士論文。

8. 張宏輔，2011。《中國大陸網際網路發展對其民主化之研究》。臺北：國立政治大學亞太研究英語碩士學位學程（IMAS）碩士論文。

9. 張執中，2003 年。《組織內捲與調適：對中共「民主集中制」之評析》。臺北：國立政治大學東亞研究所博士論文。

10. 郭瑞華，2009。《中共對臺工作機制研究：政府過程的觀點》。臺北：國立政治大學東亞研究所博士論文。

11. 陳盈儒，2011。《中國大陸觀光客來台旅遊對其民主意識影響之研究》。臺北：國立臺灣師範大學政治學研究所碩士論文。

12. 曾國芬，2004。《兩岸民主化發展中之立法機關比較研究》。臺中：國立中興大學國際政治研究所碩士論文。

13. 黃淑美，2005。《中共人民代表大會制度變革與民主化發展之研究》。臺中：國立中興大學國際政治研究所碩士論文。

14. 詹婉如，2010。《從線上到線下——中國《零八憲章》網路民主實踐圖像》。臺北：東吳大學人權碩士學位學程碩士論文。

15. 趙友綺，2012。《臺灣總統直選與中國大陸民主改革 1996-2012》。臺北：淡江大學中國大陸研究所碩士在職專班碩士論文。

16. 趙建中，2004。《政權轉型理論與中共研究之探討——「後極權主義」與「後極權的威權主義」觀點之分析》。臺北：政治作戰學校政治研究所博士論文。

17. 遠藤崇之，2005。《從民主過渡模式探討中國村民自治運作的未來發展》。臺北：淡江大學中國大陸研究所碩士論文。

18. 劉永隆，2004。《全球民主化下的中國草根民主發展研究》。臺中：國立中興大學國際政治研究所碩士論文。

19. 鄭文燦，2010。《中國基層選舉演變之分析——尋找民主發展的動力》。臺北：臺灣大學國家發展研究所碩士論文。

20. 賴俞安，2007。《魚與熊掌：為何中國經改延誤民主？》。臺北：國立臺灣大學政治學研究所碩士論文。

21. 謝志偉，2005。《江澤民時期中國大陸的民主化發展》。高雄：國立中山大學大陸研究所碩士論文。

五、中文專書

1. Andrew J. Nathan 著，何大明譯，《中國政治變遷之路》，2007。臺北；巨流。

2. Anthony Giddence，鄭武國譯，1999。《第三條路 (*The Third Way: The Renewal of Social Democracy*)》。臺北：聯經。

3. David Potter, David Goldbalt, Margaret Kiloh, Paul Lewis 著，王謙、李昌麟、林賢治、黃惟饒譯，2000。《民主化的歷程（Democratization）》。臺北：韋伯。

4. Lucian Pye 著，胡祖慶譯，1989。《中國政治的變與常》。臺北：五南。

5. Nathan, Andrew J.（黎安友）著，何大明譯，2007。《從極權統治到韌性威權：中國政治變遷之路》。臺北：巨流出版。

6. Samuel P. Huntington 著，劉軍寧譯，1994。《第三波》。臺北：五南。

7. 大前研一著，劉錦秀、江裕真譯，2006。《M 型社會：中產階級消失的危機與商機》。臺北：商周。

8. 大紀元系列社論，2004。《九評共產黨》。臺北：連鳴文化有限公司。

9. 中華人民共和國國家統計局編，2012。《2012 中國統計年鑑》。北京：中國統計出版社。

10. 毛澤東，〈論人民民主專政〉，《毛澤東選集第四卷》，1966。北京：人民出版社。

11. 王明生，2012。《當代中國政治參與研究》。南京：南京大學出版社。

12. 朱光磊，2004。《中國政府與政治》。臺北：揚智。

13. 朱嘉明，2013。《中國改革的歧路》。臺北：聯經。

14. 李凡，2008。《大變革的前奏：中國民主的實踐、戰略和前景》。香港：明報周刊。

15. 李冠宜、許家馨，〈導讀〉，H. L. A. Hart 著，李冠宜、許家馨譯，2010。《法律的概念》。臺北：商周文化，頁 xxxiii-xxxiv。

16. 李英明，1992。《文化意識型態的危機》。臺北：時報出版。

17. 法務部調查局展望與探索雜誌社編印，〈十、中共的政法委員會制度〉，2013。《中國大陸綜覽（102 年版)》。新北：法務部調查局。

18. 法務部調查局展望與探索雜誌社編印，〈十五、大陸的民主黨派〉，《中國大陸綜覽（102 年版)》，2013。新北：法務部調查局。

19. 法務部調查局展望與探索雜誌社編印，〈三、中共中央的組織人事〉，2013。《中國大陸綜覽（102 年版)》。新北：法務部調查局。

20. 法務部調查局展望與探索雜誌社編印，〈七、大陸的政治制度〉，《中國大陸綜覽（102 年版)》，2013 年。新北：法務部調查局。

21. 法務部調查局展望與探索雜誌社編印，〈二、大陸的司法體制〉，《中國大陸綜覽（102年版）》，2013。新北：法務部調查局。

22. 林中斌，2008。《偶爾言中──林中斌前瞻短評》。臺北：黎明文化。

23. 邵宗海，2009。《中國和平崛起與中國現代民族主義的互動》。臺北：韋伯。

24. 紀碩鳴、周東華，2010。《中國新政》。北京：中國友誼出版社。

25. 高銘暄、馬克昌主編，2012。《刑法學》。北京：北京大學出版社。

26. 高輝，1991年。《社會主義再認識──中共「初階論」之研究》。臺北：永業出版社。

27. 國防部總政治作戰部編印，1987。《共匪原始資料彙編：中共「十三大」專輯》。臺北：國防部總政治作戰部。

28. 寇健文，2005。《中共菁英政治的演變：制度化與權力轉移 1978-2004》。臺北：五南。

29. 寇健文、蔡文軒，2012。《瞄準十八大》。臺北：博雅書屋。

30. 張明澍，2013。《中國人想要什麼樣民主：中國"政治人"》。北京：社會科學文獻出版社。

31. 梁文松、曾玉鳳，2013。《新加坡政府經驗：動態治理之文化、能力與變革》。新加坡：八方文化創作室。

32. 章家敦（Gordon G. Chang）著，侯思嘉、閻紀宇譯，2002。《中國即將崩潰》。臺北：雅言。

33. 陳冬生，2006。《中國政治的民主抉擇》。江西：江西高校出版社。

34. 陳弘毅，2013。《中國傳統文化與現代民主憲政》。臺北：商務。

35. 陳武志，2010。《沒有中國模式這回事》。臺北：八旗文化。

36. 黃彪，2014。《中國式民主「論述」之初探》。臺北：致知學術出版。

37. 楊勝春，2000。《中國最高領導班子的左右手──中共中央直屬機構檔案（1949-1998）》。臺北：永業出版社。

38. 楊勝春，2001。《大陸政法戰線的統馭者──中共中央政法委員會之研究》。臺北：永業。

39. 楊鳳春，2011。《圖解當代中國政治》。香港：中華書局。

40. 葉橋，2012。《諸侯瞄準十八大》。臺北：領袖出版社。

41. 董娟娟，2005。《新加坡監視社會之分析》。臺北：憬藝。

42. 詹‧約爾著，黃丘隆譯，1989。《葛蘭西「西方馬克斯主義」的鼻祖》。臺北：結構群。

43. 賈仕武，2006。《全球化與共產黨》。香港：大風出版社。

44. 漆多俊，2013。《中國民主之路》。臺北：新學林。

45. 趙建民，1994。《威權主義》。臺北：幼獅。

46. 趙建民，1997。《當代中共政治分析》。臺北：五南。

47. 趙建民，2014。《中國決策：領導人、結構、機制、過程》。臺北：五南。

48. 劉文斌，2013。《想像統獨：兩岸統合研究》。臺北：秀威。

49. 劉曉波，2010。《未來的自由中國在民間》。臺北：勞改基金會。

50. 蔡文輝，1994。《社會學理論》。臺北：三民。

51. 鄭永年，2000。《政治漸進主義》。臺北：吉虹文化。

52. 蕭功秦，2012。《超越左右激進主義－奏出中國轉型的困境》。浙江：浙江大學。

53. 戴東清，2005。《中國大陸國家與社會關係 1989-2002：以鑲嵌之社會團體自主性為例》。臺北：秀威。

54. 謝岳，2008。《社會抗爭與民主轉型：20 世紀 70 年代以來的威權主義政治》。上海：上海人民出版社。

55. 謝淑麗（Susan L. Shirk）著，溫恰溢譯，2008。《脆弱的強權（China: Fragile Superpower）》。臺北：遠流。

56. 薩拖利（Giovanni Sartori）著，馮克利、閻克文譯，1998。《民主新論》。北京：東風出版社。

57. 嚴家祺，1996。《民主怎樣才能來到中國》。臺北：遠流出版社。

58. 顧長永，2005。《東南亞政治學》。臺北：巨流。

六、中文專書論文

1. 邵天啟，2006。〈中共中央政法委員會評介〉，法務部調查局展望與探索雜誌社印行，《中共司法制度文集》。臺北：法務部調查局展望與探索雜誌社，頁 1-6。

2. 金申，2011。〈誰擬定了十八大政治局候選人名單〉，大事件編輯部編，《十八大政治局之選》。香港：明報出版社，頁 1-6。

3. 袁頌西，〈政黨制度（party systems）〉，1989 年 5 版。《雲五社會科學大辭典（第三冊　政治學）》。臺北：商務，頁 205-207。

4. 馬克思，〈共產黨宣言〉，2011。王君、蔡銳華編，《馬列著作選編》（修訂本）。北京：中共中央黨校，頁 209-234。

5. 馬克思，〈哥達綱領批判〉，1975。中共中央馬克思、恩格思、列寧、史大林著作編譯局編，《馬克思恩格斯選集（第三卷）》。北京：人民出版社，頁 1-25。

6. 張厚義、呂鵬，2012。〈私營企業主的經濟分化與政治面貌變化〉，陸學藝等主編，《2013 中國社會形勢分析與預測》。北京：社會科學文獻出版社，頁 301-311。

7. 張劍寒，〈獨裁（Dictatorship）〉，1989 年 5 版。羅志淵編，《雲五社會科學大辭典（第三冊　政治學）》。臺北：商務，頁 392-393。

8. 陳治世，〈民主（democracy）〉，1989 年 5 版。羅志淵編，《雲五社會科學大辭典（第三冊　政治學）》。臺北：商務，頁 85-87。

9. 陳家剛，2004。〈前言：全球化時代的新制度主義〉，薛曉源、陳家剛主編，《全球化與新制度主義》。北京：社會科學文獻出版社。頁 1-16。

10. 鄧小平，1993。〈改革的步子要加快〉，中共中央文獻編輯委員會編，《鄧小平文選第 3 卷》。北京：人民出版社，頁 236-243。

11. 蕭功秦、朱偉，1991。〈痛苦的兩難抉擇〉，齊墨編，《新權威主義》。臺北：唐山。頁 13-19。

七、英文專書

1. Arendt, Hannah, 1968. *Totalitarianism.* New York: Harcourt, Brace and World.

2. Barker, Rodney, 1990. *Political Legitimacy and the State.* New York: Oxford University Press.

3. Bergsen, C. Fred, Gill Bates, Nicholas R. Lardy and Derek Mitchell, 2006. *China: The Balance Sheet.* New York: Public Affairs.

4. Chang, Julian and Steven M. Goldstein, eds., 2007. *Economic Reform And Cross-strait Relations: Taiwan And China in the WTO.* N.J.: World Scientific.

5.   Chen, XI, 2012. *Social Protest and Contentious Authoritarianism in China.* New York: Cambridge University Press.

6.   Dahl, Robert A., 1971. *Polyarchy.* New Haven: Yale University.

7.   Edwards, Louise and Elaine Jeffreys, 2010. *Celebrity in China.* HK: 香港大學出版社.

8.   Fewsmith, Joseph, 2013. *The logic and limits of political reform in China.* New York: Cambridge University Press.

9.   Friedman, Lauri S., ed., 2009. *China.* Chicago: Greenhaven Press.

10. Fukuyama, Francis, 1992. *The end of history and the last man.* New York: Maxwell Macmillan International.

11. Fukuyama, Francis, 2004. *State Building.* London: Profile Books Ltd.

12. Gilley, Bruce, 2004. *China Democratic Future.* New York: Columbia University Press.

13. Ginsburg, Tom and Tamir Moustafa, 2008. *Rule by law: the politics of courts in authoritarian regimes.* New York: Cambridge University Press.

14. Gries, Peter Hays and Stanley Posen, eds., 2004. *State and Society in 21st-century China: Crisis, contention and legitimation.* New York: Routledge Curzon.

15. Gries, Peter Hays, 2004. *China's New Nationalism: Pride, Politics, and Diplomacy.* L.A.: University of California press.

16. Haller, Max, 2008. *European Integration as an Elite Process: The Failure of a Dream?.* UK: Routledge.

17. Halper, Stefan, 2010. *The Beijing Consensus.* New York: Basic Books.

18. He, Rowena Xiaoqing and Perry Link, 2014. *Tiananmen Exiles: Voices of the Struggle for Democracy in China.* New York: Palgrave Macmillan.

19. Huang, Hsin and Michael Hsiao, eds., 2014. *Democracy or alternative political systems in Asia: after the strongmen.* New York: Routledge.

20. Hughes, Christopher R., 2006. *Chinese Nationalism in the Global Era.* New York: Routledge.

21. I, Yuan, ed., 2007. *Is There a Greater China Identity? – Security and Economic Dilemma.* Taipei: National Chingchi University Institution of International Relations.

22. Karns, Margret P. and Karen A. Mingst, 2010. *International Organizations; The politics and Processes of Global Governance.* Colorado: Lynne Rienner Publishers.

23. Kastner, Scott L., 2009. *Political Conflict and Economic Interdependence Across the Taiwan Strait and Beyond.* California: Stanford University Press.

24. Kynge, James 2006. *China Shakes the World.* New York: Houghton Mifflin Company.

25. Landry, Pierre F., 2008. *Decentralized Authoritarianism in China: The Communist Party's Control of Local Elites in the Post-Mao Era.* New York: Cambridge University Press.

26. Larus, Elizabeth Freund, 2012. *Politics and Society in Contemporary China.* Colorado: Lynne Rienner Publishers.

27. li, Cheng, 2008.*China's Changing Political Landscape: Prospects for Democracy.* Washington D. C.: Brooking Institution Press.

28. Lorenzo, David J., 2013. *Conceptions of Chinese Democracy.* Maryland: Johns Hopkins University Press.

29. Lu, Rey-Ching, 2011. *Chinese Democracy and Elite Thinking.* New York: Palgrave Macmillan.

30. Lu, Yiyi, 2009. *Non-Governmental Organization.* New York: Routledge.

31. Mann, James, 2007. *The China Fantasy.* New York: Penguin Books.

32. Mertha, Andrew, 2008. *China's water warriors: citizen action and policy change.* New York: Cornell University Press.

33. Ming, Xiao, 2011. *The Cultural Economy of Falun Cong in China: A Rhetorical Perspective.* Columbia: University of South Carolina Press.

34. Nathan, Andrew J., Larry Diamond and Marc F. Plattner, eds., 2013. *Will China Democratize?.* Maryland: Johns Hopkins University Press.

35. Page, Edward C., 1985. *Political Authority and Bureaucratic Power.* Sussex: Wheatsheaf Books Ltd.

36. Pieke, Frank N., 2009. *The Good Communist.* New York: Cambridge University Press.

37. Qing, Jiang, Daniel A. Bell, Ruiping Fan and Edmund Ryden, 2012. *A Confucian Constitutional Order: How China's Ancient Past Can Shape Its Political Future.* New Jersey: Princeton University Press.

38. Ross, Robert S. and Zhu Feng, eds., 2008. *China Ascent.* Ithach: Cornell University.

39. Saich, Tony, 2011. *Governance and Politics of China.* New York: Palgrave Macmillan.

40. Stockmann, Daniela, 2013. *Media commercialization and authoritarian rule in China.* New York: Cambridge University Press.

41. Thompson, John B., 1984. *Studies in the Theory of Ideology.* Oxford: Polity Press.

42. Walter, Carl E. and Fraser J. T. Howie, 2011. *Red Capitalism: The Fragile Financial Foundation of China's Extraordinary Rise.* Singapore: John Wiley & Sons (Asia) Pte. Ltd.

43. Weatherley, Robert, 2006. *Politics in China since 1949: legitimizing authoritarian rule.* New York: Routledge.

44. Wright, Teresa, 2010. *Accepting Authoritarianism: State-Society Relations in China's Reform Era.* California: Stanford University Press.

45. Xia, Ming, 2008. *The People's Congresses and Governance in China.* New York: Routledge.

46. Yu, Jianxing, Jun Zhou and Hua Jiang, 2012. *A Path for Chinese Civil Society.* Maryland: Lexington Books.

47. Zeitlin, Jonathan, 2011. *Transnational Transformations of Governance.* Amsterdam: Vossiuspers UvA.

48. Zheng, Yongnian, 2007. *De Factor Federalism in China: Reform and Dynamic of Central-Local Relations.* Singapore: World Scientific Publishing.

八、英文專書論文

1. Alagappa, Muthiah, 1995. "The Anatomy of Legitimacy," in Muthiah Alagappa, ed., *Political Legitimacy in Southeast Asia.* California: Stanford University Press. pp. 11-30.

2. Albrecht, Holger, 2010. "Introduction: Contentious Political, Political Opposition, and Authoritarianism," in Holger Albrecht, ed., *Contentinous*

Politics in the Middle East. Florida: The University Press of Florida. pp. 1-14.

3. Albrecht, Holger, 2010. "Political Opposition and Arab Authritarianism: Some Conceptual Remarks," in Holger Albrecht, ed., *Contentious Politics in the Middle East.* Flotrida: University Press of Florida. pp. 17-33.

4. Bo, Zhiyue, 2004. "The Institutionalization of Elite Management in China," in Barry J. NauGhton and Dali L. Yang, eds., *Holding China Together: Diversity and National Integration in the Post-Deng Era.* UK: Cambridge University Press. pp. 70-100.

5. Brødsgaard, Kjeld Erik, 2011. "China's Communist Party and the Evolving Political Order," in David Shambaugh, ed., *Charting China's Future: domestic and international chanllenges.* New York: Routledge. pp. 13-21.

6. Bunce, Valerie and Sharon Wolchik, 2010. "A Regional Tradition: The Diffusion of Democratic Change under Communism and Postcommunism," in Valerie Bunce, Michael Mcfaul and Kathryn Stoner-Weiss, eds., *Democracy and Authoritarianism in the Postcommunist World.* New York: Cambridge University Press. pp. 30-56.

7. Bunce, Valerie and Sharon Wolchik, 2010. "Defining and Domesticating the Electoral Model: A Comparison of Slovakia and Serbia," in Valerie Bunce, Michael Mcfaul and Kathryn Stoner-Weiss, eds., *Democracy and Authoritarianism in the Postcommunist World.* New York: Cambridge University Press. pp. 134-154.

8. Bunce,Valerie, Michael McFaul and Kathryn Stoner-Weiss, 2010. "Prologue: Wave and Thoughts of Democracy and Dictatorship," in Valerie Bunce, Michael McFaul and Kathryn Stoner-Weiss, eds., *Democracy and Authoritarianism in the Postcommunist World.* New York: Cambridge University Press. pp. vii-xi.

9. Case, William, 2010. "Low-quality democracy and varied authoritarianism: elites and regimes in Southeast Asia today," in William Case, ed., *Contemporary Authoritarianism in Southeast Asia: Structure, Institutions and Agency.* New York: Routledge. pp. 1-15.

10. Case, William, 2010. "Malaysia: trajectory shift" in William Case, ed., *Contemorary Authoritarianism in Southeast Asia: Structure, Institutions and Agency.* New York: Routledge. pp. 62-84.

11. Cavatorta, Francesco and Azzam Elananza, 2010. "Show Me the Money!: Opposition, Western Fundation, and Civil Society in Jordan and Lebanon," in Holger Albrecht, ed., *Contentious Politics in the Middle East.* Flotrida: University Press of Florida. pp. 75-93.

12. Chen, Jianfu, 2011. "Constitutional judicialization and popular constitutionalism in China: are we there yet?" in Guanghua Yu, ed., *The Development of the Chinese Legal System.* New York: Routledge pp. 3-25.

13. Crotty, William, 2006. "Party Origins and Evolution in the United States," inRichard S. Katz and William Crotty, eds., *Handbook of Party Politics.* California: SAGE Publications Ltd. pp. 23-33.

14. Delin, Zhang, 2012. "Reform and Development of State-owned enterprises," in Wang Mengkui, ed., *Thirty Years of China's Reform.* New York: Routledge. pp. 217-253.

15. Diamond, Larry, 2000. "The End of the Third Wave and the Start of the Fourth," in Marc F. Plattner and João Carlos Espada, eds., *The Democratic Invention.* Maryland: The Johns Hopkins University Press. pp. 13-33.

16. Enyedi, Zsolt, 2006. "Party Politics in Post-communist Transition," in Richard S. Katz and William Crotty, eds., *Handbook of Party Politics.* California: SAGE Publications Ltd. pp. 228-238.

17. Escobar, Arturo, 2010. "Histories of development, predicaments of modernity: thinking about globalization from some critical development studies perspectives," in Norman Long, Yet Jingzhong and Wang Yihuan, eds., *Rural Transformations and Development: China in Context.* Cheltenham: Edward Elgar. pp. 25-53.

18. Farrell, Davis M., 2006. "Political Parties in a Changing Campaign Environment," in Richard S. Katz and William Crotty, eds., *Handbook of Party Politics.* California: SAGE Publications Ltd. pp. 122-133.

19. Fenby, Jonathan, 2011. "China's Domestic Economy," in David Shambaugh, ed., *Charting China's Future: domestic and international challenges.* New York: Routledge. pp. 35-43.

20. Fewsmith, Joseph, "Introduction: Three Decades of Reform and Opening," in Joseph Fewsmith, ed., *China Today, China Tomorrow*. Maryland: Rowman & Little field Publishers. pp. 1-7.

21. Fewsmith, Joseph, "Staying in Power: What Does the Chinese Communist Party Have to Do?" in Cheng Li, ed., *China's Changing Political Landscape*. Washington D. C.: The Brookings Institution. pp. 212-226.

22. Fewsmith, Joseph, 2010. "Elite Politics: The Struggle for Normality," in Joseph Fewsmith, ed., *China Today, China Tomorrow*. Maryland: Rowman & Littlefield Publishers. pp. 149-164.

23. Guo, Baogang, 2006. "China's Peaceful Development, Regime Stability and Political Legitimacy," in Sujian Guo, ed., *China's "Peaceful Rise" in the 21st Century*. Burlington: Ashgate. pp. 39-60.

24. Hazan, Reuven Y. and Gideon Rahat, 2006. "Candidate Selection Methods and Consequences," in Richard S. Katz and William Crotty, eds., *Handbook of Party Politics*. California: SAGE Publications Ltd. pp. 109-121.

25. He, Baogang, 2004. "China's national identity: a source of conflict between democracy and state nationalism," in Leong H. Liew and Shaoguang Wang, eds., *Nationalism, Democracy and National Integration in China*. London: RoutledgeCurzon. pp. 170-195.

26. Heilmann, Sebastian, 2010. "Economic Governance: Authoritarian Upgrading and Innovative Potential," in Joseph Fewsmith, ed., *China Today, China Tomorrow*. Maryland: Rowman & Littlefield Publishers. pp. 109-126.

27. Hershery, Marjorie Randon, 2006. "Political Parties as Mechanisms of Social Choice," in Richard S. Katz and William Crotty, eds., *Handbook of Party Politics*. California: SAGE Publications Ltd. pp. 75-88.

28. Hirsch, Paul M., 1998. "Organization Effectiveness and the Institutional Environment," in John Van Maanen, ed., *Qualitative Studies of Organization*. London: SAGE. pp. 265-286.

29. Hlaing, Kyaw Yin, 2010. "Setting the rules for survival: why the Burmese military regime survives in an age of democratization," in

William Case, ed., *Contemporary Authoritarianism in Southeast Asia: Structure, Institution and Agency.* New York: Routledge. pp. 16-36.

30. Hualing, Fu, 2011. "Institutionalizing criminal process in China," in Guanghua Yu, ed., *The Development of the Chinese Legal System.* New York: Routledge. pp. 26-48.

31. Huntington, Samuel p., 2000. "The Future of the Third Wave," in Marc F. Plattner and João Carlos Espada, eds., *The Democratic Invention.* Maryland: The Johns Hopkins University Press. pp. 3-12.

32. Krouwel, André, 2006. "Party Model," in Richard S. Katz and William Crotty, eds., *Handbook of Party Politics.* California: SAGE Publications Ltd. pp. 249-269.

33. London, Jonathan, 2010. "Vietnam and the making of market Leninism," in William Case, ed., *Contemporary Authoritarianism in Southeast Asia: Structure, Institutions and Agency.* New York: Rourledge. pp. 37-61.

34. Mair, Pete, 2006. "Party System Change," in Richard S Katz and William Crotty, eds., *Handbook of Party Politics.* California: SAGE Publications Ltd. pp. 63-73.

35. Mair, Peter, 2006. "Cleavages," in Richard S. Katz and William Crotty, eds., *Handbook of Party Politics.* California: SAGE Publications Ltd. pp. 371-375.

36. Mair, Peter, 2006. "Party System Change," in Richard S. Katz and William Crotty, eds., *Handbook of Party Politics.* California: SAGE Publications Ltd. pp. 63-73.

37. Margetts, Helen, 2006. "Cyber Parties," in Richard S. Katz and William Crotty, eds., *Handbook of Party Politics.* California: SAGE Publications Ltd. pp. 528-535.

38. Mcfaul, Michael, 2010. "The Missing Variable: The "International System" as the Link between Third and Fourth Wave Molds of Democratization," in Valerie Bunce, Michael Mcfaul and Kathryn Stoner-Weiss, eds., *Democracy and Authoritarianism in the Postcommunist World.* New York: Cambridge University Press. pp. 3-29.

39. Mcfaul, Michael, 2010. "Importing Revolution: Internal and External Factors in Ukraine's 2004 Democratic Breakthrough," in Valerie Bunce,

Michael Mcfaul and Kathryn Stoner-Weiss, eds., *Democracy and Authoritarianism in the Postcommuinist World*. New York: Cambridge University Press. pp. 189-225.

40. Meissner, Werner, 1999. "New Intellectual Currents in the People's Republic of China," in David C. B. Teather and Herbert S. Yee, eds., *China in Transition*. New York: St. Martin's Press. pp. 3-24.

41. Mungiu-Pippidi, Alina, 2010. "When Europeanization Meets Transformation: Lessons from the Unfinished Eastern European Revolutions," in Valerie Bunce, Michael Mcfaul and Kathryn Stoner-Weiss, eds., *Democracy and Authoritarianism in the Postcommunist World*. New York: Cambridge University Press. pp. 59-81.

42. Murphy, Rachel, 2011. "Civil Society and Media in China," in David Shambaugh, ed., *Charting China's Future: Domestic and international challenges*. New York: Routledge. pp. 57-66.

43. Mutti, John H., 1997. "Economic Politicay and Democratization in the Former Communist States," in Robert D. Grey, ed., *Democratic Theory and Post-Communist Change*. New Jersey: Simon & Schuster. pp. 217-247.

44. Norris, Pippa, 2006. "Recruiment," in Richard S. Katz and William Crotty, eds., *Handbook of Party Politics*. California: SAGE Publications Ltd. pp. 89-108.

45. Paczynska, Agnieszka, 2010. "The Discreet Appeal of Authoritarianism: Political Bargains and Stability of Liberal Authritarian Regimes in the Middle East," in Holger Albrecht, ed., *Contentious Politics in the Middle East*. Florida: University Press of Florida. pp. 34-51.

46. Perry, Elizabeth J., 2010. "Popular Protest: Playing by the Rules," in Joseph Fewsmith, ed., *China Today, China Tomorrow*. Maryland: Rowman & Little field Publishers. pp. 11-28.

47. Poguntke, Thomas, 2006. "Political Parties and Other Organizations," in Richard S. Katz and William Crotty, eds., *Handbook of Party Politics*. California: SAGE Publications Ltd. pp. 396-405.

48. Schmidmayr, Michael, 2010. "Islamist Engagement in Contentious Politics: Kuwait and Bahrain," in Holger Albrecht, ed., *Contentious*

Politics in the Middle East. Florida: Florida University Press. pp. 156-177.

49. Shambaugh, David, 2011. "China's Immediate Future: Stable or Unstable," in David Shambaugh, ed., *Charting China's Future: domestic and international chanllenges.* New York: Routledge. pp. 173-178.

50. Siavelis, Peter M., 2006. "Party and Social Structure," in Richard S. Katz and William Crotty, eds., *Handbook of Party Politics.* California: SAGE Publications Ltd. pp. 359-370.

51. Silitski, Vitali, 2010. "Contagion Deterred: Preemptive Authoritarianism in the Former Soviet Union (the Case of Belarus)," in Valerie Bunce, Michael McFaul and Kathryn Stoner-Weiss, eds., *Democracy and Authoritarianism in the Postcommunist World.* New York: Cambridge University Press. pp. 274-299.

52. Stoner-Wesis, Kathryn, 2010. "Comparing Oranges and Apples: The internal and External Dimensions of Russia's Turn away from Democracy," in Valerie Bunce, Michael Mcfaul and Kathryn Stoner-Weiss, eds., *Democracy and Authoritarianism in the Postcommunist World.* New York: Cambridge University Press. pp. 253-273.

53. Tomasic, Roman, 2011. "Looking at corporate governance in China's large companies: is the glass half full or half empty?" in Guanghua Yu, ed., *The Development of the Chinese Legal System.* New York: Routledge. pp. 182-205.

54. Vachudova, Milada Anna, 2010. "Democratization in Postcommunist Europe: Illiberal Regimes and the Leverage of the European Union," in Valerie Bunce, Michael McFaul and Kathryn Stoner-Weiss, eds., *Democracy and Authoritarianism in the Postcommunist World.* New York: Cambridge University Press. pp. 82-104.

55. Wang, Jiangyu, 2011. "The political logic of securities regulation in China," in Guanghua Yu, ed., *The Development of the Chinese Legal System.* New York: Routledge. pp. 225-250.

56. Wang, Zhengxu, 2006. "Hybrid Regime and Peaceful Development in China," in Sujian Guo, ed., *China's "Peaceful Rise" in the 21st Century.* Burlington: Ashgate. pp. 117-138.

57. Way, Lucan, 2010. "Resistance to Contagion: Sources of Authoritarian Stability in the Former Soviet Union," in Valerie Bunce, Michael McFaul and Kathryn Stoner-Weiss, eds., *Democracy and Authoritarianism in the Postcommunist World*. New York: Cambridge University Press. pp. 229-252.

58. Wedeman, Andrew, 2006. "Strategic Repression and Regime Stability in China's Peaceful Development," in Sujian Guo, ed., *China's "Peaceful Rise" in the 21st Century*. Burlington: Ashgate Publishing Company, pp. 89-115.

59. Welt, Cory, 2010. "George's Rose Revolution: From Regime Weakness to Regime Collapse," in Valerie Bunce, Michael Mcfaul and Kathryn Stoner-Weiss, eds., *Democracy and Authoritarianism in the Postcommunist World*. New York: Cambridge University Press, pp. 155-188.

60. Wenxiu, Han, 2012. "Building basic infrastructure in China," in Wang Mengkui, ed., *Thirty Years of China's Reform*. New York: Routledge. pp. 451-475.

61. White, John Kenneth, 2006. "What is a political party?" in Richard S Katz and William Crotty, eds., *Handbook of Party Politics*. California: SAGE Publications Ltd. pp. 5-15.

62. Whiting, Susan H., 2004. "The Cadre Evaluation System at the Grass Roots: The Paradox of Party Rule," in Barry J. Naughton and Dali L. Yang, eds., *Holding China Together: Diversity and National Integration in the Post-Deng Era*. UK: Cambridge University Press. pp. 101-119.

63. Williams, Kristen, 2001. "The Influence of the European Union," in Richard Rosecrance, ed., *The New Great Power Coalition: Toward a World Concert of Nations*. Maryland: Rowman and Littlefield Publishers. pp. 159-179.

64. Wolchik, Sharon, 2010. "Defining and Domesticating the Electoral Model: A Comparison of Sovakia and Serbia," in Valerie Bunce, Michael McFaul and Kathryn Stoner-Weiss, eds., *Democracy and Authoritarianism in the Postcommunist World*. New York: Cambridge University Press. pp. 134-154.

65. Wolinetz, Steven B., 2006. "Party Systems and Party System Types," in Richard S Katz and William Crotty, eds., *Handbook of Party Politics*. California: SAGE Publications Ltd. pp. 51-62.

66. Xiaohong, Chen, "Private enterprises, and the growth of small and medium-sized enterprises" in Wang Mengkui, ed., *Thirty Years of China's Reform*. New York: Routledge. pp. 276-303.

九、英文期刊

1. Chen, Jie. Chunlong Lu and Yiyin Yang, 2007/10. "Popular Support Grassroots Self-Government in Urban China," *Modern China*, vol. 33, No.4, pp. 505～528.

2. Chung, Jae Ho, Hongyi Lai and Ming Xia, 2006/6. "Mounting Challenge to Governance in China: Surveying Collective Protestors, Religious Sects and Criminal Organizations," *The China Jounal*, No. 56, pp. 1-31.

3. Gilley, Bruce, 2004/1. "The "End of Politics" in Beijing," *The China Journal,* No 51, pp. 115-135.

4. Li, Lianjiang, 2004/8. "Political Trust in Rural China," *Modern China*, vol. 30 No.2, pp. 228-258.

5. Li, Lianjiang, 2013/1. "The Magnitude and Resilience of Trust in the Center: Evidence from Interviews with Petitioners in Beijing and a Local Survey in Rural China," *Modern China,* Vol. 39 No.1, pp. 3-36.

6. Thornton, John L., 2008/ 1-2. "Long Time Coming: The Prospects for Democracy in China," *Foreign Affairs* (U.S.),Vol. 87 No. 1, pp. 2-22.

7. Xiaoguang, Kan and Han Heng, 2008/1. "Graduated Controls: The State-Society Relationship in Contemporary China," *Modern China*, vol. 34, No.4, pp. 36-55.

8. Xiaojun, Yan, 2011/7. "Regime Inclusion and the Resilience of Authoritarianism: The Local People's Political Consultative Conference in Post-Mao Chinese Politics," *The China Journal,* No 66, pp. 53-75.

9.　Yue, Xie, 2008/6. "Party Adaptation and the Prospects for Democratization in Authoritarian China," *Issues and Studies*, vol. 44 No. 2, pp. 79-102.

10.　Chen, Jie, Chunlong Lu and Yiyin Yang, 2007/10. "Popular Support Grassroots Self-Government in Urban China," *Modern China*, vol. 33, No.4, pp. 505～528.

11.　Diamond, Larry, 2002/8. "Thinking About Hybrid Regimes," *Journal of Democracy*, vol. 13, pp.21-35.

12.　Sztompka, Piotr, 1993/4. "Civilizational Incompetence: The Trap of Post-Communist Societies," in Zeitschrift für Soziologie(germany), Jg. 22 Helf 2, pp. 85-95.

Do觀點17　PF0150

中共威權政治的強國體制
——人類歷史無法預見的發展之路

作　　者／劉文斌
責任編輯／鄭伊庭
圖文排版／莊皓云
封面設計／王嵩賀

出版策劃／獨立作家
發 行 人／宋政坤
法律顧問／毛國樑　律師
製作發行／秀威資訊科技股份有限公司
　　　　　地址：114 台北市內湖區瑞光路76巷65號1樓
　　　　　電話：+886-2-2796-3638　傳真：+886-2-2796-1377
　　　　　服務信箱：service@showwe.com.tw
展售門市／國家書店【松江門市】
　　　　　地址：104 台北市中山區松江路209號1樓
　　　　　電話：+886-2-2518-0207　傳真：+886-2-2518-0778
網路訂購／秀威網路書店：https://store.showwe.tw
　　　　　國家網路書店：https://www.govbooks.com.tw

出版日期／2014年12月　BOD一版　定價／480元

|獨立|作家|
Independent Author

寫自己的故事，唱自己的歌

版權所有・翻印必究　Printed in Taiwan　本書如有缺頁、破損或裝訂錯誤，請寄回更換
Copyright © 2014 by Showwe Information Co., Ltd.All Rights Reserved

中共威權政治的強國體制：人類歷史無法預見的發展之路 /
劉文斌著. -- 一版. -- 臺北市：獨立作家, 2014.12
　　面；　公分. -- (Do觀點；PF0150)
BOD版
ISBN 978-986-5729-50-9 (平裝)

1. 中國大陸研究　2. 威權政治

574.1　　　　　　　　　　　　　　　103022580

國家圖書館出版品預行編目

讀者回函卡

感謝您購買本書，為提升服務品質，請填妥以下資料，將讀者回函卡直接寄回或傳真本公司，收到您的寶貴意見後，我們會收藏記錄及檢討，謝謝！如您需要了解本公司最新出版書目、購書優惠或企劃活動，歡迎您上網查詢或下載相關資料：http:// www.showwe.com.tw

您購買的書名：_____

出生日期：_____年_____月_____日

學歷：□高中 (含) 以下　　□大專　　□研究所 (含) 以上

職業：□製造業　□金融業　□資訊業　□軍警　□傳播業　□自由業
　　　□服務業　□公務員　□教職　　□學生　□家管　　□其它_____

購書地點：□網路書店　□實體書店　□書展　□郵購　□贈閱　□其他

您從何得知本書的消息？

　　□網路書店　　□實體書店　　□網路搜尋　　□電子報　　□書訊　　□雜誌

　　□傳播媒體　　□親友推薦　　□網站推薦　　□部落格　　□其他_____

您對本書的評價：(請填代號　1.非常滿意　2.滿意　3.尚可　4.再改進)

　　封面設計____　版面編排____　內容____　文／譯筆____　價格____

讀完書後您覺得：

　　□很有收穫　□有收穫　□收穫不多　□沒收穫

對我們的建議：_____

_____

_____

_____

請貼
郵票

11466
台北市內湖區瑞光路 76 巷 65 號 1 樓
獨立作家讀者服務部　　　　收

....

（請沿線對折寄回，謝謝！）

姓　　名：_____　年齡：_____　性別：□女　□男

郵遞區號：□□□□□

地　　址：_____

聯絡電話：(日) _____　(夜) _____

E-mail：_____